Hanna Brodersen

Dich durch mein Herz sehen

tologo verlag

Über dieses Buch

Wer auf der Suche nach einer Gebrauchsanweisung für die Begleitung seines Kindes ist, wird diese in dem vorliegenden Buch nicht finden. Im Wesentlichen möchte ich Aspekte mit Ihnen teilen, die mich selbst bewegt, inspiriert und zu meiner Entwicklung beigetragen haben.

Gleichwohl ich aus gewachsener Überzeugung schreibe, liegt es mir fern, Sie mit meiner Wahrheit einnehmen zu wollen. Bitte verstehen Sie meine Ideen als Einladung, Ihren eigenen Beziehungsprozess zu gestalten, und lassen Sie uns die Annahme teilen, dass alle Eltern für ihre Kinder auf bestmögliche Weise beitragen.

Hanna Brodersen lebt mit ihrer Familie in der Nähe von Hamburg. Sie ist Autorin der Zeitschrift »Empathische Zeit« und gründete vor fünf Jahren eine Elternplattform zum Thema Gewaltfreie Kommunikation, die sie bis heute moderiert. Familien in ein gleichwürdiges und liebevolles Miteinander zu begleiten, entspricht ihrer tiefen Sehnsucht, etwas für eine Welt beizutragen, in der Kinder geschützt und sicher aufwachsen können.

Bibliographische Informationen der Deutschen Nationalbibliothek: Die Deutsche Nationalbibliothek verzeichnet diese Publikation in der Deutschen Nationalbibliographie. Detaillierte bibliographische Informationen sind über http://dnb.d-nb.de abrufbar.

1. Auflage 2018

Coverdesign: Dalia Hochbach
Coverbild: Alp Studio – Unsplash

ISBN: 978-3-937797-68-7 (Print)
ISBN: 978-3-937797-69-4 (EPUB)
ISBN: 978-3-937797-70-0 (Mobipocket)

www.tologo.de

Dich durch mein Herz sehen

Gewaltfreie Kommunikation für Eltern

Hanna Brodersen

tologo verlag

Inhalt

Zweiter Teil:

Dritter Teil: Bedingungslos lieben 115

Vierter Teil: Das innere Kind der Eltern ... 149

Fünfter Teil: Beziehung statt Erziehung ... 219

Vorwort

… Während ich noch erschöpft nach Atem rang, legte mir eine Schwester mein Kind in die Arme. Ich betrachtete das kleine, zerknitterte Menschenkind und spürte dem nach, was in meinem Inneren anwuchs wie ein gewaltiges Orchester – die Liebe eroberte jeden Winkel meines Herzens.

»Willkommen!«, dachte ich still bei mir. »Ich werde dir die beste Mutter sein, die es nur geben kann!«

… Erst viele Augenblicke später wurde mir bewusst, dass ich nicht die geringste Ahnung hatte, wie ich dieses Versprechen einhalten könnte …

Liebe Eltern,

als wahres Geschenk zur rechten Zeit haben sich für mich die Ideen der Gewaltfreien Kommunikation nach Marshall Rosenberg erwiesen, mit denen ich seither auf dem Weg bin.

Ein Reichtum, den ich gern mit Ihnen teilen würde.

Das vorliegende Buch versteht sich weder als üblicher Ratgeber noch erhebt es den Anspruch, Ideen für eine liebevolle, gleichwürdige Beziehung grundsätzlich neu zu erfinden. Vielmehr möchte ich Ihnen auf meine Weise jene Inspirationen zugänglich, greifbar und lebbar machen, die sich für mich als wertvoller Schatz erwiesen haben.

Bitte fühlen Sie sich frei, auszuwählen, was für den Ihrigen Weg kostbar erscheint.

Ich schreibe die folgenden Zeilen, weil ich etwas beitragen möchte – mich einreihen in das bunte Geben und Nehmen des Lebens, für das ich dankbar bin.

Es wäre mir eine Freude, Sie berühren und Ihre liebevolle, achtsame Haltung nähren zu dürfen.

Nachdem Sie an dieser Stelle bereits einiges über mich erfahren haben und ich mich Ihnen im Laufe des Buches auch an vielen Stellen öffnen und zeigen werde, möchte ich fortan auf die Sie-Form verzichten. Leider kann ich dich nicht persönlich um dein Einverständnis bitten, dennoch möchte ich dich wissen lassen, dass ich diese Strategie wähle, damit wir über die Dauer der Lesezeit eine gewisse Nähe miteinander teilen können und der Lesefluss nicht durch Förmlichkeiten unterbrochen wird, die Distanz erzeugen und Ratgebercharakter vermitteln.

Von Herz zu Herz
Hanna Brodersen

Vorwort der Eltern- und Familienberaterin Katia Saalfrank

Die Aspekte im vorliegenden Buch beschäftigen mich tagtäglich in der Arbeit als Eltern- und Familienberaterin. Eltern kommen mit dem Anliegen in meine Beratung, ihre Kinder besser verstehen zu wollen. Nach meiner Erfahrung wollen sie es heute anders als früher machen und suchen nach neuen Wegen. Eltern wollen keine gehorsamen Kinder mehr – sie wollen vor allem, dass es ihren Kindern gut geht! Aber wie kann das gehen?

Entwicklungspsychologie- und Hirnforschung sind sich einig. »Erziehung«, wie sie einmal gesehen wurde, ist mittlerweile überholt. Viele Eltern wollen eine gute Beziehung zu ihren Kindern aufbauen und deren Bedürfnisse achten. Bei der Frage »WIE kann ich es denn anders machen?« stellt sich schnell Hilflosigkeit und Verzweiflung ein. In meiner Arbeit ist deshalb die konstruktive, positive Beziehung ein zentrales Element. Denn im Umgang mit Kindern, so ist meine feste Überzeugung, kann nur sie als Basis dafür dienen, Kinder psychisch und physisch mit maximaler Gesundheit aufwachsen zu lassen.

Auch bietet sich bei diesem Ansatz für uns Eltern die Chance, unsere Kinder in ihrer Entwicklung auf allen Ebenen gut und liebevoll zu begleiten. Die Beziehungsebene untereinander lässt immer unmittelbar die Emotionen in uns anschwingen, sodass Beziehung zu anderen auch immer gleichzeitig Beziehung zu sich selbst bedeutet. Eigene Gefühle (Wut, Ärger, Trauer, Freude etc.) wahrnehmen, sie verbalisieren und auch verarbeiten zu können, ist eine wichtige Voraussetzung, um gesund und selbstbewusst aufwachsen und sich gut entwickeln zu können. Empathisch zu sein, den anderen ernst nehmen zu können und ihn verstehen zu wollen. Werte, wie Verantwortung, Achtsamkeit, Wertschätzung, Vertrauen, ein liebevolles Miteinander, sind aus meiner Sicht entscheidend für eine konstruktive, positive und tiefe Beziehung zu unseren Kindern. Hinzu kommt der Dialog als Fundament. Denn nur, wenn wir auf den anderen unvoreingenommen und offen zugehen, ihn verstehen, seine Standpunkte, Gedanken und Gefühle nachvollziehen können, können wir die dahinter liegenden Bedürfnisse wahrnehmen und in einen fruchtbaren Austausch und eine persönliche Entwicklung miteinander gehen.

Die Autorin hat mich gebeten, ein Vorwort zu schreiben. Eine Bitte, der ich sehr gerne nachgekommen bin und die mich ehrt! Ich kenne Hanna aus zahlreichen Foren, in denen mich ihre Beiträge immer wieder berühren und zum Nachdenken bringen. Ich erlebe sie als eine einfühlsame und wertschätzende Frau, liebevolle und sich in ihrer Verletzbarkeit zeigende Mutter. Wunderbar! Umso mehr freue ich mich, dass ich zu diesen kostbaren Gedanken im vorliegenden Buch ein Vorwort verfassen durfte. Danke, Hanna, für diese Möglichkeit und Deine Beharrlichkeit.

So kann ich dieses Buch allen empfehlen, die es anders probieren wollen. Hanna zeigt sich in diesem Buch persönlich als Mutter und Mensch und berührt damit das Herz des Lesers. Sie zeigt sich verletzlich und klug mit ihren persönlichen Erfahrungen und Gedanken und bietet dem Leser so vielfältige Möglichkeiten, in einen gewaltfreien und wertschätzenden Dialog miteinander zu kommen.

Katia Saalfrank

Erster Teil

Eine Einführung in die Gewaltfreie Kommunikation

»Jenseits von Richtig und Falsch gibt es einen Ort. Dort treffen wir uns.«
– Rumi –

Mehr als Methode – Lebenshaltung

»Was ich in meinem Leben will, ist Einfühlsamkeit, einen Fluss zwischen mir und anderen, der auf gegenseitigem Geben von Herzen beruht.«
– Marshall Rosenberg –

Viele Menschen nehmen an, die Gewaltfreie Kommunikation sei lediglich eine Methode, mit deren Hilfe sich Konflikte auflösen oder bestenfalls ganz vermeiden lassen. Ein Missverständnis, dem gewiss die Tatsache zugrunde liegt, dass die Gewaltfreie Kommunikation tatsächlich aus mehreren Techniken besteht, die vielfach ohne den Hinweis verbreitet und gelehrt werden, dass ihre Anwendung allein keine Gewaltfreiheit ist.

Die Modelle und Techniken der Gewaltfreien Kommunikation dienen als Wachstumshilfe in die Haltung hinein. Wie Schwimmflügel, die wir wieder ablegen, wenn wir das Schwimmen erlernt haben und uns im Wasser sicher genug fühlen.

Ohne diese Klarheit höre ich Eltern sagen: »Ich habe mich genau an die vier Schritte gehalten, aber mein Kind tut dennoch nicht das, was es soll!« In der Gewaltfreien Kommunikation geht es mitnichten ausschließlich darum, körperliche Gewalt zu reduzieren oder Streit zu vermeiden. Und schon gar nicht hat sie zum Ziel, andere Menschen auf sanftere Weise zu einem gewünschten Verhalten zu bewegen.

Einladung zur Selbstklärung: *Welche Anliegen begründen dein Interesse an der Gewaltfreien Kommunikation? Welche Sehnsucht bewegt dich, wenn du dich mit ihren Ideen auseinandersetzt?*

Gewaltfreiheit beginnt in uns selbst

»Wer nach außen schaut, träumt, wer nach innen schaut, erwacht!«
– C. G. Jung –

Wer sich auf den Weg in die gewaltfreie Haltung macht, ist erfahrungsgemäß vor allem daran interessiert, seine Beziehungen achtsam und einfühlsam zu gestalten. Wer dabei die Beziehung zu sich selbst vergisst, wandelt auf Irrwegen. Alles beginnt mit einer liebevollen Selbstfürsorge. Die Nähe zu mir selbst ist die Basis, wie eine Insel in rauer See. Wer die Gewaltfreie Kommunikation als liebevollen Ort in sich selbst begreift, wird niemals darauf angewiesen sein, dass sich andere Menschen auf eine bestimmte Weise verhalten.

An meinem inneren Ort darf ich mich mit all dem einfühlsam annehmen, was in mir lebendig ist. Ich kann mir bewusstmachen, was ich fühle und brauche, und damit eine Grundlage schaffen, die eine gezielte Erfüllung dieser Bedürfnisse möglich macht. Ich kann mir selbst liebevoll und mitfühlend begegnen, trauern und feiern, Urteile und Bewertungen achtsam ansehen und sie auf lebensdienliche Weise nutzen.

Einladung zur Selbstklärung: *Welche Bedeutung hat Selbstfürsorge in deinem Leben?*

Um einen friedlichen inneren Ort zu gestalten, bietet die Gewaltfreie Kommunikation einige Inspirationen an, die ich dir im Folgenden gerne vorstellen möchte.

Das Menschenbild der Gewaltfreien Kommunikation

»Jeder Mensch macht in jedem Augenblick seines Lebens das Beste, was er für sein Leben tun kann!«
– Marshall Rosenberg –

Wenn es uns gelingt, unsere Welt im Rahmen folgender Grundannahmen zu betrachten, schauen wir durch unser Herz:

1. Bedürfnisse sind der Antrieb all unseres Handelns. Alles, was Menschen tun, dient dazu, Bedürfnisse zu erfüllen.
2. Jeder von uns wählt grundsätzlich die beste Strategie, die ihm (aufgrund seiner Lebenserfahrung und innerer Ressourcen) zur Verfügung steht.
3. Alle Menschen haben grundsätzlich die Bereitschaft, auch zu der Erfüllung anderer Bedürfnisse beizutragen – sofern sie dies freiwillig tun können, diese Handlungen nicht im Widerspruch zu eigenen Bedürfnissen stehen und sie entsprechende Möglichkeiten kennen.
4. Andere Menschen sind lediglich der Auslöser für das, was in uns lebendig ist, niemals die Ursache.

Ich lade dich ein, dir folgende Fragen zu stellen:

Welches Bedürfnis erfüllst du dir, indem du jetzt gerade dieses Buch liest?

Welche Gefühle löst die Grundannahme »Jeder handelt grundsätzlich auf bestmögliche Weise« in dir aus?

Wann hast du zum letzten Mal gespürt, dass du das Leben eines anderen Menschen bereichert hast?

Die vier Schritte

Beobachtung, Gefühl, Bedürfnis und Bitte

Die vier Schritte zählen zu jenen Techniken der Gewaltfreien Kommunikation, die uns eine wertvolle Orientierung sein können, solange wir sie nicht lediglich anwenden, sondern als Strategie nutzen, um Verbindung herzustellen – zu uns selbst und zu unseren Kindern.

Wenn wir beginnen, die vier Schritte in unser Leben zu integrieren, besteht die Gefahr, kopflastig zu werden und vor lauter Ringen um das vermeintlich richtige Vorgehen das Fühlen zu vergessen. Dann ist es wichtig, sich daran zu erinnern, dass die Gewaltfreie Kommunikation eine Sprache des Herzens ist, die durch bloße Präzision der vier Schritte niemals gesprochen werden kann.

1. Beobachtung (Was nehme ich wahr, das etwas in mir auslöst?)
2. Gefühl (Was fühle ich, während ich diese Beobachtung mache?)
3. Bedürfnis (Was brauche ich, während ich diese Beobachtung mache?)
4. Bitte (Um welche Handlung will ich bitten, damit sich mein Bedürfnis erfüllt?)

Im Folgenden schauen wir uns jeden einzelnen Schritt genauer an.

Erster Schritt: Über die Kunst des wertfreien Beobachtens

»Erfahrung ist nicht das, was dir zustößt. Erfahrung ist das, was du aus dem machst, was dir zustößt.«
– Aldous Huxley –

Um den Prozess zu beginnen, benötigen wir Klarheit über den Auslöser, auf den wir uns beziehen. Beim Herausarbeiten dieses Auslösers werden wir feststellen, dass unsere Gefühle selten durch das aktiviert werden, was wir beobachten, sondern durch das, was wir darüber denken. Eine Beobachtung wäre: Der Ellbogen unseres Kindes berührt das Wasserglas. Dieses kippt um und der Inhalt ergießt sich über Tisch und Boden. Wie sich das für uns anfühlt, hängt davon ab, wie wir diese Beobachtung bewerten.

»Was für eine Schweinerei. Immer ist der so unachtsam!«

»Jetzt muss ich alles aufwischen und werde zu spät zum nächsten Termin kommen!«

Hierbei handelt es sich um bewertende Gedanken, die unsere innere Anspannung erhöhen.

Einladung zum Üben: *Notiere einen Gedanken, der in der Vergangenheit Ärger in dir ausgelöst hat.*

Wie Bewertungen unsere Gefühle aktivieren

»Es gibt nichts, was ein anderer Mensch tun kann,
um uns wütend zu machen.«
– Marshall Rosenberg –

Am folgenden Beispiel möchte ich verständlich machen, wie unsere Bewertungen über das, was wir beobachten, Gefühle in uns auslösen: Als Ute nach Hause kommt, stellt sie fest, dass ihr Sohn Christoph noch nicht eingetroffen ist. Ein Blick auf die Uhr verrät ihr, dass sie bereits vor einer halben Stunde zum Essen verabredet waren …

… Ute könnte nun denken: »Verdammt, ich hetze mich ab, um pünktlich zu sein, aber das ist ihm egal. Der Junge hat nichts als sein eigenes Vergnügen im Kopf! Genauso rücksichtslos wie sein Vater!« Solchen Gedanken folgen natürlicherweise Ärger und Empörung.

… Christophs Mutter könnte aber auch durch den Kopf gehen: »Vielleicht kann ich noch ein paar Minuten in dem Buch weiterlesen und die

Füße ausstrecken!« – diese Gedanken werden eher Gefühle wie Freude und Entspannung zur Folge haben.

Genauso könnte Ute auch besorgt denken »Vielleicht hatte Christoph einen Unfall!« oder beschämt sein, weil ihr plötzlich einfällt, dass sie ihrem Sohn zugesagt hatte, ihn heute von der Schule abzuholen.

Wie Christophs Mutter fühlt, hängt allein von ihrer Bewertung ab. Aus diesem Grund übernehmen wir in der Gewaltfreien Kommunikation die Verantwortung für unsere Bewertungen und Gefühle.

***Einladung zum Üben**: Notiere Bewertungen, die in deinen Gedanken häufig und wiederholt eine Rolle spielen.*

Welche Wirkung Bewertungen auf die Beziehung haben

Zwischen Verbundenheit und Trennung liegt oft nur ein Gedanke.

Dass wir Beobachtungen auf unsere höchstpersönliche Weise interpretieren und bewerten, ist ganz natürlich. Die Art, wie wir interpretieren, hat vor allem etwas damit zu tun, welche Erfahrungen wir in unserem Leben bereits gemacht haben. Das mögen Erfahrungen sein, angesichts derer wir uns einmal ausgeliefert und hilflos fühlten. Wie viel Macht wir unseren Gedanken geben, liegt heute dennoch allein in unserem Einflussbereich.

Eine schädliche Wirkung auf unsere Beziehungen entsteht erst, wenn wir die Verantwortung für unsere innere Wirklichkeit auf unsere Kinder übertragen und keinen Bezug zu unseren Bedürfnissen herstellen. Denn im Bewertungs-Modus beantworten wir nicht mehr unser Kind, sondern unsere eigenen Interpretationen. Die Folge ist stets eine Trennung von unseren Bedürfnissen und der einfühlsamen Verbindung zu unseren Kindern.

Bezug nehmend zu dem oben genannten Beispiel könnte die Situation folgendermaßen enden: Zehn Minuten später kommt Christoph nach Hause. Er ist verschwitzt und außer Atem. Ute könnte infolge ihrer Gedanken und Urteile so aufgebracht und wütend sein, dass sie brüllt: »Sag jetzt bloß nichts. Geh sofort in dein Zimmer!« Oder sie könnte ihre Urteile ausdrücken und ihren Sohn wissen lassen, was sie von ihm hält: »Ständig kommst du zu spät, das ist rücksichtslos und egoistisch!«

Dass Christophs Mutter bereit ist, sich seinem Erleben zu öffnen, und sich für seine Bedürfnisse interessieren kann, ist unwahrscheinlich – solange sie damit beschäftigt ist, ihre Urteile zu glauben. Genauso unwahrscheinlich ist, dass Christoph nach einer solchen Reaktion die Bereitschaft hat, zu hören, worum es seiner Mutter geht. Vielmehr wird er damit beschäftigt sein, sich gegen die Vorwürfe zu verteidigen und sich schuldig zu fühlen. Dann geht die Chance, einander einfühlsam zu verstehen und auf Grundlage von Bedürfnissen neue Lösungen zu entwickeln, verloren.

Wahrhaft tragisch ist außerdem, dass Christoph den Urteilen und Bewertungen seiner Mutter ganz und gar ausgeliefert ist. Wann sie sich ihm wieder wohlwollend zuwenden wird und er sich für sie als wertvoll empfinden kann, liegt außerhalb seines Einflussbereiches.

Selbst wenn Christoph bemüht ist, den Kontakt zu seiner Mutter wiederherzustellen, und versucht, sein »Fehlverhalten« zu erklären: »Es war so schön, da habe ich die Zeit vergessen«, »Mein Fahrrad hatte einen Platten« oder »Ich habe Frau Meier geholfen, die Einkaufstaschen nach oben zu tragen« – ob sich der Ärger seiner Mutter auflöst, wird ein weiteres Mal davon abhängen, wie sie die Gründe seiner Verspätung bewertet.

Christoph erlebt nicht nur, dass seine Gefühle und Bedürfnisse weniger wichtig sind als die seiner Mutter, er bekommt auch eine Verantwortung für sie übertragen, die ihn machtlos macht.

Eine Umgebung, die von Bewertungen und Urteilen geprägt ist, kann keine sichere Umgebung sein, weil sie zu Schuldgefühlen, Hilflosigkeit, missachteten Bedürfnissen und getrennten Verbindungen führt.

Die Bewertungen haben aber noch eine weitere schädliche Wirkung: Wird Christoph Urteile wie »rücksichtslos« und »egoistisch« wiederholt über sich hören, wird er sie glauben und sein Handeln vielleicht ein Leben lang danach ausrichten.

***Einladung zur Selbstklärung**: Kannst du dich an eine Situation in deiner Kindheit erinnern, in denen Erwachsene ihre Bewertungen über dich glaubten? Welche Gefühle hat das in dir ausgelöst und wonach hättest du dich in diesem Moment am meisten gesehnt?*

Zwischen Bewertung und Beobachtung unterscheiden

*»Die höchste Form menschlicher Intelligenz ist die Fähigkeit,
zu beobachten, ohne zu bewerten.«
– Krishnamurti –*

Wie können wir mit unseren Bewertungen auf eine lebensdienliche Weise umgehen – ohne, dass sie uns von unseren Bedürfnissen oder der Verbindung zu unseren Kindern abschneiden?

Die Voraussetzung ist, dass wir uns unserer Bewertungen bewusst werden und lernen, diese von Beobachtungen zu unterscheiden. Erst wenn wir diesen Unterschied kennen, eröffnet sich eine Handlungsalternative: Anstatt unsere Bewertungen und Urteile zu äußern, können wir eine objektive Beobachtung formulieren.

Wertfreie Beobachtungen haben den Fokus darauf, eine Realität herzustellen, der alle Beteiligten zustimmen können – anstatt sich gegen Vorwürfe und Bewertungen verteidigen zu müssen. Während ich den Auslöser meiner Gefühle herausarbeite und dann zwischen Beobachtung und Bewertung unterscheide, komme ich ganz automatisch mit meinen Urteilen in Kontakt. Ich kann bewusst wählen, dafür die Verantwortung zu übernehmen.

Eine Strategie, die uns dabei unterstützt, wertfreie Beobachtungen zu formulieren, ist der imaginäre Blick durch eine Kamera: Alles, was durch die Linse zu sehen ist, stellt eine objektive Beobachtung dar. Eine Kameralinse fängt keine egoistischen, rücksichtslosen oder ungezogenen Kinder ein. Sie zeigt uns lediglich das, was ist.

Formulierungen, um sich auf eine objektive Beobachtung zu beziehen, können sein:

- Ich habe beobachtet, dass …
- In meiner Erinnerung haben wir …
- Als du XY sagtest, …
- Als ich sah, wie …

***Einladung zum Üben**: Wandel die Gedanken und Bewertungen, die du dir auf Seite 20 notiert hast, in wertfreie Beobachtungen um.*

Bewertungen als Hinweisgeber für Bedürfnisse nutzen

Eine Bewertung gibt immer den Hinweis auf ein unerfülltes Bedürfnis.

Wir brauchen unseren Kindern keine Rückmeldung darüber zu geben, ob wir ihr Verhalten für richtig, falsch oder rücksichtslos halten.

> *»Wichtig ist nur, ob die Art und Weise, wie wir unsere Bedürfnisse erfüllen wollen, miteinander harmoniert.« – Marshall Rosenberg*

Wir schützen durch eine Übersetzung unserer Bewertungen in eine objektive Beobachtung vorerst unsere Kinder. Aber die Energie dieser Bewertungen arbeitet noch immer in uns und kann uns selbst schaden oder sich bei nächster Gelegenheit umso stärker entladen. Darum ist die Übersetzung in eine Beobachtung nur ein Teil des Prozesses, dem weitere Schritte folgen.

Kehren wir noch einmal zu Christoph und seiner Mutter zurück. Eine Übersetzung ihrer Bewertungen (egoistisch, rücksichtslos) könnte Aufschluss auf folgende Bedürfnisse geben: »Zuverlässigkeit ist mir wichtig. Ich möchte mich darauf verlassen können, dass auch Christoph Absprachen einhält. Dadurch würde sich auch mein Bedürfnis nach Rücksicht und Achtsamkeit erfüllen!«

Das ist eine Art von Rückmeldung, die unsere Kinder hören können, ohne dass sie Schuldgefühle auslöst, und die gleichzeitig mehr über jene

Werte aussagt, die uns wichtig sind. Der Kanal zwischen uns und unseren Kindern bleibt geöffnet. Wir können beide hören, worum es uns geht, und dann Lösungen finden, die für uns passend sind.

Urteile und Bewertungen können nur ein Wegweiser zu unseren Bedürfnissen sein, wenn wir uns ihrer bewusst sind und sie übersetzen. Geschieht das nicht, verlieren wir die Verbindung zu uns selbst: zu unserer mitfühlenden, liebevollen Natur und zu der Energie, die entsteht, wenn wir im Einklang mit unseren Bedürfnissen handeln.

Mehr darüber kannst du in den weiteren Schritten lesen.

Einladung zum Üben: *Erinnere dich an eine Situation, in der du über etwas, das dein Kind getan hat, ärgerlich warst. Formuliere eine wertfreie Beobachtung und halte gleichzeitig fest, welche Gedanken du darüber hattest. Findest du die Bedürfnisse, auf welche dich deine Bewertungen hinweisen? Wenn dir das noch schwerfällt, sei unbesorgt, denn in den kommenden Abschnitten werden wir uns noch tiefgehender mit den Übersetzungen von Urteilen und Bewertungen auseinandersetzen.*

Jede Bewertung aufgeben?

Unsere Art zu denken verleitet uns schnell dazu,
Bewertungen als falsch zu kategorisieren.

Bewertungen, die nicht hinterfragt und als Brücke zu unseren Bedürfnissen genutzt werden, sind giftig – nicht nur für unsere Beziehung zu anderen, sondern auch für uns selbst. Denken wir an all die Glaubenssätze und Urteile, mit denen wir oftmals über uns richten.

Dennoch möchte ich darauf hinweisen, dass es nicht dem Wesen der Gewaltfreien Kommunikation entspricht, einen Teil von uns abzuschneiden oder zu unterdrücken. Es wäre ein Widerspruch in sich und gefährlich, wenn wir uns für Bewertungen verurteilen, weil wir sie für etwas grundlegend Falsches halten. Das entspräche weder einer achtsamen

Selbstfürsorge, noch würde es auf lange Sicht zu einem friedlicheren Miteinander beitragen.

Bewertungen entsprechen unserer menschlichen Natur. Wir brauchen sie. Sind wir uns ihrer bewusst und haben damit eine Wahlmöglichkeit, anstatt sie ungefragt zu glauben, haben sie ihre eigene Kraft und Berechtigung: Ich muss bewerten, was sich für mich selbst gut oder schlecht, richtig oder falsch, wohl oder unwohl anfühlt. Nur dann kann ich darauf aufmerksam werden, ob meine Bedürfnisse genährt sind und mein Verhalten mit meinen Werten übereinstimmt.

Erst wenn ich meine Bewertungen zu einer allgemeingültigen Wahrheit mache, haben sie eine zerstörerische Kraft. Dann verlieren wir nicht nur die Fähigkeit, uns mit dem Erleben eines anderen zu verbinden und mit unseren verborgenen Bedürfnissen in Kontakt zu treten, sondern wir geraten auch in einen inneren Unfrieden, weil wir die Beziehung zur Realität – zu dem, was geschieht – verlieren. Die Autorin Vivian Dittmar spricht in diesem Zusammenhang in ihrem Buch »Kleine Gefühlskunde für Eltern« von dem »absoluten Falsch« und meint damit jene Urteile über uns und andere, die uns zu gewaltvollen Reaktionen veranlassen. Das kann Gewalt gegen uns selbst sein, weil wir denken, dass wir eine schlechte Mutter sind, und uns daraufhin schuldig fühlen. Oder sie kann sich gegen andere richten, z. B. weil wir entscheiden, dass es vollkommen falsch ist, wenn ein Wagen unsere Einfahrt blockiert. Diese Art von Bewertungen geht mit einer Einteilung in vermeintlich richtiges und falsches Verhalten einher und verteilt die Positionen zwischen Täter und Opfer. Wir verleugnen dabei unsere Eigenverantwortung – die Tatsache, dass wir nicht immer beeinflussen können, was geschieht, jedoch grundsätzlich, wie wir damit umgehen.

Wenn ich meine Gedanken als Botschaft an mich selbst begreife, kann ich sie als Entwicklungskraft nutzen. Sobald ich aufhöre, zu glauben, dass andere Menschen sich entsprechend meiner Vorstellung verhalten sollten, und diese stattdessen als Auskunft über mich selbst verstehe, finde ich Möglichkeiten, mit dem umzugehen, was ist. Byron Katie, eine amerikanische Autorin und Lehrerin, schreibt darüber: »Leid und Frust entstehen, wenn wir im Widerspruch mit der Realität sind!« Sie weist darauf hin, dass wir einen Großteil unseres Leidens durch ein Denken erschaffen, das sich unablässig an dem reibt, was geschieht – obwohl es sich unserem Einflussbereich entzieht.

Interpretationen und Bewertungen aktivieren unsere Gefühlskräfte: Wie Vivian Dittmar beschreibt, benötigen wir Bewertungen, damit elementare Kräfte in uns aktiviert werden: »Das ist schade« aktiviert Trauer, die Kraft der Annahme dessen, was ist. Sie hilft uns dabei, anzunehmen, was sich unserer Einflussnahme entzieht, und das loszulassen, was wir nicht ändern können. »Das ist falsch« ermöglicht uns, Wut zu entwickeln und entsprechend zu handeln (»Gestalterkraft«). »Das ist schön« befähigt uns dazu, erfüllte Bedürfnisse und Wünsche zu feiern; das Leben zu genießen und wertzuschätzen, was uns gut tut. »Das ist furchtbar« löst hingegen Angst aus, jene Kraft, die uns laut Dittmar befähigt, wachsam mit Unbekanntem umzugehen. Scham hingegen richtet sich nach innen: »Das hätte ich gern anders gemacht!« Richtig verstanden, unterstützt uns diese Kraft dabei, unser Verhalten zu reflektieren, Verantwortung zu übernehmen und Strategien zu finden, die unsere Werte berücksichtigen.

> *»Erst wenn wir uns in endlosen Interpretationen verstricken und Bewertungen zu der alleinigen Handlungsgrundlage machen, berauben wir uns der natürlichen Kraft unserer Gefühle.« – Vivian Dittmar*

Ohne aktivierte Gefühlskräfte kann ich im Prozess der vier Schritte nicht authentisch voranschreiten, weil ich keinen Zugang zu den erfüllten oder unerfüllten Bedürfnissen erhalte, auf die unsere Gefühle hinweisen.

Wer Bewertungen vollkommen aufgibt, verliert den Zugang zu seinen Gefühlen und die Fähigkeit, in Beziehung zu gehen, denn dies gelingt nur, wenn wir einen Standpunkt haben und uns positionieren. Wenn ich mir selbst untersage, Bewertungen auch nur zu denken, werde ich unberührbar und gleichmütig.

Einladung zum Üben: *Notiere eine Wahrheit, die du gerne für alle geltend machen würdest, und finde die Sehnsucht, die sich dahinter verbirgt. Beginne den zweiten Satz mit: »Ich sehne mich nach …« (Beispiel: Aus »Niemand darf ungefragt Eigentum eines anderen Menschen an sich nehmen!« wird »Ich sehne mich nach gegenseitiger Achtsamkeit und einem friedlichen Miteinander, in dem einer dem anderen vertrauen kann«.)*

Über den Widerstand, Richtig und Falsch aufzugeben

»Veränderungen gibt es nicht zum Nulltarif.
Wenn sich etwas ändern soll,
kann nicht zugleich alles bleiben, wie es immer war.«
– Wolfgang Reitzle –

Wenn ich mit Menschen über die Aufgabe von Bewertungen wie »richtig und falsch« oder »gut und böse« sowie eine bedingungslose Eigenverantwortung spreche, regt sich erfahrungsgemäß Widerstand! Nach dem Motto: »Alle anderen Ideen finde ich ganz gut, aber DAS kann einfach nicht richtig sein«, wird Empörung und Ärger laut.

Grundsätzlich werden Beweise dafür gesucht, dass andere Menschen oftmals sehr wohl daran schuld sind, wie wir uns gerade fühlen, und dass die Aufgabe des altvertrauten und oftmals auch altbewährten Schuldprinzips unsere Welt in Chaos stürzen würde. Aussagen wie: »Wenn mich ein anderer schlägt oder meine Tasche stiehlt, dann ist er sehr wohl für meine Gefühle verantwortlich!« und Fragen wie: »Wenn ein Mord geschieht, dann ist das nicht falsch?« haben mich selbst einmal sehr beschäftigt.

Die Aufgabe des Schuldprinzips und die Übernahme bedingungsloser Eigenverantwortung sind ein Entwicklungsschritt, den man nicht vor seiner Zeit gehen kann. Und bei allem Respekt habe ich den Eindruck, dass selbst viele Menschen, denen ich im Rahmen der Gewaltfreien Kommunikation begegnet bin, diesen Schritt nicht wirklich gegangen sind. Sie mögen alle Grundlagen perfekt beherrschen und ihre Vorwürfe in schöne Worte kleiden, doch insgeheim scheinen sie ihre Urteile noch immer für wahr zu halten.

Auch wenn man seine Haltung grundsätzlich ausgerichtet hat, werden Urteile und gewaltvolle Impulse Teilschritte eines Prozesses bleiben. Wenn mich jemand im Supermarkt anrempelt, mein Sohn einen anderen Jungen schlägt oder das Verhalten anderer Menschen für mich schmerzhaft ist, habe ich noch immer den spontanen Impuls, zu bestrafen, zu verurteilen und Schmerz zurückzugeben. Mittlerweile kann ich diese Impulse mitfühlend halten, also annehmen und mich entschleunigen und zu mir nach innen spüren, ohne die bereitgestellte Energie automatisch in eine Handlung umzusetzen. Es gelingt mir immer schneller, meinen inneren Frieden wiederherzustellen – selbst dann, wenn andere Menschen die Verantwortung für sich nicht übernehmen können, bewusst Schmerz in mir auslösen möchten, oder wenn durch ihre gewählte Strategie für mich ein Schaden entsteht. Ich bin dankbar über ein Repertoire aus tragenden Erfahrungen, die mein Vertrauen in diese Haltung so ausreichend genährt haben, dass ich sie nicht mehr infrage stelle.

Kein kurzweiliger Dialog kann das Ringen mit den eigenen Ängsten und die Entstehung von Vertrauen ersetzen. Gern teile ich aber, welche Erkenntnisse mich zu meiner Entscheidung, die Verantwortung für meine Gefühle selbst zu übernehmen, bewegt haben:

- Ich wurde mir bewusst, dass ich das nicht tun muss. Niemand zwingt mich dazu, meine alten Vorstellungen aufzugeben. Das Entscheidungskriterium ist ausschließlich die Frage, was zu meinem Leben und meinem inneren Frieden beiträgt.
- Eines Tages verstand ich, dass diese Entscheidung allein meine Angelegenheit ist: Wenn ich mein Schulddenken aufgebe, dann geht es nicht mehr darum, was andere Menschen tun sollten, sondern einzig darum, wie ich meinen inneren friedlichen Zustand unabhängig davon erhalten kann.

- Solange ich andere Menschen weiterhin für das verantwortlich machte, was ihr Verhalten in mir auslöste, räumte ich ihnen eine Macht ein, die ich niemandem als mir selbst geben möchte.
- Es ist wichtig gewesen, dass ich jene Ängste ansah, die für mich mit diesem Schritt verbunden waren: Da gab es diesen tiefliegenden Zweifel über die menschliche Natur und meine eigene Verletzbarkeit.
- Außerdem erkannte ich an, dass das Schulddenken auch eine wichtige Strategie für mich gewesen ist: Die Rollen zwischen Opfer und Täter, Schuldigem und Unschuldigem oder guten und bösen Menschen zu verteilen, kann sehr erleichternd sein und das Leben vereinfachen.

Es ist mir ein wichtiges Anliegen, die Gewaltfreie Kommunikation in diesem Punkt nicht missverstanden zu wissen. Es geht nicht darum, die Realität zu leugnen – einige Strategien wie Mord, Raub oder Lügen sind für die Betroffenen unvorstellbar schmerzhaft. Menschen, in denen Schmerz ausgelöst wurde, sollten alle Unterstützung und Einfühlung erhalten, die sie brauchen, um Heilung zu erfahren. Niemals sollten sie gedrängt werden, Verständnis für den Menschen aufbringen zu müssen, dessen Strategie für sie leidvoll war.

Auch wenn ich überzeugt bin, dass Strafen und Schuld Gewalt in der Welt potenzieren, geht es vor allem um die Frage, wie Menschen vor Strategien geschützt werden können, die Leid auslösen. Wer sich bereit fühlt, sich mit diesem Thema auseinanderzusetzen, sollte erfahren, dass es zu Schuld, Urteilen und anderer Gewalt eine Alternative gibt – in der wir unabhängig und friedvoll mit dem umgehen können, was uns begegnet.

Es gibt Menschen, die entschieden, jenen zu vergeben, die den Tod ihrer Kinder zu verantworten hatten, weil sie ihr Leben nicht in einem hasserfüllten Zustand verbringen wollten. Es gibt Menschen, die selbst unter grausamsten Bedingungen – wie einer Inhaftierung im KZ – mitfühlend bleiben konnten. Es besteht die Möglichkeit, keine Feinde oder Monster zu sehen, sondern sich auf das Menschliche in jeder Handlung zu fokussieren.

Wir können uns entscheiden:

- uns selbst kein Gift in Form von ärgerlichen Gedanken mehr zuzuführen,
- zu berücksichtigen, dass Gewalt immer ein Ausdruck von Schmerz ist,
- dass Verstehen nicht »einverstanden zu sein« bedeutet,
- die Überzeugung anzunehmen, dass jeder Mensch nach seinen besten Möglichkeiten handelt – auch dann, wenn dieses Handeln in anderen Menschen großen Schmerz auslöst,
- den Fokus auf die zugrundeliegenden Bedürfnisse einer Handlung zu richten.

Einladung zur Selbstklärung: *Wie geht es dir mit der Vorstellung, das Verhalten anderer Menschen nicht länger als richtig, falsch, gut oder böse zu bewerten? Sind damit Ängste verbunden?*

Zweiter Schritt: Gefühle als Wegweiser zum Bedürfnis

Gefühle als Füllstandsanzeige

Gefühle weisen uns auf unerfüllte oder erfüllte Bedürfnisse hin – bei uns und den Menschen, die uns umgeben.

Beispiel: Lisa hört Annemaries Mutter am Telefon sagen: »Tut mir leid, aber Annemarie ist krank. Sie hat die ganze Nacht gespuckt. Du kannst heute Nacht nicht bei uns schlafen!« Nachdem Lisa aufgelegt hat, kriecht die Traurigkeit und Enttäuschung, wie ein kleines, schwarzes Tier in ihre Brust. Die Schultern werden ganz schwer, ihre Augen füllen sich mit Tränen, ihre Wangen beginnen zu glühen.

Der Übernachtungsbesuch bei Lisas Freundin hätte ihr vor allem Bedürfnisse nach Spaß, Miteinander, Spiel und Gemeinschaft erfüllt. Mama spürt, dass Lisa traurig ist, und stellt sich vor, dass sie jetzt vor allem Trost, Verständnis und später vielleicht auch neue Ideen braucht, um ihre Bedürfnisse anders zu erfüllen.

> **Beispiel:** Frau Schulz wirft einen Blick aus ihrem Küchenfenster und kann die Kinder nicht sehen, die vor zwei Minuten noch im Sandkasten gespielt haben. Unruhig schaut sie durch alle Fenster des Hauses und eilt dann zu Tür. Sie ruft nach den Kindern und erhält keine Antwort. In ihrer Brust beginnt es zu kribbeln, in ihrem Bauch macht sich Kälte breit – sie ist furchtbar aufgebracht und besorgt, während sie rufend durch den Garten eilt.

Frau Schulz ist erschrocken, besorgt und ängstlich. Ihr geht es um die Sicherheit ihrer Kinder. Später wird ihr vielleicht Verständnis guttun – eine Freundin, die hört, wie sich dieser Moment für sie angefühlt hat, als sie auf den leeren Sandkasten blickte. Nachdem sie die Kinder gefunden hat, wird ihr vielleicht auch bewusst, wie sehr sie sich nach Vertrauen ins Leben gesehnt hat.

> **Beispiel:** Übermütig spritzen sich Niklas und Simon mit Wasser nass. Sie quietschen und lachen. »Warte mal«, sagt Simon, »ich bin Superman und du bist Batman, okay?« Beide fühlen ein aufgeregtes Kribbeln in ihrem Herzen, sodass sie kaum wissen, wohin mit all der Freude.

Niklas und Simon sind freudig, aufgeregt, glücklich. Ihre Bedürfnisse nach Spiel, Abenteuer und Miteinander sind wohlig genährt. Später möchten sie diesen Augenblick vielleicht gerne mit ihren Eltern teilen und auf diese Weise feiern, wie erfüllt sie davon sind.

Unsere Gefühle machen uns, wie die Füllstandsanzeige eines Autos, darauf aufmerksam, ob Bedürfnisse erfüllt oder unerfüllt sind. Wir Eltern können Gefühle als Chance begreifen, unseren Kindern nahe zu sein – indem wir ihre Gefühle wahrnehmen und mitfühlen.

***Einladung zum Üben**: Erinnere dich an einen Moment, in dem du dich mit deinem Kind verbunden fühltest, weil du seine Gefühle und Bedürfnisse wahrnehmen und mitfühlen konntest. Notiere, wie sich diese Erinnerung in deinem Körper anfühlt.*

Pseudogefühle

Wenn sich Interpretation und Gefühl mischen

> **Beispiel:** Henriettes Mama stutzt. Sie findet einen Zehn-Euro-Schein in der Tasche ihrer Tochter. »Woher hat sie denn das Geld?«, fragt sie sich und schaut in ihr eigenes Portemonnaie. Darin fehlt der Schein. Als Henriette nach Hause kommt, lässt Mama sie wissen: »Ich habe den Schein in deiner Hosentasche gefunden. Ich fühle mich dermaßen hintergangen!«

In das vorhandene Gefühl von Enttäuschung, Ärger oder Sorge mischt sich eine moralische Bewertung über die Tochter. Die dazugehörigen Gedanken klingen vielleicht so: »Meine eigene Tochter beklaut mich. Woher hat sie so ein schlechtes Verhalten?«

Hintergangen ist kein Gefühl, sondern eine Interpretation. Es gibt noch viele weitere Wörter, wie ausgenutzt, betrogen, beleidigt oder unterdrückt. Solche Interpretationen verschleiern, dass die Ursache unserer Gefühle in unserer inneren Wirklichkeit liegt, und übertragen die Verantwortung dafür auf unser Gegenüber.

Der Schwerpunkt liegt, wie bei allen Bewertungen und Urteilen, darauf, dass etwas mit unserem Gegenüber nicht stimmt und diese Person daran schuld ist, wie wir gerade fühlen. Auf dieser Ebene rückt Verbindung wieder in weite Ferne.

Was könnte Henriettes Mama sagen, um eine authentische Mitteilung über sich und ihre Werte zu machen? »Henriette, ich habe beim Wäschesortieren diesen Geldschein in deiner Hosentasche gefunden. Ich bin irritiert und unsicher, weil ich Vertrauen und Klarheit brauche. Können wir darüber reden, wie das Geld in die Hosentasche gekommen ist?«

***Einladung zum Üben**: Notiere, welche Pseudogefühle du kennst und welche vielleicht zu deinem typischen Sprachgebrauch gehören. Ergänze, welche echten Gefühle sich dahinter verbergen. (Nutze die Liste im Kapitel »Übersichten«.)*

Ungefühlte Gefühle

Energiestau im Körper

Viele Autoren beschäftigen sich mit der Wichtigkeit des Gefühlsausdruckes. Eine dieser Autoren ist Naomi Aldort, deren Buch »Von der Erziehung zur Einfühlung« mein Leben bereichert hat. Darin macht sie auf die Selbstheilungskraft aufmerksam, die mit der Fähigkeit einhergeht, Gefühle zum Ausdruck zu bringen und dann wieder loslassen zu können. Vivian Dittmar unterscheidet zwischen Gefühlen und Emotionen. Gefühle seien elementare Kräfte, die uns befähigen, auf unsere Umwelt zu reagieren. Wird diese Gefühlskraft aktiviert, aber nicht ausgedrückt, staut sie sich in Form von Emotionen innerhalb unseres Systems, wie Wasserdruck in einem Gartenschlauch, dessen Düse man verschlossen hat. Emotionen sind aus ihrer Sicht Blockaden, welche sich unkontrolliert entladen und damit Schaden anrichten können – in Form von Kurzschlusshandlungen, die wir später bedauern.

***Einladung zur Selbstklärung**: Wenn du dir vorstellst, einen inneren Raum in dir zu öffnen, in dem jedes Gefühl willkommen ist, welche Gefühle möchten dort wahrgenommen werden? Was hat dich bisher davon abgehalten, diese Gefühle zu fühlen, oder es dir schwergemacht?*

Dritter Schritt: Bedürfnisse

In Kontakt mit unseren Bedürfnissen zu sein, schafft Entspannung und Frieden.

Bedürfnisse stellen die Kraft in uns dar, die natürlicherweise der Erfüllung zustrebt. Sie befähigen uns zur gelungenen Selbstfürsorge, weil sie uns auf das aufmerksam machen, was wir brauchen, um »genährt« zu sein. Sie entsprechen einer tiefen angelegten Sehnsucht und einer intuitiven Intelligenz in uns. Manche Menschen empfinden sie als eine spirituelle Form von Liebe, für andere stellt sie eine mütterliche, fürsorgliche Kraft dar.

Überall, auf der ganzen Welt, teilen wir dieselben Bedürfnisse, nach beispielsweise:

- Wertschätzung
- Mitgefühl
- Erfahrung
- Schutz
- Selbstbestimmung

Wenn wir um diese Kraft in uns wissen und unsere Bedürfnisse bewusst achten und nähren, ermöglicht uns das eine vollkommen neue Qualität der Selbstfürsorge.

Während wir gemeinsam dieselbe Situation erleben, sind in uns ganz unterschiedliche Bedürfnisse erfüllt oder hungrig – doch was wir grundsätzlich brauchen, ist universell.

Beispiel: »Kann ich fünfzig Euro bekommen?«, fragt Rasmus beim gemeinsamen Abendessen. »Wofür brauchst du denn so viel Geld?«, will seine Mutter wissen. Noch ehe dieser antworten kann, sagt Rasmus' Vater: »Ich habe dir letztes Wochenende schon Geld für das Kino gegeben, teil dir das halt besser ein. Wenn du etwas kaufen willst, musst du sparen, bis du genug zusammen hast, ich bin schließlich nicht dein persönlicher Dukatenscheißer!«

Stellen wir uns nun vor, dass Rasmus' Eltern – unabhängig davon, ob sie mit seiner Strategie, um Geld zu bitten, einverstanden sind – offen wären, sein Bedürfnis wahrzunehmen und ihm auf dieser Ebene zu begegnen. Was wäre das für ein großartiges Geschenk an ihren Sohn? Sie wären neugierig, seine Antwort zu hören. »Wofür möchtest du das Geld haben?« Rasmus würde vielleicht sagen: »In der Schule haben gerade alle aus meiner Klasse diese Hose von der Marke XY. Die ist schick. Der Hendrik hat sie und der Benjamin. Die treffen sich am Wochenende immer und schauen Filme!«

Hier entstünde der Raum, einander nahe zu sein. Wenn Rasmus' Eltern die Bedürfnisse als eine Ebene der Begegnung kennen würden, so könnten sie mit Leichtigkeit heraushören, worum es ihrem Sohn eigentlich geht: Die Hose entspricht einer Strategie, das Bedürfnis hinter diesen Strategien ist Zugehörigkeit und Akzeptanz.

Rasmus würde die wohltuende Erfahrung machen, dass seine Eltern sich für das interessieren, was in ihm lebendig ist, und wie schön es ist, teilen zu können, was ihn bewegt. Dementsprechend könnte der Papa antworten: »Dir würde es wirklich viel bedeuten, auch diese Hose zu haben, oder? Dann wärst du zuversichtlich, dass ihr bald gemeinsam Filme schaut?«

Wenn wir um die Bedürfnisse wissen, bietet das die wunderbare Gelegenheit, miteinander in Verbindung zu sein! Indem ich das Bedürfnis meines Kindes benenne, ermögliche ich ihm die tragende Erfahrung, dass seine Sehnsucht von mir beantwortet wird, und kann sein Vertrauen stärken, mit ihr willkommen zu sein.

Ich schenke außerdem einen Wortschatz, der es meinem Kind ermöglicht, zu benennen, was es braucht, und seine Mitmenschen um das zu bitten, was sie zu der Erfüllung seiner Bedürfnisse beitragen können. Das alles sind wichtige Elemente einer gelungenen Selbstfürsorge und einer Umgebung, die sich sicher anfühlt. Gleichzeitig erfahren Kinder, die in einer bedürfnisorientierten Umgebung aufwachsen, ganz selbstverständlich, dass auch andere Menschen Bedürfnisse haben.

***Einladung zum Üben:** Wähle eine Situation, die du mit deinem Kind erlebt hast, und notiere, welche Bedürfnisse in euch lebendig waren. (Wenn du möchtest, nutze die Liste im Kapitel »Übersichten«.)*

Unerfüllte Bedürfnisse

»Es ist aufbauend und stärkend, ein Bedürfnis herauszufinden.«
– Marshall Rosenberg –

Was ist, wenn Rasmus' Eltern keine fünfzig Euro haben, die sie ihrem Sohn geben könnten, oder sie ihm kein weiteres Geld zur Verfügung stellen möchten? Eltern müssen nicht immer alle Bedürfnisse erfüllen. Es ist viel wichtiger, ein Bedürfnis wahrzunehmen und mit ihm verbunden zu sein, als es zu erfüllen, denn dies führt zu Weichheit im Herzen und tiefer Verbundenheit.

Nachdem Rasmus' Vater gehört hat, worum es seinem Sohn geht, könnte er sich mit seinen Bedürfnissen zeigen: »Ich habe verstanden, dass eine neue Hose dir so viel bedeuten würde, weil du gern ein Teil der Gemeinschaft wärst und es auch genießen würdest, wenn sie deine Hose schick finden, oder? Mir geht es darum, dass noch drei Rechnungen ausstehen, deren Betrag ich nicht kenne. Damit bin ich angespannt, weil mir Sicherheit wichtig ist. Ich möchte im Moment kein weiteres Geld ausgeben. Hast du Lust, zu überlegen, welche anderen Möglichkeiten es geben kann?«

Wichtig für eine gleichwürdige Beziehung ist vor allem, die Bedürfnisse aller Beteiligten im Blick zu haben. Ich denke da an den Sohn Miki Kashtans, einer Trainerin für Gewaltfreie Kommunikation, der einmal sagte: »Meine Bedürfnisse wurden nicht immer erfüllt, aber ich konnte stets darauf vertrauen, mit ihnen wahrgenommen zu werden!« Wünsche sind nichts anderes als Strategien. Kinder brauchen nicht die Illusion, dass sich alle Wünsche erfüllen lassen. Sie brauchen die Sicherheit, mit ihren Wünschen gesehen zu werden und diese behalten zu dürfen.

Einladung zum Üben: *Die entspannende und nährende Wirkung des wahrgenommenen Bedürfnisses kannst du selbst nachvollziehen, indem du dich mit dem Bedürfnis verbindest, das gerade in dir lebendig ist. Kannst du eine Veränderung wahrnehmen? Wenn dir diese Übung schwerfällt, nutze die Liste im Kapitel »Übersichten« und spüre nach, bei welchem Bedürfnis die größte Resonanz entsteht. Um den Effekt zu verstärken, kannst du außerdem an eine Situation denken, in der dieses Bedürfnis genährt war.*

Der Unterschied zwischen Bedürfnissen und Strategien

Bedürfnisse stehen nie im Widerspruch zueinander,
nur die unterschiedlichen Strategien, um diese zu erfüllen.

Das, was wir – bewusst oder unbewusst – tun, um unsere Bedürfnisse zu erfüllen, ist vollkommen individuell. Während Martin sich sein Bedürfnis nach Entspannung am liebsten mit der Strategie Fernsehen erfüllt, hört Max Musik und Frida liest gern ein Buch. Bedürfnisse selbst stehen sich niemals im Wege, lediglich die unterschiedlichen Strategien, die wir für ihre Erfüllung auswählen. So geraten wir nicht in einen Konflikt, weil ich als Mutter Ruhe brauche und mein Kind sein Bedürfnis nach Spiel erfüllen will. Sondern weil meine Lieblingsstrategie für Ruhe Lesen oder Schlafen ist, während mein Kind gerade am liebsten mit mir gemeinsam Duplo bauen möchte.

Stellen wir uns eine Mutter vor, deren Kind sich im Supermarkt schreiend und weinend auf den Boden wirft, nachdem es mehrfach um Schokolade gebeten hat. Während seine Mutter ihr Kind einen Augenblick beobachtet, denkt sie an »Selbstbestimmung« und »Genuss«.

Sie erinnert sich daran, dass sie diese Bedürfnisse, die gerade bei ihrem Kind so schmerzhaft unerfüllt sind, selbst kennt. In diesem Augenblick geht es ihr um ganz andere Bedürfnisse, doch wie sich ein unerfülltes Bedürfnis nach Selbstbestimmung anfühlen kann, erinnert sie, wenn sie daran denkt, wie ihr Vorgesetzter ihr gestern kurz vor Feierabend noch weitere Aufgaben aufgetragen hat. Und das Bedürfnis, etwas Süßes zu genießen hat sie auch, wenn sie am Freitagabend vor dem Fernseher sitzt oder sich am Morgen einen Cappuccino mit Sahne zubereitet. Mitfühlend nimmt sie wahr, dass ihr Kind gerade keinen anderen Weg sieht, als auf diese Weise lautstark das zu fordern, was ihm wichtig ist! Die Mutter benennt das Bedürfnis ihres Kindes: »Willst du gern selbst bestimmen, wann du etwas Süßes bekommst?«

Wenn diese Mama nun in sich hinein spürt, kann sie vielleicht gleichzeitig ein lebendiges Bedürfnis in sich selbst entdecken. Ruhe, Entspannung, Leichtigkeit, Harmonie oder Wirksamkeit? Dies ist dann jener kostbare »Was brauchst du – was brauche ich«-Moment, in dem Mutter und Kind mit ihrem Bedürfnis beide gleich wichtig und wertvoll sind.

Wenn wir verstehen, dass jede Handlung unserer Kinder den Versuch darstellt, auf die jeweils bestmögliche Weise für sich selbst zu sorgen, wird Gleichwürdigkeit und bedingungslose Liebe möglich.

Fassen wir zusammen:

1. Hinter jedem Verhalten steckt ein Bedürfnis.
2. Jedes Bedürfnis ist gleich wichtig!
3. Wenn wir eine einfühlsame Verbindung aufgebaut haben, dann finden wir Strategien, die für alle stimmig sind.

Einladung zum Üben*: Erinnere dich an einen Wunsch deines Kindes und notiere, welche Bedürfnisse diese Strategie erfüllen sollte.*

Nicht jede Strategie ist effektiv

Nicht jede Strategie ist geeignet, ein Bedürfnis auch bestmöglich zu erfüllen. Wie erfolgreich eine Strategie ist, hängt unter anderem auch von der Lebenserfahrung ab.

Wenn Jonas Ida im Kindergarten schubst, weil er wahrgenommen werden möchte oder sich nach Verbindung sehnt, so ist es unwahrscheinlich, dass seine Bedürfnisse sich auf diese Art erfüllen lassen. Darum benötigen junge Menschen unsere Unterstützung und unsere zur Verfügung gestellte Lebenserfahrung. Wir können Strategien vorschlagen und gemeinsam herausfinden, was für unsere Kinder passend ist. Dann können wir Übungsräume zur Verfügung stellen, in denen diese Strategien überprüft werden dürfen.

Die Voraussetzung, um Bedürfnisse bestmöglich zu erfüllen, ist die Verbindung zu ihnen. Wenn ich mir gar nicht bewusst bin, welches Bedürfnis ich mir mit meinem gegenwärtigen Handeln erfüllen will, gleicht dies einer Suche mit verbundenen Augen.

Einladung zur Selbstklärung*: Erinnere dich an eine Situation, die nicht geeignet war, um das vorherrschende Bedürfnis zu erfüllen. Fällt dir rückblickend eine wirksamere Strategie ein?*

Einladung zum Üben*: Stelle dir einen Wecker. Sobald der Alarmton erklingt, schreibe dein momentanes Bedürfnis auf und überlege ganz bewusst, welche Strategien es im Hier und Jetzt nähren könnten.*

Gemeinsam Strategien finden, die beide Bedürfnisse im Blick haben

Ich will eine Lösung finden, die für uns alle passt!

Wir können benennen, was wir beide brauchen, und unser Kind in den Lösungsprozess mit einbeziehen.

»Du möchtest selbst entscheiden, wann du etwas Süßes bekommst. Ich will, dass dein Bauch gesund bleibt. Was denkst du darüber?«

»Du willst Schokolade haben? Ich bin besorgt, weil du heute Morgen schon ein Eis gegessen hast. Was machen wir da?«

»Dir geht es also um Genuss, mir um Gesundheit. Lass uns überlegen, was für uns beide passen kann, okay?«

Manchmal können uns die Ideen unserer Kinder abwegig erscheinen oder wir ahnen aufgrund unserer Lebenserfahrung, dass eine Strategie nicht passen wird. Dennoch ist es wichtig, die Idee willkommen zu heißen und wertzuschätzen, damit die Beziehung gemeinsam gestaltet und Lebenserfahrung erworben werden darf.

Werden die Vorschläge eines Kindes immer wieder abgelehnt oder bewertet, geht Vertrauen in sich und die eigene Selbstwirksamkeit verloren. Es darf ein Tanz aus authentischem Selbstausdruck und einfühlsamem Verstehen folgen.

Beispiel: Mein Sohn ist vier Jahre alt, als er auf dem Spielplatz die Rutsche für sich entdeckt hat. Er steht auf der obersten Stufe und lässt mehrere Kinder hinter sich wissen: »Das ist meine Rutsche, keiner darf rutschen!« Ich nehme meinen Impuls wahr, ihn belehren zu wollen: »Ihr müsst euch die Rutsche teilen. Du musst die anderen auch rutschen lassen!« Stattdessen sage ich:

»Hast du Spaß am Rutschen? Willst du Platz für dich alleine haben?«
Sohn: »Die Rutsche gehört mir!«
Ich: »Du hast Spaß da oben, ganz für dich allein? Ich habe die Sorge, dass die anderen Kinder gerade gar keinen Spaß haben. Kommst du runter, damit die anderen die Rutsche auch benutzen können?«
Sohn: »Nein!«
Ich: »Bist du frustriert, weil du selbst entscheiden willst, was du gerade spielst?«
Sohn: »Ja, ich komme nicht runter!«
Ich: »Ich will, dass du eigene Entscheidungen treffen kannst. Gleichzeitig ist mir Rücksicht wichtig. Hast du eine Idee, wie du deinen Spaß haben kannst und die anderen Kinder auch?«
Sohn: »Die können ja woanders spielen. Auf der Schaukel oder dem Karussell!«
Ich: »Danke für die Idee. Frag doch mal die anderen Kinder, ob sie darauf Lust haben!« …

***Einladung zum Üben**: Notiere eine Konfliktsituation zwischen dir und deinem Kind, die sich bereits häufiger wiederholt hat. Fällt dir eine Lösung ein, die eurer beider Bedürfnisse im Blick hat?*

Wenn mehrere Bedürfnisse lebendig sind

Ein bunter Reigen aus Sehnsüchten

Wir alle kennen Situationen, in denen mehrere Bedürfnisse in uns lebendig sind. Einerseits möchten wir gesund bleiben und darum wenig Zucker zu uns nehmen, andererseits lacht uns die Tafel Schokolade an und wir sehnen uns nach Genuss. Wir möchten der Verantwortung für unser Haustier gerecht werden und wissen, welch wichtige Strategie der Spaziergang ist, und gleichzeitig würden wir uns viel lieber bei einem heißen Bad entspannen.

In solchen Momenten ist es wichtig, sich aller lebendigen Bedürfnisse bewusst zu werden. Dann können wir aus der Vielfalt der Strategien schöpfen und finden kreative Möglichkeiten, um all diese Bedürfnisse zu berücksichtigen.

Wir essen etwas Schokolade und gehen anschließend eine Runde joggen oder nutzen die Gelegenheit, nach einem leckeren und gesunden Rezept für Smoothies zu suchen. Wir bitten die Nachbarin, unseren Hund bei ihrem Spaziergang mitzunehmen, oder laden uns ein Hörbuch auf das Handy und nehmen nach der Hunderunde ein Fußbad.

Für die Klärung mehrerer Bedürfnisse haben sich folgende Strategien als hilfreich erwiesen:

- Eine Reihenfolge festlegen: Welches Bedürfnis ist am hungrigsten?
- Für das präsenteste Bedürfnis drei sofort erfüllbare Strategien festlegen.
- Die Umsetzung der Strategien in der Zukunft konkret planen.
- Auch nicht sofort erfüllbaren Bedürfnissen Aufmerksamkeit schenken und sie wissen lassen: »Ich habe euch bemerkt und kümmere mich später um euch.«

Einladung zur Selbstklärung: *Welche typischen Bedürfniskonflikte sind dir vertraut?*

Wenn sich keine Lösung zeigt

Wenn wir verbunden sind, wird die Lösung zweitrangig.

Manchmal fallen uns keine Lösungen ein, die unsere Bedürfnisse und die unserer Kinder berücksichtigen würden, so sehr wir uns auch bemühen. Dann können wir uns mit dieser Ratlosigkeit zeigen: »Ich weiß gerade keine Lösung. Das ist schade!«

In jedem Fall können wir unsere Bedürfnisse achten: »Ja, ich brauche dringend Erholung und ich weiß gerade nicht, wie das gehen kann. Das macht mich ganz traurig!«, oder einfühlsam: »Du hast gerade so Lust darauf, zu spielen, und magst noch ein Abenteuer erleben. Ich bin zu müde, um mit dir auf den Spielplatz zu gehen. Nun haben wir beide keine Idee und sind ratlos.«

Oft haben wir eine Lieblingsstrategie im Kopf und können diese nicht augenblicklich umsetzen. Zum Beispiel dann, wenn unsere Kinder hungrig sind und wir lieber einen Augenblick auf dem Sofa ausruhen würden. Oder wenn wir furchtbar Lust hätten, bei einem Film zu entspannen, aber unsere Kinder unsere Nähe brauchen, um in den Schlaf zu finden.

Dann können wir:

- betrauern und annehmen, dass unsere Lieblingsstrategie gerade nicht passt,
- uns mit dem weiteren Bedürfnis verbinden, aus dem wir uns gegen die Lieblingsstrategie entscheiden (z. B. Fürsorge, Verantwortung, Liebe),
- im Stillen drei Alternativstrategien entwickeln (z. B. einen Cappuccino trinken, ein Fußbad nehmen oder beim Zu-Bett-Begleiten ein Buch lesen).

Meine Erfahrung hat gezeigt, dass eine Lösung selbst gar nicht mehr so wichtig ist, wenn wir eine tiefe Verbundenheit zueinander hergestellt haben. Je näher ich mir selbst bin, desto weniger bin ich auf eine Lösung im Außen angewiesen. Je näher ich mir bin, desto näher kann ich meinem Kind sein. Und wenn wir eine tiefe Verbundenheit hergestellt haben, ist das Ergebnis in Form einer Lösung zweitrangig.

> **Beispiel:** Ich bitte meinen Sohn darum, seine Jacke vom Boden aufzuheben, weil mir Ordnung wichtig ist. Lukas möchte diese Bitte nicht erfüllen, weil er in ein Spiel vertieft ist. Wenn ich mein Bedürfnis klar habe und das meines Sohnes wirklich verstehen und mitfühlen kann, öffnet sich ein Raum, in dem das Ergebnis »die Jacke wird aufgehängt« nicht mehr die einzige Option ist. In einem Zustand der Verbundenheit kann ich gut damit sein, die Jacke selbst aufzuhängen oder anzunehmen, was ist – in dem Vertrauen, dass wir später eine Lösung finden werden, die für uns beide passt.

***Einladung zum Üben**: Schreibe auf einen Zettel: »Wenn wir verbunden sind, findet uns die Lösung von selbst!« und hänge ihn an einem gut sichtbaren Ort auf.*

Wir haben keine Bedürfnisse für andere

Jeder ist Experte für seine eigenen Bedürfnisse.

Als Mama weiß ich, dass es sich ganz anders anfühlt, weil unsere Kinder ein Teil von uns sind, unser Herz, das sich plötzlich außerhalb unseres Körpers zu befinden scheint. Dennoch haben wir keine Bedürfnisse für andere. Auch nicht für unsere Kinder.

Natürlich wünschen wir uns nichts mehr, als dass sie gesund bleiben und alles haben, was sie zum Leben brauchen. Wir wollen unsere Kinder glücklich sehen und beten darum, dass sie unverletzt bleiben. Das entspricht unseren Bedürfnissen nach Verantwortung, Fürsorge und auch dem, zu ihrem Wohlbefinden beitragen zu wollen. Dennoch haben wir kein Bedürfnis an ihrer Stelle. Diese Unterscheidung ist wichtig, denn viel zu oft mischen sich Eltern in den höchstpersönlichen Bereich ihrer Kinder hinein und glauben ganz selbstverständlich, zu wissen, was sie gerade brauchen.

Sie sagen: »Wenn mein Kind zu dünn angezogen ist, dann habe ich ein Bedürfnis nach Gesundheit!«, oder: »Wenn meine Tochter die Hausaufgaben nicht macht, dann ist mein Bedürfnis nach Lernen und Wachstum unerfüllt!« Dann stellen sie sich selbst einen Freifahrtschein aus, zum Schutz dieser Bedürfnisse zu handeln, und können damit beinahe jede Strategie rechtfertigen.

Ich habe schon Eltern voller Überzeugung sagen hören: »Die Zähne meines Kindes putze ich auch gegen seinen Willen. Wir halten es fest, und eines Tages wird es uns dankbar sein!«, oder: »Ich erteile Strafen, bis mein Sohn einsieht, dass er seine Zukunft gefährdet, wenn er sich in der Schule nicht mehr anstrengt. Dabei habe ich nur sein Bestes im Sinn.«

Oftmals leugnen wir damit die Verantwortung für uns selbst. Ich weiß, dass es kein angenehmes Thema ist, und aussprechen möchte ich es doch: Sehr oft geht es bei Wünschen, die wir für unsere Kinder haben, um uns selbst. Wir möchten auch, dass es gesund bleibt, damit wir nächste Woche arbeiten gehen und unsere Zeit selbstbestimmt gestalten können. Wir wollen auch, dass unsere Kinder erfolgreich sind, damit wir uns als gute Eltern empfinden können. Oder dass sie sich gut benehmen, weil wir überhaupt keine Lust haben, Beschwerden zu hören.

Das alles sind vollkommen verständliche Anliegen, doch wenn wir Werte wie Ehrlichkeit, Eigenverantwortung und Authentizität vorleben wollen, dann lasst uns dies auch in solchen Momenten tun. Lasst uns den höchstpersönlichen Bereich unserer Kinder achten und die Verantwortung für uns selbst übernehmen.

Einladung zur Selbstklärung: *In welchen Momenten fühlt es sich so an, als hättest du ein Bedürfnis für dein Kind? Finde mindestens zwei Bedürfnisse, die ganz klar deine eigenen sind. (Beispiel: »Mein Kind soll gesund bleiben … weil mir der Kindergartenbesuch ermöglicht, wichtige Termine wahrzunehmen und selbstbestimmt zu sein.«) Selbstverständlich möchten wir vor allem, dass unsere Kinder nicht leiden und Schmerzen haben müssen. Und dennoch mischt sich dort auch oft eine eigene Not hinein, weil wir die Gesamtverantwortung für unser gemeinsames Leben haben. So kann es mich in Schwierigkeiten bringen, wenn ich ein weiteres Mal bei der Arbeit ausfalle oder einen Termin beim Facharzt verschiebe, auf den ich monatelang gewartet habe. Um diese Not geht es an dieser Stelle.*

Vierter Schritt: Bitten stellen

»Wir genießen es zu geben, wenn wir es freiwillig tun!«
– Marshall Rosenberg –

Nachdem wir die Unterscheidung zwischen Beobachtung und Bewertung kennen und wissen, dass unsere Gefühle uns auf wichtige Bedürfnisse aufmerksam machen, wenden wir uns dem letzten Schritt zu: Wir möchten um das bitten, was wir brauchen, damit unser Leben schöner wird.

Beispiel: Hanna: »Kannst du bitte den Müll mitnehmen, wenn du rausgehst?« Sohn: »Nee, ich hab's eilig!« Mutter im Stillen: »Dieser kleine Egoist! Ich habe so viele Aufgaben erledigt, während der nichts weiter zu tun hat, als vor dem PC zu hocken, und jetzt will der nicht mal …!«

Was ist geschehen?

Abgesehen davon, dass mein Denken gerade eine Menge Urteile enthält – die ich hoffentlich nicht aussprechen werde, bevor ich wieder bei meinen Gefühlen und Bedürfnissen angekommen bin – habe ich keine

Bitte gestellt, sondern eine Forderung. Ein Satz wird nicht durch das Wort »Bitte« zu einer wirklichen Bitte – sondern erst dann, wenn wir ein »Nein« als Antwort akzeptieren.

Wir erinnern uns, dass andere Menschen grundsätzlich gern füreinander beitragen. Aus welchen Gründen hat mein Sohn meine Bitte – von der wir nun wissen, dass es keine echte Bitte war – abgelehnt? Am wahrscheinlichsten ist, dass er kein Vertrauen hatte, freiwillig etwas für mich beitragen zu können. Eine Forderung lässt nur zwei Wahlmöglichkeiten: Unterwerfung oder Rebellion.

Gesunderweise fühlt sich erstere Option vermutlich noch unwohler an, als »Nein« zu antworten. Ganz egal, aus welchem Grund eine Bitte abgelehnt wird: Ein »Nein« zu Eltern ist immer ein »Ja« zu sich selbst und eigenen Bedürfnissen – damit entspricht es einer guten Selbstfürsorge! Wenn wir ein »Nein« als Antwort bekommen, dann tun wir gut daran, das »Ja« dahinter (zu etwas anderem) zu achten.

Die Unterscheidung zwischen Bitte und Forderung führt uns Eltern zu einer wichtigen Frage: Will ich wirklich, dass mein Kind etwas tut, obwohl es kein wirkliches Ja dazu hat?

Der Grund, aus dem ein Kind die Forderung seiner Eltern erfüllt, ohne dass es seinem gegenwärtigen, natürlichen Bedürfnis entspricht, ist Angst. Es kann eine klitzekleine Angst davor sein, mit Urteilen bedacht zu werden. Es kann eine starke Angst sein, für die Eltern weniger wertvoll zu sein. Die Grundlage dafür, jetzt ja zu sagen, bliebe Angst. Den meisten Eltern, die ich kenne, ist der innere Zwang, etwas leisten zu müssen, um wertvoll zu sein, sehr vertraut.

Bitte sei dir bewusst, dass die gewaltfreie Haltung und gleichwürdige Beziehung eine bedingungslose Eigenverantwortung voraussetzen. Ich bin nicht nur für meine Gefühle und Gedanken verantwortlich, sondern grundsätzlich auch für die Erfüllung meiner Bedürfnisse. Aus diesem Grunde kann ich andere Menschen darum bitten, zu der Erfüllung meiner Bedürfnisse beizutragen, doch wenn ich fordere, zahle ich auf der Beziehungsebene einen Preis.

***Einladung zur Selbstklärung**: Beantworte für dich persönlich die Frage, aus welchen Gründen dein Kind handeln soll, wenn du es um etwas bittest.*

Wenn ich eine Forderung spüre

»Willst du recht haben oder glücklich sein? Beides geht nicht!«
– Marshall Rosenberg –

Manchmal empfinde ich, wie ich es drehe und wende, eine Forderung. Ich will, dass Lukas etwas Bestimmtes tut, und bin nicht bereit, von meiner Erwartung abzuweichen. Oftmals ist einem Teil von mir durchaus bewusst, dass ich meine Lieblingsstrategie gerade durchsetzen will und auch, dass ich mir etwas ganz anderes vorgenommen hatte, und ich kann es dennoch nicht loslassen. Fast immer verbirgt sich dahinter der Gedanke, im Recht zu sein – was zwangsweise bedeuten muss, dass mein Sohn im Unrecht ist.

Oft stelle ich auch Forderungen, wenn ein oder mehrere Bedürfnisse seit Längerem nicht erfüllt sind. Das wiederum hat etwas mit meiner Selbstfürsorge zu tun. Wenn ich nun eine Forderung wahrnehme, habe ich zwei Möglichkeiten:

- Ich kann sie hinter einer Bitte verstecken und hoffen, dass es »funktioniert«, oder
- ich stelle eine Forderung und übernehme die Verantwortung: Ich treffe eine Entscheidung und bin bereit, die Konsequenzen zu tragen.

Selbst, wenn die Gründe für meine Entscheidung – aus meiner Sicht – noch so sinnvoll sind: Keine Wahl zu haben und »entschieden« zu werden, macht wütend und hilflos. Das, was ich in diesem Augenblick tun kann, ist, meinem Kind seine Gefühle zuzugestehen und es einfühlsam durch das zu begleiten, was in ihm ausgelöst wird.

Ich erlebe oft, dass Eltern bis in den höchstpersönlichen Bereich ihrer Kinder hinein entscheiden und dann schwer aushalten können, wenn es ihren »Erwachsenengründen« nicht verstehend zustimmt und sein Verhalten danach ausrichtet. Sie sagen: »Räum dein Zimmer auf! Was soll der Besuch denn denken, wenn es hier so aussieht«, oder »Papa hat ein wichtiges Telefonat, du musst leise sein. Du, das ist wirklich wichtig, nimm doch mal Rücksicht!«

Einmal bat ich Lukas, er möge mir die gebrauchten Teller aus seinem Zimmer herausgeben. Etwas stolz fügte ich hinzu: »Das ist wirklich eine Bitte, ein Nein ist okay!« Mein Sohn entgegnete: »Nein!« und sah mich dabei »herausfordernd« an. Das war der Tag, an dem ich feststellte, dass es Vertrauen braucht, um Bitten zu erfüllen. Auch Vertrauen, dass es um die Frage geht, wie du mein Leben schöner machen kannst – nicht darum, wie ich meinen Willen durchsetzen kann.

Wer sich entscheidet, Freiwilligkeit in seiner Familie zu leben, wird sehr wahrscheinlich feststellen, dass diese Entscheidung überprüft wird.

***Einladung zur Selbstklärung**: Was fühlst du bei der Vorstellung, Freiwilligkeit in der Beziehung zu deinem Kind zu integrieren?*

***Einladung zum Üben**: Notiere die wichtigsten Glaubenssätze, die in Bezug auf Freiwilligkeit in dir aufsteigen. (Zum Beispiel: »Es gibt Dinge, die muss man einfach tun!«)*

Bedürfnisse eigenverantwortlich erfüllen

Keiner außer dir selbst ist für die Erfüllung deiner Bedürfnisse verantwortlich.

Eine weitere wichtige Entdeckung war, dass ich mir jede Menge eingebildete Hilflosigkeit und Frustration sparen kann, wenn ich ganz gezielt selbst für die Erfüllung meiner Bedürfnisse sorge.

Beispiel:

Hanna: »Räum mal bitte deine Duplosteine ein, gleich kommen Oma und Opa, dann will ich es schön haben!«

Lukas: »Nein, ich bin beschäftigt!«

Hanna: »Ähm, Moment mal. Wir hatten vereinbart, dass du in deinem Zimmer deine Ordnung hast, und unser gemeinsamer Bereich wird aufgeräumt!« (Insgeheim denke ich: »Ich habe recht!«)

Lukas: »Ich hab jetzt aber keine Lust, mach doch selber, wenn's dir so wichtig ist!«

Lukas macht hier auf einen entscheidenden Aspekt aufmerksam: Mir ist Ordnung gerade wichtig. Es ist mein Bedürfnis. Lukas hat andere Bedürfnisse, die ihm in diesem Moment wichtig sind. Ich möchte Werte wie gegenseitige Rücksichtnahme, Unterstützung und einen Beitrag zum Miteinander zu leisten, nicht beiseite wischen. Ich möchte deutlich machen, dass:

- wir für die Erfüllung unserer Bedürfnisse grundsätzlich selbst verantwortlich sind,
- und das Bedürfnis unseres Kindes nicht weniger wert ist als unseres – auch, wenn meines mir ganz besonders wichtig erscheint.

Ich möchte eine Handlungsmöglichkeit hinzufügen: Anstatt zu diskutieren, den Gedanken zu glauben, wir seien der Einsicht unserer Kinder ausgeliefert – sorgen wir gezielt selbst für das, was wir gerade brauchen.

Erfahrungsgemäß sind es wieder unsere Gedanken, die unsere Wahlmöglichkeiten verschleiern:

- »Wer etwas ausgekippt hat, räumt es auch wieder ein!«
- »Wenn ich nicht darauf bestehe, dass mein Kind xy tut, wird es nie lernen, dass …!«
- »Wenn ich die Steine heute einräume, wird mein Kind nie wieder bereit sein, es selbst zu machen!«
- »Das sehe ich nicht ein, denn ich habe recht. Immerhin hatten wir eine Absprache!«

In solchen Augenblicken möchte ich mich daran erinnern, dass:

- die Fähigkeit, auf andere Menschen Rücksicht zu nehmen, mit der Erfahrung einhergeht, dass auf mich Rücksicht genommen wird,

- das Bedürfnis, für andere Menschen beitragen und diese unterstützen zu wollen, dort genährt wird, wo ich selbst unterstützt werde und erfahre, dass andere mein Leben gern bereichern,
- ich den Willen eines anderen Menschen achten kann, wenn mein Wille geachtet wird.

***Einladung zum Üben**: Notiere eine Situation, in der dein Kind deine Bitte abgelehnt hat. Welche Vermutung hast du darüber, was dein Kind gefühlt und gebraucht hat? Welchem Bedürfnis galt sein »Ja«?*

Bitten formulieren

Konkret, positiv, sofort erfüllbar

Wenn wir um etwas bitten, ist eine konkrete Formulierung wichtig. Bitten wie »Kannst du in Zukunft ordentlicher sein?«, »Sei doch mal ein bisschen netter!« oder »Hänge deine Jacke das nächste Mal auf!« lassen den anderen ratlos zurück oder sind im nächsten Augenblick vergessen. Stattdessen: »Kannst du bitte die Jacken aufhängen, die im Flur liegen?«, »Wärst du bereit, die Musik leiser zu stellen, damit ich mich besser entspannen kann?« oder »Können wir einen Zettel schreiben, damit du dich morgen daran erinnerst, deine Jacke aufzuhängen?«

Die Wahrscheinlichkeit, dass eine Bitte erfüllt wird, ist dann am größten, wenn sie in diesem Augenblick erfüllbar ist – jetzt, nachdem mein Gegenüber gehört hat, wie ich fühle und was ich brauche. Das bedeutet, wenn wir eine Bitte aussprechen, haben wir schon eine genaue Vorstellung über die Strategie, die unser Leben bereichern würde. Der ganze Prozess kostet anfangs etwas Zeit. Und das ist auch gut so – denn gerade, wenn wir noch sehr gefangen in alten Programmierungen sind, ist es ganz entscheidend, zu entschleunigen. »Take your time!«, sagte Rosenberg und betonte, sich Zeit zu lassen, um ein Verhalten zu wählen, welches die eigenen Werte berücksichtigt, sei ihm wichtiger, als schnell aber gewohnt gewaltvoll zu reagieren.

***Einladung zum Üben**: Erinnere dich an drei Situationen, in denen du dein Kind um etwas gebeten hast, und formuliere die Bitten positiv, konkret und sofort erfüllbar.*

Die vier Schritte als authentischer Selbstausdruck

Ich zeige mich.

Wir haben nun alle Schritte genauer betrachtet und können sie zukünftig auf unterschiedliche Weise nutzen. Wenn ich die vier Schritte ausdrücke, ermögliche ich meinem Gegenüber zu verstehen, worauf ich mich beziehe, was ich in diesem Augenblick fühle und was er tun kann, um mein Leben schöner zu machen – eine gute Basis, um miteinander in Beziehung zu sein.

1. Ich unterscheide zwischen Beobachtung und Bewertung: Ich benenne das, was ich wahrnehme, nicht das, was ich darüber denke.
2. Ich nehme wahr, welche Gefühle diese Beobachtung in mir auslöst – in dem Bewusstsein, dass andere lediglich der Auslöser, nicht die Ursache dieser Gefühle sind.
3. Ich kläre, welche Bedürfnisse hungrig sind, während ich diese Beobachtung mache: Was brauche ich gerade?
4. Ich bitte um das, was ich brauche, damit mein Bedürfnis erfüllt ist: Dabei ist mir der Unterschied zwischen Forderung und Bitte bewusst, meine Bitte ist konkret und in diesem Augenblick erfüllbar.

Stellen wir uns folgende Situation vor: Die Mutter hat ein aufwendiges Menü zubereitet. Nach dem Essen stehen alle vier Familienmitglieder auf, ohne eine Rückmeldung zum Essen gegeben zu haben oder das dreckige Geschirr mitzunehmen. Plötzlich schreit die Mutter: »Ich habe vier Stunden in der Küche gestanden, und jetzt soll ich auch noch alles alleine wegräumen? Ich bin es so leid, euch zu bedienen! Ihr könnt alleine zusehen, wie ihr den Dreckstall wieder aufräumt!« Dann schlägt sie die Tür zu und verlässt das Haus für einen Spaziergang.

Im authentischen Selbstausdruck: »Ihr steht auf, die Teller stehen noch auf dem Tisch (Beobachtung). Ich bin erschöpft und auch traurig (Gefühle), weil mir Unterstützung wichtig ist (Bedürfnis). Bitte, könnt ihr euren Teller nehmen und in die Spülmaschine stellen?«

Wir können den Selbstausdruck anhand der vier Schritte auch im Stillen durchführen und damit als Brücke zu uns selbst verstehen und sie für die eigene Klärung nutzen.

»Ich habe vier Stunden das Essen zubereitet und bis jetzt noch niemanden etwas darüber sagen hören, ob es überhaupt geschmeckt hat (Beobachtung). Ich bin frustriert und auch ärgerlich (Gefühl). Etwas Wertschätzung wäre schön (Bedürfnis). Ich werde mir etwas Gutes tun und einen Spaziergang machen.«

Nutzen wir die vier Schritte im Stillen, um die Verbindung zu uns selbst und unseren inneren Anliegen herzustellen, geht es im letzten Schritt um eine konkrete Strategie, mit der wir selbst gezielt für unsere Bedürfnisse sorgen können. Diese Strategie muss nicht unabhängig von anderen Menschen sein – wir können uns vornehmen, ein heißes Bad zu nehmen oder uns beim Essen eine Kerze anzuzünden, um unser Bedürfnis nach Schönheit und Genuss zu erfüllen. Doch ebenso gut können wir uns auch vornehmen, eine Freundin anzurufen, wenn wir uns nach Verständnis sehnen, oder formulieren, mit welchen Worten und in welcher Form wir unseren Partner um Unterstützung bitten wollen, wenn er später nach Hause kommt. Wir können unsere Strategie sofort umsetzen oder genau planen, wann und in welcher Weise wir etwas tun möchten, das für unser Wohl beiträgt.

Beispiel: Nachdem Marie endlich eingeschlafen ist, spürt ihre Mutter Lisa eine tiefe Traurigkeit in sich aufsteigen. Sie denkt daran, wie sie mehrfach laut geworden ist und keine Geschichte mehr vorlesen wollte, weil es sie so angestrengt hat, dass Marie sich weigerte, die Zähne zu putzen und sich den Schlafanzug anzuziehen. Lisa beschließt, sich mit Hilfe der vier Schritte selbst zu klären. Sie arbeitet heraus, dass es ihr einerseits um Achtsamkeit und Verbindung geht, und nimmt sich vor, Marie gegenüber gleich morgen früh ihr Bedauern auszudrücken, die Verantwortung für ihr Verhalten zu übernehmen und auch einfühlsam zu hören, wie es ihrer Tochter ging, als sie laut wurde. Anderseits kommt sie auch mit ihrer Hilflosigkeit in Kontakt und ihr wird bewusst, dass sie in diesem Augenblick keine anderen Möglichkeiten kannte, um mit ihrer Tochter in Verbindung zu bleiben. Sie nimmt sich vor, am Abend eine Freundin anzurufen, um diese Situation mit ihr zu besprechen und ihr Bedürfnis nach Klarheit zu erfüllen. Wichtig ist auch, dass Lisa sich ihrem Bedauern und ihrer Hilflosigkeit mitfühlend zuwendet, anstatt sich selbst zu verurteilen und anzuklagen. Darum wird es im nächsten Teil des Buches noch ausführlich gehen.

Gerade anfangs ist es eine wunderbare Wachstumsstrategie, die eigenen Bedürfnisse in schriftlicher Form auf diese Weise zu klären und mit sich selbst in Kontakt zu kommen.

Einladung zum Üben: *Denke an einen vergangenen Konflikt und kläre anhand der vier Schritte deine eigenen Bedürfnisse und das, worum du bitten möchtest oder im Nachhinein gern gebeten hättest.*

Mit den vier Schritten in ein anderes Erleben einfühlen

Ich sehe dich.

Durch einfühlsames Erfragen können wir erfahren, was in unseren Kindern lebendig ist, und uns mit ihrem Erleben verbinden.

1. Ich frage, was du beobachtet hast.
2. Ich vermute, welche Gefühle du dabei hast.

3. Ich vermute, welches Bedürfnis du dir erfüllen möchtest.
4. Ich vermute, um was du bitten möchtest.

Denken wir an die Kinder, deren Mutter sich soeben wütend verabschiedet hat. Nachdem sie ihrem Ärger Raum gegeben hat und mit ihren eigenen Bedürfnissen verbunden ist, könnte sie so klingen: »Als ich meinen Ärger ausgedrückt und die Tür zugeknallt habe, hat euch das erschreckt? Wart ihr vorhin beim Aufstehen mit den Gedanken schon bei dem, was ihr als Nächstes spielen wollt? Möchtet ihr mir erzählen, was ihr heute noch vorhabt?«

Erfahrungsgemäß fällt es anfangs schwer, die vier Schritte in dem Konfliktmoment selbst zu berücksichtigen. Einfühlung, die nachträglich gegeben wird, ist nicht weniger wertvoll. Ganz im Gegenteil: Erst wenn ich mit meinen eigenen Bedürfnissen in Kontakt bin, habe ich die notwendige Kapazität, die Gefühle meines Kindes verstehend zu begleiten.

Einem anderen Menschen Einfühlung geben zu wollen, während mir nicht bewusst ist, was ich selbst fühle und brauche, gleicht der Absicht, den Durst meines Kindes mit einem leeren Glas stillen zu wollen.

***Einladung zum Üben**: Erinnere dich an einen Konflikt mit deinem Kind und kläre diesen schriftlich anhand der einfühlsamen vier Schritte.*

Sicherstellen, dass ich dich richtig verstanden habe

Ist es das, was ich verstehen sollte?

Unsere Verbindung zueinander könnte eine vollkommen neue Qualität haben, wenn wir es uns zur Gewohnheit machten, sicherzustellen, dass wir einander richtig verstanden haben. Indem wir kurz zusammenfassen, was bei uns angekommen ist, und nachfragen, ob dies mit dem übereinstimmt, was unser Kind zum Ausdruck bringen wollte, nutzen wir eine einfache, aber effektive Strategie, um einander nah zu sein und frustrierende Konflikte zu vermeiden.

Gleichzeitig können wir auch unsere Kinder bitten, zu wiederholen, was sie uns sagen hörten, und damit sicherstellen, dass wir richtig verstanden wurden.

Hilfreiche Sätze können sein:

- »Ich verstehe dich so, dass du …«
- »Bei mir kommt an, dass du …«
- »Ich habe den Eindruck, dir geht es um …«
- »Was mich erreicht, ist … Stimmt das so?«
- »Ist es das, was du mich wissen lassen wolltest?«
- »Höre ich es so, wie du es sagen wolltest: Du …«
- »Danke, dass du es noch einmal zusammengefasst hast. Genau so wollte ich verstanden werden!«
- »Danke, dass du dir die Zeit nimmst, mir zu sagen, was bei dir angekommen ist. Das gibt mir die Gelegenheit, es in anderen Worten zu sagen …«

***Einladung zum Üben**: Überlege dir eine Strategie, die dich daran erinnert, beim nächsten Konflikt sicherzustellen, dass du dein Kind richtig verstanden hast.*

Symboltiere Wolf und Giraffe

Bedürfnissprache und tragischer Ausdruck von Bedürfnissen

Vielleicht sind dir die Begriffe Wolf und Giraffe bereits begegnet. In der GFK stehen sie symbolisch für das, was trennt, und das, was verbindet. Für eine verletzende, urteilende Sprache und eine mitfühlende, authentische Sprache, die von Herzen kommt.

In Wolfsrudeln besteht eine hierarchische Machtstruktur – alle folgen dem Leitwolf. Wer sich nicht an das hält, was innerhalb des Rudels als richtig oder falsch gilt, wird bestraft und ausgeschlossen. Im Gegensatz zu Fluchttieren wählen Wölfe den Kampf, wenn sie sich bedroht fühlen. Sie geben Schmerz zurück, wenn sie sich selbst verletzt fühlen. Sie bewerten und verurteilen – sich selbst und andere Menschen. Es geht um Schuld und Moral.

Innerhalb der Gewaltfreien Kommunikation symbolisieren sie daher eine gewaltvolle Sprache, die auf der Annahme beruht, wer etwas falsch mache, verdiene es, zu leiden. Es geht um das Anliegen, »im Recht zu sein« und andere davon zu überzeugen. Eigene Strategien werden als die einzig richtigen erachtet und verteidigt, ohne weitere Möglichkeiten in Betracht zu ziehen.

Giraffen sind die Landtiere mit dem größten Herzen. Der lange Hals steht für eine hilfreiche Distanz, aus der sie Konflikte beobachten können, ohne Urteile und Bewertungen zu glauben. Giraffen fühlen sich durch Worte nicht angegriffen, weil sie durch diese hindurch mitfühlend hören, was ihr Gegenüber braucht und worum er bitten möchte. Sie wissen, dass gerade sprachliche Gewalt ein Ausdruck von Not ist. Die Giraffe bezieht ihre Kraft aus ihren lebendigen Bedürfnissen.

Ein Zitat, das mich besonders berührt hat:

»Ihr liebevolles, berührbares Herz strebt nach Verbindung: zu sich selbst und zu den Anliegen anderer Menschen. Die Giraffe eilt nicht sofort zu möglichen Lösungen voraus, sondern genießt die Begegnung – ein Tanz zwischen Selbsteinfühlung, Einfühlung in das Herz ihres Gegenübers und aufrichtiger Selbstmitteilung.« – Serena Rust

Übrigens: Auch die Giraffe bewertet. Doch diese Bewertungen beziehen sich auf sie selbst und ihren Bereich! Sie entscheidet in jedem Augenblick, was ihr gerade gut tut, was sich stimmig oder unstimmig für sie anfühlt, was ihr gefällt und was sie nicht mag.

Im Unterschied dazu sind die Bewertungen des Wolfes universell: Seine Wahrheit gilt nicht nur für ihn selbst, sondern für alle. Aufgrund unseres erlernten Bewertungssystems verleitet diese Symbolik schnell zu einer tragischen Schlussfolgerung: »Ich möchte eine Giraffe sein und mit dem Wolf nichts mehr zu tun haben!« Der Wolf ist ein Teil von uns, erwachsen und geformt aus der schwarzen Masse allen Schmerzes und jener Verletzungen, die wir in unserem bisherigen Leben erfahren haben. Sein Wolfsgeheul zu überhören und abzulehnen ist Gewalt gegen uns selbst.

Ich strebe darum an, meinen Wolf als Freund zu begreifen, der auf seine Weise das Bestmögliche beiträgt, um mich vor neuen Verletzungen zu bewahren. Urteile und Bewertungen sind kostbar, weil sie uns darauf aufmerksam machen, was wir fühlen und brauchen. Wenn wir lernen, auch mit dem Wolfsanteil in uns mitfühlend und wertschätzend umzugehen, bringt uns dies unseren Bedürfnissen näher und wir hören lebensdienliche Botschaften.

Einladung zum Selbstklären: *Welche Impulse sind »typisch« für deinen Wolf? Welche Reaktionen kennst du von dir, wenn du im »Wolfsmodus« bist? Und wie fühlt sich die Vorstellung an, genau diesen Anteil an dir mitfühlend zu betrachten? Welche Bedürfnisse hat dieser Anteil?*

Wolf und Giraffe für Kinder

Symbolkraft, um zu verstehen

Innerhalb der Familie können Wolf und Giraffe auch für Kinder eine wertvolle symbolische Ressource sein.

Mein Sohn weiß, dass ich manchmal aus einem Anteil in mir heraus reagiere, der aus alten Verletzungen entstanden ist und der weder etwas mit dem Hier und Jetzt zu tun hat noch mit ihm. »Weißt du, ich habe in meiner Brust einen Wolf wohnen. Manchmal heult er ganz laut, weil ein alter Schmerz berührt wurde. Das hat nichts mit dir zu tun!«

Mein Sohn spricht mittlerweile ganz selbstverständlich darüber: »Mama ist gerade zum Wolf geworden, lass sie lieber etwas in Ruhe!« Oder: »Wir sind gerade beide ganz schön zum Wolf geworden!« Oder auch: »Ich hatte heute einen echten Wolfstag!« Und: »Mein Lehrer hat herumgewolft!«

Einladung zum Üben: *Wenn du möchtest, dann kannst du jetzt Worte wählen und stichpunktartig festhalten, mit denen du deinem Kind etwas über deinen Wolf erzählen möchtest.*

Das Vier-Ohren-Modell

»Du kannst dich jederzeit entscheiden, wie du die Worte deines Gegenübers aufnimmst, die Macht liegt bei dir.«
– Marshall Rosenberg –

Das Vier-Ohren-Modell der Gewaltfreien Kommunikation geht davon aus, dass wir grundsätzlich vier Möglichkeiten haben, Botschaften aufzunehmen:

1. Wolfsohren außen: Du bist schuld! »Ich hab ja gesagt, dass du aufpassen sollst. Jetzt bist du selbst schuld, dass du dir weh getan hast!«
2. Wolfsohren innen: Ich bin schuld! »Sie haben recht, ich bin wirklich eine schlechte Mutter! Ich hätte besser aufpassen müssen.«
3. Giraffenohren außen: Einfühlsames Verstehen mit meinem Kind! »Warst du ganz sicher, dass du das allein schaffen kannst, und jetzt bist du erschrocken?«
4. Giraffenohren innen: Einfühlsames Verstehen mit mir selbst! »Ich hätte so gern Zeit gehabt, mich eine Weile ungestört mit dem Besuch zu unterhalten!«

Dieses Modell stellt keine Aufforderung dar, nur noch mit Giraffenohren zu hören. Vielmehr macht es uns bewusst, dass wir eine Wahlmöglichkeit haben: Senden und empfangen wir über den Kanal der Urteile und Schuldzuweisungen, oder ist der Empfänger unser einfühlsames Herz, das aus allen Urteilen und Schuldzuweisungen die Gefühle und Bedürfnisse herausfiltert?

Wenn wir uns dessen bewusst sind, ist jeder dieser Kanäle ein Geschenk, weil ich etwas über mich oder mein Kind erfahren kann:

- Wolfsohren außen: Was fühlt sich für mich unwohl an? Was passt gerade nicht für mich?
- Wolfsohren innen: Was genau hätte ich rückblickend gern anders gemacht, und welche Strategien möchte ich ersetzen?
- Giraffenohren außen: Was braucht mein Kind? Um welche Anliegen geht es ihm?
- Giraffenohren innen: Was brauche ich? Was kann ich tun, um mein Bedürfnis zu erfüllen?

Wenn wir feststellen, dass wir Botschaften über den Wolfskanal empfangen und senden, ist dies ein sicheres Zeichen dafür, dass wir dringend einfühlsame Selbstfürsorge brauchen. Erfahrungsgemäß bin ich erst aus der eigenen Fülle heraus wieder kraftvoll genug, meine Giraffenohren »einzuschalten«.

Einladung zum Üben*: Notiere, welche Botschaft du zuletzt über den Wolfskanal gehört oder gesendet hast. Arbeite heraus, welche Bedürfnisse in diesem Moment unerfüllt waren, und übersetze die Wolfsbotschaft in Giraffensprache. Fallen dir Strategien ein, die dich dabei unterstützen, den Giraffenkanal zu aktivieren?*

Kleine Übersetzungskunde

Giraffenohren an

Wenn wir die Botschaften unserer Kinder übersetzen, unterstützen wir sie dabei, selbst eine Sprache des Herzens zu entwickeln. Anstatt mit Vorwürfen, Belehrungen oder Schimpfen auf ihren Ausdruck zu reagieren, können wir durch alle Worte hindurch auf die Gefühle und Bedürfnisse lauschen:

»Die Suppe ist eklig, die ess ich nicht!«

»Bist du frustriert, weil du dir etwas anderes vorgestellt hast? Du siehst das und bist ganz sicher, dass dir das nicht schmeckt, oder?«

»Blöde Scheiß-Mama.«

»Bist du ärgerlich, weil du dir wünschst, dass ich mir Zeit für dich nehme und mit dir spiele?«, »Bist du frustriert, weil du es anders haben willst?«, »Möchtest du mir sagen, dass du gerade gar nicht damit einverstanden bist?«

»Wenn ich das Spielzeugauto nicht bekomme, mache ich deine Vase kaputt!«

»Willst du, dass ich spüre, wie schmerzhaft es gerade für dich ist, dass ich nein gesagt habe?«, »Soll ich merken, wie sich das gerade für dich anfühlt?«, »Bist du verzweifelt, weil du fest glaubst, dass es das Auto ist, was du gerade brauchst?«

»Jonathan darf das nicht!« (kreischt Tim, während er Jonathan schubst)

»Brauchst du gerade das Vertrauen, dass du über deine eigenen Sachen bestimmen kannst?«, »Brauchst du Unterstützung, damit Jonathan versteht, wie wichtig dir das gerade ist?«

Zweiter Teil

Die Schönheit der Einfühlung

»Die Art, mit der wir zu unseren Kindern sprechen,
wird zu ihrer inneren Stimme!«
– Peggy O'Mara –

In diesem Kapitel wenden wir uns dem meiner Ansicht nach wichtigsten Element der Gewaltfreien Kommunikation zu: dem einfühlsamen und mitfühlenden Verständnis.

Empathie stellt die Nahrung für unser liebevolles Herz dar. Sie ist keine Fähigkeit, die wir einmalig erwerben und dann, wie Fahrrad fahren, ein Leben lang beherrschen. Vielmehr können wir uns unsere empathische Kraft wie eine Schale voll Wasser vorstellen, die mit dem schwingt, was in uns und anderen lebendig ist. Damit dies gelingt, muss unser inneres Gefäß stets neu angefüllt werden.

Viele Eltern kennen die Schönheit der Einfühlung nicht und sind sich darum nicht bewusst, welches Geschenk sie ihren Kindern und sich selbst bereiten könnten.

Eine Vorstellung von Einfühlung entwickeln

»Deine Präsenz ist das größte Geschenk, das du anderen machen kannst!«
– Marshall Rosenberg –

Kannst du dich an Momente erinnern, in denen du große Sehnsucht danach hattest, gehört zu werden und das, was in dir lebendig war, teilen zu können?

Beispiel: Ich war etwa neun Jahre alt, als mir ein Busfahrer eine kleine Kamera schenkte. Sie war aus Plastik (und ich habe nie herausgefunden, ob sie wirklich funktioniert). Als ich sie überreicht bekam, war es mir, als hielte ich einen Schatz von unvergleichbarem Wert in den Händen. Während der Schulbus die letzten Meter zur Haltestelle zurücklegte, zersprang mein Herz beinahe vor lauter Glück und Aufregung, die ich unbedingt teilen wollte. Als ich endlich zu Hause war, fand ich meine Mama in der Küche, wo sie geschäftig am Kochen war. Ich verhaspelte mich, begann von Neuem und brachte endlich heraus, was ich zu sagen hatte: »Mama, schau, das habe ich geschenkt bekommen!« Meine Mutter warf einen flüchtigen Blick auf meine Hände und sagte »Ja, schön …« Ich versuchte es noch einmal und ergänzte: »Das ist eine echte Kamera!« Weiterhin hantierend antwortete meine Mutter »Aha, ja, toll!«, wandte mir den Rücken zu und begann, die Pfanne abzuspülen.

Kannst du spüren, wie meine Schultern schwer wurden und sich die Freude in Enttäuschung wandelte? Dann hast du eine Vorstellung davon, was ich dir zeigen möchte.

Hätte meine Mutter um die Schönheit der Einfühlung gewusst, dann hätte sie vielleicht die Pfanne abgestellt, sich mir zugewendet und neugierig gefragt: »Oh, du bist aufgeregt, oder? Was hältst du denn da in der Hand?« Ich hätte voller Stolz geantwortet: »Das ist eine richtige, echte Kamera!« Mama hätte gesagt: »Wow, du hast noch nie so was besessen, oder? Wo drückt man drauf, damit man ein Bild machen kann?« Ich hätte ihr den großen, gelben Knopf gezeigt und Mama hätte gefragt: »Das ist etwas sehr Kostbares für dich, stimmt's? Jetzt kannst du deine eigenen Bilder machen!«

Wenn du dir jetzt auch vorstellen kannst, welche Wärme und Leichtigkeit sich in meinem Inneren ausgebreitet hätten, dann sind wir mitten im Thema! Wir können diese Art von Verbindung wählen, indem wir uns einem anderen Menschen zuwenden. Ganz bewusst öffnen wir unser Herz und schenken unsere Präsenz, um wahrzunehmen, was in unserem Gegenüber lebendig ist.

Das Ziel ist, in jedem Augenblick mit dem verbunden zu sein, was in uns und anderen lebendig ist. Unsere einfühlsame Sprache kann dann eines Tages zu der liebevollen, mitfühlenden und stärkenden inneren Stimme werden, die unsere Kinder ein ganzes Leben lang begleitet.

Einladung zur Selbstklärung: *Wie einfühlsam wurdest du in deiner Herkunftsfamilie wahrgenommen? Kannst du dich an eine konkrete Situation erinnern, wo du dich wahrhaftig gesehen fühltest oder dich danach gesehnt hättest? Wie leicht fällt es dir heute, zu vermuten, was andere fühlen und brauchen?*

Freie Vermutungen

»Empathie heißt, sehen mit den Augen eines anderen, hören mit den Ohren eines anderen, fühlen mit dem Herzen eines anderen.«
– Alfred Adler –

Um mit dem Erleben unserer Kinder in Verbindung zu kommen, können wir vermuten, was gerade in ihnen lebendig ist.

»Hast du Sehnsucht danach, dass dich jemand versteht?«

»Möchtest du mir zeigen, wie wichtig das für dich ist?«

»Bist du traurig, weil dieser schöne Tag jetzt zu Ende ist?«

Wir stellen Fragen, anstatt Feststellungen über das zu treffen, was der andere fühlt und braucht. Damit bleibt Raum, die Fragen zu ergänzen oder zu korrigieren – weil jeder Mensch Experte über sich selbst ist.

Ich lade dich ein, mutig zu sein und deine Vermutungen als sanfte Einladung zu betrachten, sich mit Gefühlen und Bedürfnissen zu befassen – ein Forschungsprozess zugunsten einer lebendigen Beziehung. Möglicherweise wird dein Kind Vermutungen zurückweisen. Das ist für eure Verbindung ein Gewinn, weil du auch dadurch etwas über dein Kind erfährst.

Viele Eltern fragen sich, ob sie ihre Kinder mit freien Vermutungen nicht manipulieren und ihnen damit Absichten unterstellen, die sie nicht haben. Über solche Fragen bin ich dankbar, weil sie die Achtsamkeit erhöhen. Ich bin in der Tat der Meinung, dass Einfühlung eine sichere Beziehung voraussetzt: Ihr liegt das Verständnis zugrunde, dass jeder Experte für sich selbst ist und sich frei fühlen darf, die Vermutungen zu korrigieren.

Im Verlauf des Kapitels werde ich noch genauer darauf eingehen, welchen Rahmen das einfühlsame Vermuten benötigt, damit es seine Schönheit entfalten kann.

Einladung zum Üben: *Fasse in einer einfühlsamen Vermutung zusammen, was dein Kind gefühlt und gebraucht hat, als du es das letzte Mal wütend oder traurig erlebt hast.*

Einfühlung ohne Worte

Stille, zugewandte Präsenz

Oft braucht Einfühlung gar keine Worte. Es genügt, einfach vollkommen präsent zu sein! Stell dir eine Mutter vor, die während des Stillens auf ihr Handy blickt, mit dem Anliegen einer Freundin beschäftigt ist und Textnachrichten versendet. Und dann stell dir eine Mutter vor, die ihr Baby liebevoll ansieht und ihm eine Haarsträhne aus dem Gesicht streicht, während es an ihrer Brust trinkt. Kannst du einen Unterschied ahnen?

Einladung zum Üben: *Erinnere dich an eine Situation in den letzten Tagen, die dir Gelegenheit bot, stille Präsenz zu zeigen. Welche Körperhaltung hättest du eingenommen? Was hätte sich in deinem Inneren verändert, wenn du auf die stille Präsenz fokussiert gewesen wärst?*

Von der Sicherheit, mit allen Gefühlen willkommen zu sein

Von der Bedeutsamkeit einer Umgebung, in der alle kindlichen Gefühle sein dürfen, schreibt Naomi Aldort. Ihr Buch hat mein Leben nachhaltig verändert, weshalb ich es sehr gern empfehle.

Eindringlich zeigt die Autorin auf, welche existentielle Notwendigkeit der authentische Ausdruck für Kinder hat. Sie merkt an, dass Gefühle ausgedrückt gehören, wie auch Schweiß und Stuhlgang unseren Körper verlassen müssen, und fügt hinzu: »Dies ist ein Vorgang, der erheblich zur seelischen Gesundheit beiträgt.«

Der Prozess des Gefühlsausdruckes hat in Aldorts Augen Selbstheilungskraft:

> *»Sobald sich ein Kind ausgedrückt hat, ist es frei von Anhaftungen wie Schmerz und Ärger. Es kann diese Gefühle dann loslassen, den Blick wieder nach vorn richten. Die Seele kann ihr Gleichgewicht wiederfinden.«*

Kinder nutzen diese natürliche Ressource noch ganz unbefangen, solange wir ihnen nicht vermitteln, dass bestimmte (negative) Gefühle nicht sein dürften. Eltern, die viel Schmerz mit sich tragen, weil sie mit bestimmten Gefühlen in der Kindheit immer wieder abgelehnt wurden, können den starken Gefühlsausdruck ihrer Kinder oftmals schwer aushalten. Da die Nähe zu unseren Bedürfnissen aber immer mit dem Erspüren von Gefühlen einhergeht – ein Prozess, der bei Kindern sehr gut sichtbar ist –, setzt sich die Entfremdung von dem, was wir brauchen, fort, wenn wir diesen Ausdruck blockieren. Wenn wir nicht nachvollziehen können, warum unsere Kinder gerade wütend oder traurig sind, macht uns die Ratlosigkeit schnell (noch) ärgerlich(er).

Aldort weist darauf hin, dass Kinder sich Gelegenheiten suchen, um alte Spannungen abzubauen. Sie suchen also unbewusst Gelegenheiten, um sich von angestauten Gefühlen zu entlasten. Dabei handelt es sich um eine Anspannung, die (oftmals unter Aufwendung großer Anstrengung) bereits länger gehalten wurde und die mit der aktuellen Situation vielleicht gar nichts zu tun hat.

Bis mir dies bewusst wurde, stand ich oftmals ärgerlich vor meinem Sohn, der weinte und schrie, während ich meine Urteile darüber glaubte: »Das ist ja nun vollkommen unangemessen«, »Was für ein Wüterich!«, »Was stimmt denn mit dem nicht, dass er hier so ein Theater veranstaltet!« Dabei hatte ich keine Ahnung, was mein Sohn zuvor im Kindergarten oder bei seinen Großeltern erlebt hatte.

Wir können also in solchen Momenten innerlich ganz ruhig werden, tief durchatmen und uns bewusstmachen: Unsere Kinder drücken sich nicht aus, um uns zu ärgern oder um uns in Schwierigkeiten zu bringen. Sie tun das, um für sich selbst und ihre Bedürfnisse einzustehen oder um sich zu erleichtern.

Anna, aus der Facebook-Gruppe »Gewaltfreie Kommunikation – Eltern sein«, schrieb mir: »Ich habe meinen Sohn sehr einfühlsam durch seinen letzten Wutanfall begleitet. Ich habe verstanden, wie ärgerlich es für ihn ist, wenn er nicht bekommt, was er sich gerade wünscht. Trotzdem hat er immer weiter geschrien und geweint. Was habe ich falsch gemacht?«

Es ist sehr wichtig, zu wissen, dass wir keine einfühlsame Präsenz haben können, wenn es unser Ziel ist, dass unsere Kinder aufhören, etwas Bestimmtes zu fühlen. Die Absicht, Trost zu spenden, damit die Wut möglichst schnell aufhört, ist zwar verständlich, blockiert aber ein echtes, mitfühlendes Verstehen. Wenn ich mit den Gefühlen meines Kindes wirklich mitfühlend verbunden bin, ist das nicht nur für mein Kind ein Gewinn, sondern nährt auch mich selbst, weil wir eine erfüllende Art von Verbindung zueinander hergestellt haben.

Wenn ich stattdessen darauf fokussiert bin, dass schnell wieder Ruhe einkehrt, damit wir leisere, angenehmere Gefühle miteinander teilen können, gelingt es mir vielleicht, den Ausdruck des Ärgers abzustellen. Doch mein Kind konnte seine Energie noch immer nicht loslassen und ich selbst habe einmal mehr meinen Automatismus genährt, wegzuschieben, was ich nicht spüren möchte.

Beides erhöht die Wahrscheinlichkeit für einen schmerzhaften Konflikt: Der Ärger meines Kindes wird wieder herausbrechen, und die Fähigkeit, meinen Impuls halten zu können, hat sich noch mehr erschöpft. Dann brülle ich: »Mensch, nun hör endlich auf zu weinen!«

Eine Situation hingegen, in der wirkliche Einfühlung entstehen konnte, verlassen Mutter und Kind gut genährt und aufgeladen. Wir können uns außerdem bewusstmachen, von welch großem Vertrauen es zeugt, wenn Kinder sich mit ihren starken Gefühlen zeigen. Befürchten Kinder, dadurch nicht mehr wertvoll für ihre Eltern zu sein, stellen sie den Gefühlsausdruck nach und nach ein.

Beispiel: Eine Freundin von mir nahm wahr, wie schwer es ihr immer wieder fiel, hungrige Bedürfnisse zu äußern, bevor diese in einen so großen Mangel gerieten, dass sie nur noch wütend und vorwurfsvoll ausgedrückt werden konnten. Mit der Zeit wurde ihr bewusst, dass sie als Kind zu der Überzeugung gelangt war, es sei besser, Gefühle wie Wut und Frustration zurückzuhalten. Dieser Glaubenssatz war in ihr gewachsen, weil ihre Eltern diese Art des Gefühlsausdruckes nur schwer aushalten konnten und für sie der Eindruck entstand, sie stelle andernfalls eine Belastung dar.

Wie können wir die Wut unserer Kinder willkommen heißen und sie in ihrem Gefühlsausdruck unterstützen? Wenn Kinder sehr aufgebracht sind und große Wut spüren, dann möchten einige weder berührt noch angesprochen werden. Dann können wir sie wissen lassen: »Ich werde hier still bei dir sein, solange du mich brauchst.« Mir gefällt der Gedanke, dass in stiller Präsenz jemand bei mir ist, wenn Wut, Trauer oder Verzweiflung in mir lebendig sind.

Unterstützende Sätze können sein:

- »Ist so viel Wut in dir, weil …?«
- »Bist du wütend und möchtest gern …«

- »Was macht so eine große Wut in dir?«
- »Ist das schmerzhaft für dich gewesen?«

***Einladung zum Üben**: Gibt es eine Situation, in der du deinem Kind gern nachträglich Einfühlung schenken willst, weil es dir in dem Moment selbst nicht gelungen ist, dich ihm mitfühlend zuzuwenden? Dann sag es. Ist das Kind noch zu klein, dann kannst du es aufschreiben und ihm irgendwann einmal überreichen.*

Gefühlsstau

Ich trage eine Last mit mir.

Gefühle eine Weile »halten« zu können und sich nicht in jedem Augenblick frei zu »entladen«, ist eine wichtige Kompetenz. Doch wenn ein Ort fehlt, an dem der freie Gefühlsausdruck willkommen ist, an dem Anspannung ausgedrückt werden darf, ohne befürchten zu müssen, deswegen abgelehnt zu werden, entsteht zunehmend Stress in der Seele.

Wie sich das auswirkt, konnte ich im ersten Schuljahr meines Sohnes beobachten. Wenn Lukas nach der Schule nach Hause kam, ließ er seine Jacke fallen, weigerte sich, seine Hände zu waschen, und knallte die Tür seines Zimmers. Meine Fragen gingen ihm auf die Nerven, und wenn er überhaupt antwortete, dann brüllte er oftmals in jenem »Quengeltonfall«, bei dem ich ganz automatisiert durch die Decke gehen könnte. Ständig verstrickten wir uns in Konflikten, die sich oft bis in den Abend ausdehnten. Ich diskutierte, schimpfte und versuchte mich durchzusetzen, weil mich sein Verhalten hilflos machte und empörte.

Rückblickend hätte es so einfach sein können, wenn ich mir nur etwas Zeit genommen hätte, mich mit seinem Erleben zu verbinden. Dann hätte ich wohl wahrnehmen können, was ein kleiner Mensch braucht, der gerade eine Menge Eindrücke und neue Herausforderungen zu verarbeiten hat. Leider war ich lange Zeit eingenommen von dem, was in mir selbst lebendig war. Sonst hätte ich uns möglicherweise sehr viel Schmerz ersparen können, indem ich seine Seite wahrgenommen hätte:

Schau Mama, in der Schule kann ich mich mit vielem nicht zeigen. Da gibt es so viele Erwartungen und Anforderungen an mich. Ich habe Aufgaben zur Zufriedenheit des Lehrers zu lösen, Regeln zu bedenken und einzuhalten, und dann will ich auch noch mit all den Mitschülern gut auskommen. Ich gebe meine Selbstbestimmung eine ganze Weile auf, stelle viele Bedürfnisse zurück, und das ist so wahnsinnig anstrengend. Wenn ich dann nach Hause komme, dann brauche ich ganz dringend Ruhe und einen Raum, in dem alles aus mir herausfließen darf. Wenn ich aber bei dir wieder befürchten muss, dass wir deswegen Streit haben oder ich die Macht bekomme, dich wütend zu machen – dann blockiert mich das und fügt weiteren Ärger hinzu.

Nachdem ich das verstanden hatte, war es plötzlich ganz leicht, den Gefühlsausdruck meines Kindes weder persönlich zu nehmen noch mit eigenem Ärger zu beantworten. Ich empfing Lukas mit einem stillen Willkommen und brauchte nichts weiter tun, als meinen eigenen Ärger nicht hinzuzumischen und die Verantwortung für mich selbst zu übernehmen.

Es ging um die Akzeptanz, dass Lukas jetzt vor allem über sich selbst bestimmen, seinem inneren Plan folgen und keinen Reizen mehr ausgesetzt sein wollte. Je öfter ich erlebte, wie schnell mein Kind sich selbst klären konnte, um danach umso fröhlicher und entspannter zu sein, desto gelassener und vertrauensvoller konnte ich selbst bleiben. Das war für mich eine wichtige Lernerfahrung!

Einladung zur Selbstklärung: *Was löst die Vorstellung, deinem Kind Raum für alle Gefühle zu geben, in dir aus? (Sofern dies nicht ohnehin schon eurer gemeinsamen Lebensrealität entspricht.) Fühlst du dich entspannt und inspiriert – oder bist du unsicher, zweifelnd, vielleicht auch etwas ängstlich dabei?*

Einfühlung, ohne Drama hinzuzufügen und zu bewerten

Kein Größer, Mehr oder Weniger

Beim einfühlsamen Sprechen ist es wichtig, Gehörtes weder zu bewerten noch zu dramatisieren.

> **Beispiel:** Sven kommt aus der Schule und erzählt seiner Mutter: »Olaf hat mich gehauen, weil ich zu laut war!«

Bewerten: Mutter: »Wie, zu laut? Im Unterricht?« Sven: »Ja, der Lehrer hat von Hirschen erzählt und …« Mutter: »Mensch, Sven, dass du aber auch immer so ein Störenfried sein musst.« Wenn ein bedeutungsvoller Mensch das Erleben eines Kindes bewertet und ihm dem Eindruck vermittelt, nicht »in Ordnung« zu sein, ist das schmerzhaft und lässt es einsam zurück.

Dramatisieren: Mutter: »Meine Güte, es darf nicht sein, dass du der Gewalt dieses Jungens immer so ausgeliefert bist!« Dramatisieren hat nichts damit zu tun, das Erleben eines Kindes einfühlsam zu verstehen. Wir sind in solchen Augenblicken unseren Urteilen nah und färben die innere Wirklichkeit unseres Kindes damit ein.

Auch abzulenken, zu negieren oder unmittelbar eigene Lösungsvorschläge anzubieten, verhindert zum einen den freien Gefühlsausdruck und entfernt uns zum anderen von einer einfühlsamen Verbundenheit.

Negieren: Mutter: »Na ja, gehauen ist bestimmt das falsche Wort. Geknufft trifft es wohl eher. Das macht ihr Jungs doch ständig!« Negieren ist das »Kleinmachen« und Ablehnen eines Erlebens. Meistens sind wir dann versucht, den Gefühlsausdruck unseres Kindes zu verneinen, wenn er etwas in uns selbst berührt, das wir lieber nicht spüren möchten.

Unmittelbare Lösungen vorschlagen: Mutter: »Ich rufe heute mal Olafs Mutter an. Und morgen geh ich mit dir in die Klasse, und dann besprechen wir das mit dem Lehrer, okay?«

Hilfreiche Formulierungen:

- »Wie war das für dich?«
- »Warst du erschrocken, traurig, ärgerlich?«
- »Wie hat sich das für dich angefühlt?«
- »Worum ging es dir, als ...?«
- »Mit welchen Gefühlen bist du gerade da?«, »Welche Gefühle sind in dir lebendig?«, »Wie fühlst du dich jetzt?«
- »Was hättest du gern, dass XY versteht?«
- »Was denkst du darüber?«
- »Was hättest du in diesem Moment gebraucht?«

Letztlich ist die entscheidende Frage, wenn wir uns mit dem Erleben eines anderen Menschen verbinden wollen, was gerade in ihm lebt. Um unseren inneren Fokus darauf auszurichten, können wir uns im Stillen fragen: »Wie fühlt es sich in diesem Augenblick an, du zu sein?«

***Einladung zur Selbstklärung**: Spüre den Formulierungen nach und stell dir vor, jemand würde dir diese Fragen stellen. Wie fühlt sich das an?*

Einfühlung ist nicht Einverständnis

Ich verstehe, welches Bedürfnis du dir erfüllen wolltest,
und bin mit dem Wie nicht einverstanden.

Sich in das Erleben unseres Kindes einzufühlen bedeutet nicht, mit all seinen Handlungen einverstanden zu sein!

Beispiel: Pauls Mutter beobachtet, wie ihr Sohn einen anderen Jungen von der Schaukel schubst. Auch, wenn sie Schubsen grundsätzlich nicht okay findet, kann sie gleichzeitig verstehen, dass Paul hilflos war und sich sein Bedürfnis nach Spiel sowie Selbstwirksamkeit auf diese Weise erfüllen wollte.

So ist es für dich und so ist es für mich: »Du hattest in diesem Augenblick gar kein Vertrauen mehr, dass du auch mal mit Schaukeln dran bist, oder? Schau, wenn ich jemanden schubsen sehe, dann bin ich besorgt, weil mir Sicherheit wichtig ist.« Wir können mit der Strategie unseres Kindes nicht einverstanden sein und gleichzeitig verstehen, wie es gefühlt hat und welches Bedürfnis es sich mit ihr erfüllen wollte.

Einladung zum Üben: *Notiere, mit welcher Strategie deines Kindes du zuletzt nicht einverstanden gewesen bist und welches Bedürfnis sich dein Kind vermutlich erfüllen wollte. Füge hinzu, welche Bedürfnisse für dich durch die Wahl der Strategie nicht erfüllt waren.*

Einfühlung ohne Ziel

Einander nah sein

Nachdem ich mit einer anderen Mutter über das einfühlsame Verbinden gesprochen hatte, ließ sie mich am nächsten Tag wissen: »Einfühlung funktioniert nicht. Ich habe geredet und vermutet, aber Marie wollte die Bauklötze trotzdem nicht einräumen!«

Es ist mir wichtig zu sagen, dass der Wert der Einfühlung in sich selbst liegt. Sie verliert ihre Schönheit, sobald wir sie anwenden, um damit ein Ziel zu erreichen, welches über Verbundenheit hinausgeht. Gebrauchen wir Einfühlung als Methode, um gewünschtes Verhalten zu erreichen, wird daraus Manipulation.

In Bezug auf unsere Kinder wünsche ich mir ein einziges Ziel, das wir durch Einfühlung erreichen wollen: Schaffen wir Vertrauen, dass unsere

Kinder mit all ihren Bedürfnissen, Gefühlen, Gedanken und Wünschen willkommen sind und wir neugierig darauf sind, ihr Erleben zu teilen.

***Einladung zur Selbstklärung**: Spüre dem Gedanken nach, dass die Schönheit der Einfühlung in der Verbundenheit liegt. Wie geht es dir mit dieser Idee?*

Einfühlung zuerst für unser Kind

Zuerst Verbindung, dann die Lösung

Um eine einfühlsame Verbindung aufzunehmen, gibt es grundsätzlich zwei Möglichkeiten:

- Authentischer Selbstausdruck: Ich zeige mich mit dem, was in mir lebendig ist.
- Einfühlsames Vermuten: Ist es das, was du fühlst und brauchst?

Wenn wir unseren Kindern mitteilen möchten, was uns gerade wichtig ist, entsteht eine vollkommen andere Verbindung, wenn wir uns zuvor mit dem Erleben unseres Kindes verbunden haben.

Beispiel: Nachdem Nils' Mama in eine Unterhaltung vertieft war, wendet sie sich wieder ihrem Sohn zu und sieht, dass er sich bis auf die Unterhose ausgezogen hat. Gedankenversunken lässt er sich Sand über seinen Körper rieseln. … »Oh, warte mal!«, ruft die Mama, während sie auf Nils zugeht. »Das ist doch viel zu kalt. Wir ziehen dich schnell wieder an!« Wie könnte es klingen, wenn sie sich erst mit dem Erleben des Kindes verbindet: Neben ihrem Sohn kniend fragt Mama: »Spürst du gern den Sand an deiner Haut?«, »Ja«, lacht Nils und lässt ihr auch etwas Sand über den Arm rieseln. »Das fühlt sich schön an. Da kann man den Sand ganz anders fühlen als durch die Kleidung, oder?« »Viel schöner«, entgegnet Nick verträumt. »Ich sehe, wie schön es für dich ist, hier nackt zu sitzen und den Sand zu fühlen. Gleichzeitig bin ich besorgt, dass du dich morgen krank fühlen wirst. Schau, deine Füße sind schon ganz kalt. Ich glaube, sie brauchen Wärme.«

Durch ihre Bereitschaft, erst einmal das Erleben ihres Kindes zu erfassen und einen Augenblick mit ihm zu teilen, entsteht eine andere Qualität von Kontakt.

Wir Erwachsenen haben die Fähigkeit, Gefühle und Bedürfnisse einen Augenblick zurückzustellen, ohne sie aus dem Blick zu verlieren, bereits gewonnen. Unseren Kindern hingegen geht etwas Wichtiges verloren, wenn sie erst einmal einem Monolog darüber lauschen müssen, was uns gerade wichtig ist! Sie verlieren den Kontakt zu sich und haben kaum eine Möglichkeit, sich später wieder auf ihr Anliegen zu beziehen. Auch für uns geht etwas verloren: Die Chance, einen bedeutsamen Augenblick mit unseren Kindern zu teilen. Wenn mein Kind sich der Straße nähert oder den Hund am Schwanz zieht, geht es freilich darum, dass wir kurz und knapp ausdrücken, worum es uns geht:

»Stopp, hier fahren Autos – ich nehme dich jetzt an die Hand!«

»Halt, das tut dem Hund weh!«

Danach können wir wieder zu dem Erleben unseres Kindes zurückkehren:

»Bist du erschrocken, dass ich gerade so fest nach dir gegriffen habe?«

»Warst du neugierig zu sehen, wie der Hund reagiert, wenn du an seinem Schwanz ziehst?«, oder »Hast du ihn am Schwanz gezogen, weil du mit ihm spielen wolltest?«

Die Gewaltfreie Kommunikation lehrt uns, dass die Wahrscheinlichkeit, gehört zu werden, steigt, wenn wir zuvor bereit gewesen sind, das Anliegen unseres Gegenübers wahrzunehmen.

Beispiel: »Du kannst mich mal«, lässt Johannes seine Mama wissen, nachdem sie seine Bitte abgelehnt hat, ihn zu einem Freund zu fahren. Johannes' Mama kann nun empört antworten: »Was ist das denn für ein

Ton, Johannes? Das lädt mich überhaupt nicht dazu ein, irgendwas für dich zu tun!« Johannes' Ärger wird zunehmen, weil auch sein Bedürfnis nach Respekt unerfüllt bleibt, während er sich verteidigt: »Ich mach gar nichts mehr für dich. Du bist eine Scheiß-Mutter!«

Wenn seine Mutter hingegen fähig ist, die Worte ihres Sohnes als Ausdruck einer inneren Not zu verstehen, könnte folgender Dialog entstehen:

»Mein Nein zu deiner Bitte bringt dich gerade echt in Schwierigkeiten, oder? Ich nehme an, du hast dich sehr darauf gefreut, deinen Freund zu besuchen, und du hattest dich fest darauf verlassen, dass ich dich hinbringe, ja?«

»Ja, wir wollten einen Film sehen, und seine Mutter würde uns nachher noch zum See bringen!«

»Ihr hattet das schon alles geplant, und die Vorstellung, es könnte jetzt nicht klappen, ist ganz schön traurig, stimmt das?«

»Ja, ich hab auch schon ganz fest zugesagt!«

»Okay, ich höre, dass es auch um Zuverlässigkeit geht. Schau, ich habe noch einige Aufgaben, die ich gern erledigen will. Mir ist es wichtig, dass ich meine Zeit planen kann, und ich würde gern früher gefragt werden.«

»Na gut, dann frag ich Papa. Kannst du mir Geld für ein Taxi leihen, falls das nicht klappt?«

In der Gewaltfreien Kommunikation verbinden wir uns grundsätzlich mit dem Erleben unseres Gegenübers, bevor wir Änderungen erbitten (»connect before correct«).

***Einladung zum Üben**: Schreibe dir einen Erinnerungszettel: »Connect before correct«, und hänge ihn gut sichtbar auf. Überlege dir weitere Strategien, die dich daran erinnern, dich zunächst mit dem Erleben deines Kindes zu verbinden, bevor du Bitten stellst, Nein antwortest oder deine eigenen Gefühle ausdrückst. Notiere anschließend, welche Erfahrungen du gemacht hast und inwiefern sich die Situation von Momenten unterschieden hat, in denen du bisher zuerst von dir gesprochen hast.*

Verbindungsbitten

Kannst du mir sagen, was du verstanden hast?

In der Gewaltfreien Kommunikation unterscheiden wir zwischen Handlungsbitten und Verbindungsbitten. Wie im Schritt vier beschrieben, bitten wir mit den Handlungsbitten um etwas, das ein anderer ganz konkret dazu beitragen kann, um unser Leben schöner zu machen:

»Hier stehen schon drei Müllsäcke. Ordnung ist mir wichtig. Könntest du die Säcke mitnehmen und in den Container werfen, wenn du jetzt gehst?«

»Ich bin gerade über deine Bauklötze gestolpert. Mir ist wichtig, dass ich mich hier sicher bewegen kann. Leg sie bitte in die Kiste zurück.«

Verbindungsbitten hingegen sind eine Strategie, den Kontakt zueinander zu festigen und das einfühlsame Verstehen zu nähren. Sie sollen sicherstellen, dass wir einander so verstanden haben, wie wir verstanden werden wollten:

»Gestern habe ich vor dem Kino eine halbe Stunde gewartet. Ich war traurig, als du nicht gekommen bist, weil ich mich auf die gemeinsame Zeit gefreut hatte. Kannst du mir sagen, was dich davon abgehalten hat, mir Bescheid zu sagen?«

»Kannst du mir sagen, wie meine Worte bei dir angekommen sind?«

»Wärst du bereit, mir zu sagen, wie es dir mit meinen Worten geht?«

»Kannst du mir sagen, was du darüber denkst?«

»Bitte, sag mir, wie es dir mit meinen Worten geht?«

»Wie ist das für dich, wenn du mich das sagen hörst?«

»Gibt es etwas, das du dir jetzt von mir wünschst?«

Verbindungsbitten sind immer dann wichtig, wenn:

- ich besorgt bin, dass meine Worte beim anderen Schmerz auslösen könnten,
- ich unsicher bin, ob ich mich verständlich ausgedrückt habe,
- ich sichergehen will, dass ich auf eine bestimmte Art verstanden werde,

- ich noch keine Lösung vorschlagen kann, die unser beider Bedürfnisse im Blick hat,
- ich mein Gegenüber einladen will, etwas von sich zu zeigen, nachdem ich etwas von mir selbst gezeigt habe.

Einladung zum Üben: *Erinnere dich an eine Konfliktsituation, in der du keine Vorstellung davon hattest, was in deinem Gegenüber lebendig gewesen ist, und formuliere zwei Verbindungsbitten.*

Gemeinsam feiern und betrauern

»Mit dem Leben tanzen«
– Marshall Rosenberg –

Bei der Strategie des Feierns und Betrauerns geht es um Achtsamkeit mit sich selbst, Verbindung mit unseren Kindern, aber auch Wertschätzung und Dankbarkeit dem Leben gegenüber.

Im Laufe unseres Lebens erfahren wir immer deutlicher, dass das, was »ist«, nicht immer mit unseren Wünschen übereinstimmt. Wir machen die Erfahrung, dass Schönes endet, wir einander nicht immer nah sein können, wir nicht immer eine Gesamtstimmigkeit erreichen, Menschen, für die wir Zuneigung empfinden, diese nicht immer erwidern und dass sich nicht jede Sehnsucht erfüllt.

Diese Momente ganz für uns allein oder gemeinsam mit unseren Kindern auf ehrliche Weise betrauern zu können, stellt eine große Kraftquelle dar, um die Realität annehmen zu können und miteinander verbunden zu sein. Zu betrauern, wenn sich Bedürfnisse und Wünsche nicht erfüllen, bringt uns in Kontakt mit uns selbst und unterstützt unseren inneren Frieden.

Beispiel: Miriam weint, weil sie keine Einladung zu Sophies Geburtstag erhalten hat. Ihre Mutter setzt sich schweigend zu ihr und kann mitfühlen, wie Miriam gerade empfindet. Sie unterstützt ihre Tochter dabei, mit ihrer Sehnsucht in Kontakt zu kommen, und vermutet: »Du wärst so gern dabei gewesen, oder?«

Momente, in denen unsere Bedürfnisse genährt werden, sich unsere Sehnsucht erfüllt, Wünsche wahr werden und wir uns freudig, lebendig und erholt fühlen, können wir ganz bewusst genießen, indem wir sie feiern. Benennen, miteinander teilen, wahrnehmen, der Freude darüber Raum geben. Das Feiern stellt in Balance mit dem Trauern eine enorme, tragende Kraftquelle der Dankbarkeit und des Lebensvertrauens dar.

Beispiel: Lena hat in der Geschichtsarbeit ihre Wunschnote erreicht. Als sie aus der Schule kommt, strahlt sie über das ganze Gesicht. Ihre Mutter lacht mit ihr, umarmt sie und will wissen: »Bist du erleichtert, nachdem du so viel dafür gelernt hast?«

Einladung zur Selbstklärung: *Vielleicht möchtest du ein Dankbarkeitstagebuch anlegen, in dem du die schönen Augenblicke des Tages kultivierst. Oder dir vornehmen, mit deinen Kindern zu feiern und zu betrauern, bevor/während du sie zu Bett begleitest.*

Mit Gefühlen sein, die gewaltvoll ausgedrückt werden

»Die Schönheit in einem Menschen zu sehen, ist dann am nötigsten, wenn er auf eine Weise kommuniziert, die es schwer macht, sie zu sehen.«
– Marshall Rosenberg –

Wenn Kinder in großer innerer Not sind, drücken sie ihren Schmerz oft auf eine Weise aus, die wir schwer hören können, weil sie uns ängstigt oder besorgt. Dann kann unser Wolf besonders schnell aktiviert werden, und blitzschnell hören wir uns sagen:

»Solche Wörter will ich nicht hören!«

»Reiß dich mal zusammen!«

»Nicht in diesem Tonfall!«

»Jetzt beruhige dich erst mal.«

Oder: »Ich kann ja verstehen, dass du wütend bist, aber ….«

Sollte der Ausdruck mit einer unmittelbaren Gefahr für andere einhergehen, ist ein Eingriff zum Schutz natürlich notwendig. Etwa, wenn die kleine Schwester geschlagen wird, das Kind sich selbst in Gefahr bringt oder ein geliebter Gegenstand droht, Schaden zu nehmen. Doch in allen anderen Fällen unterbinden wir den Ausdruck, um etwas Eigenes nicht spüren zu müssen, das durch die Art des Gefühlsausdruckes in uns berührt wird.

Beispiel: Fabian schreit: »Der Lehrer ist so ein dummes Arschloch. Der bekommt morgen meine Faust zu spüren!«

Wir mögen allzu versucht sein, unser Kind zum Schweigen zu bringen, weil unsere Gedanken uns zuflüstern, dass wir etwas falsch gemacht haben, wenn unser Kind solche Worte wählt, oder uns in den Sinn kommt, dass etwas mit unserem Sohn ganz und gar nicht stimmt, wenn er sich auf diese gewaltvolle Weise ausdrückt. Plötzlich erscheint uns absolut notwendig, genau jetzt einen Vortrag über Gewaltfreiheit zu halten und zu belehren, dass körperliche Gewalt niemals eine Lösung ist.

In Wahrheit tun wir all dies, um uns selbst besser zu fühlen! Wir beantworten aber damit nicht unser Kind, sondern unsere eigenen, angstvollen Gedanken. Und wir unterbinden den Ausdruck nicht, damit es unserem Kind bessergeht, sondern damit wir nicht fühlen müssen, was das in uns auslöst. Davon abgesehen bin ich ziemlich sicher, dass unser Kind keinerlei Offenheit hat, unser Anliegen zu verstehen, solange es aufgewühlt und in einem Zustand innerer Not ist.

Was also können wir tun? Wenn wir über den Ausdruck unserer Kinder selbst in Schwierigkeiten geraten, macht es keinen Sinn, eine einfühlsame Rolle zu spielen und die eigene Not wegzuschieben. Aber wir können schweigen und unsere Gedanken und Gefühle bei uns lassen. Wir können die Verantwortung für uns übernehmen und unserem Kind eine Rückmeldung geben, die entschleunigt:

»Mir ist es wirklich wichtig, zu verstehen, wie sich das für dich angefühlt hat. Gleichzeitig merke ich, dass ich zu beschäftigt mit mir selbst bin. In einer halben Stunde komme ich zu dir, okay?«

»Huh, ich kann deine Worte gerade schwer hören. Das hat nichts mit dir zu tun. Bitte erzähl es mir beim Abendessen noch einmal, damit ich aufmerksam zuhören kann!«

Kleinere Kinder brauchen oftmals gar keine verbale Rückmeldung. Ich kann schweigen und mich später mit ganzer Präsenz wieder zuwenden. Bis dahin nutze ich die Stille, um mit meinen Urteilen in Kontakt zu kommen. Bezug nehmend auf die Strategie des Schweigens, stellte Antonia eine wichtige Frage: »Wenn ich nun einfach nichts mehr sage, dann empfindet mein Kind das doch als Strafe, oder nicht?« Wenn wir die Strategie des Schweigens nutzen wollen, weil wir den Impuls, laut zu werden, zu beschuldigen und Vorwürfe zu machen, von uns selbst kennen, sollten zwei Voraussetzungen gegeben sein:

- Unsere innere Haltung entspricht der Absicht, liebevoll zu schützen, anstatt zu bestrafen oder unserem Kind deutlich machen zu wollen, dass es sich falsch verhalten hat. Deutlich wird die innere Haltung in unseren Gedanken. Denke ich schweigend: »Du wirst schon sehen, was du davon hast, dich hier so aufzuführen!« oder »Ich werde schweigen, bis der erste ärgerliche Impuls nicht mehr so drängend ist, damit du vor meinen Urteilen sicher bist!«
- Wir haben uns vergewissert, dass unser Kind durch das Schweigen nicht in Not gerät. Entweder, weil diese Strategie besprochen und das Anliegen transparent gemacht wurde, oder weil mein Kind keine verbale Rückmeldung von mir benötigt.

***Einladung zur Selbstklärung**: Gibt es einen Ausdruck deines Kindes, der dich auf besondere Weise herausfordert und Wut in dir auslöst? Kannst du dich daran erinnern, wie deine eigenen Eltern auf ähnliche Ausdrücke reagierten?*

Entstandene Verletzungen heilen: Zurückspulen

Lass es mich noch einmal versuchen.

Die Idee des Zurückspulens stammt von Naomi Aldort. Wenn wir feststellen, dass wir ein Verhalten gewählt haben, das für unsere Kinder schmerzhaft war, können wir eine Situation noch einmal spielen. Das kann so aussehen wie bei uns:

Ich bin mit meinem Sohn Lukas auf dem Friedhof unterwegs, um das Grab eines alten Schulfreundes zu suchen. In einer halben Stunde möchte ich pünktlich bei meiner Freundin sein, doch ich finde die Stelle nicht, die mir beschrieben wurde. Angespannt und zunehmend ärgerlich stapfe ich über eine weite Rasenfläche. Mein Sohn ist viele Meter hinter mir zurückgeblieben, und ich höre ein rutschendes und polterndes Geräusch. Als ich mich umdrehe, sehe ich, dass mein Sohn auf dem Schotterweg liegt. Ich spüre Ungeduld und rufe ihm zu: »Jetzt komm, ich hab's eilig!« Dann gehe ich weiter voran. Als mein Sohn mich endlich eingeholt hat, sehe ich, dass sein Knie aufgeschlagen ist. Sein Gesicht ist tränennass. Schlagartig wird mir bewusst, wie starr ich in meiner Anspannung geworden bin und dass ich dabei mein Kind aus dem Blick verloren habe.

Zu Hause sage ich: »Tut mir leid, dass ich so mit mir selbst beschäftigt war. Ich konnte gar nicht sehen, was bei dir gewesen ist. Spielen wir die Situation noch einmal?« Begeistert geht mein Sohn, der dieses Spiel bereits kennt, an das andere Ende des Wohnzimmers, während ich einen schnellen Gang imitiere. Mein Sohn lässt sich auf die Erde fallen und beginnt zu weinen. Ich laufe zu ihm und frage: »Hast du dir wehgetan? Da am Knie tut es weh, oder? Ich war so schnell, dass du Sorge hattest, mich gleich nicht mehr sehen zu können, ja? Du hast gerufen, doch ich bin weitergelaufen. Hat dir das Angst gemacht? Hättest du dir gewünscht, dass ich auf dich warte? Das sehe ich jetzt. Ich wäre gern zu dir gekommen und hätte dich in den Arm genommen. Dann hätte ich dich an der Hand gefasst, schau, so ... Und dann hätte ich dich wissen lassen: Ich bin jetzt achtsam, wie deine Beine dich tragen, und werde auf dich warten!«

Vielleicht ist diese Art des »Nachspielens« befremdlich für dich. Für meinen Sohn und mich hat sich dieses Spiel als wahrer Schatz erwiesen. Es ermöglicht mir, ein Verhalten zu wählen, dass meiner Liebe eher entspricht, und öffnet für Lukas einen Raum, in dem er mit seinen Gefühlen gesehen und mit seinem Schmerz wahrgenommen wird.

***Einladung zur Selbstklärung**: Spüre der Idee nach, dass die Strategie des Zurückspulens heilsam sein kann. Gibt es eine bestimmte Situation, die du auf diese Weise gerne rückwirkend auflösen würdest?*

Schmerzverknüpfungen lösen

Wir wissen, dass wir auf bestimmte Reize mit einem automatisierten Verhalten reagieren. Ein Griff auf die heiße Herdplatte lässt uns die Hand blitzschnell zurückziehen, ein lautes Geräusch lässt uns zusammenzucken, und eine unerwartete Bewegung neben unserem Kopf sorgt dafür, dass wir uns ruckartig zur Seite bewegen.

Wenn wir ähnliche Erfahrungen wiederholt machen oder einmalige Erlebnisse einschneidend genug sind, werden neue Reaktionsmuster angelegt. Wenn ein Kleinkind versehentlich die Lautstärke des Radios so stark erhöht, dass es für seine Ohren schmerzhaft ist, wird es beim nächsten Anschalten vermutlich zusammenzucken, weil es dieselbe Lautstärke unbewusst noch einmal erwartet.

In diesem Kapitel soll jedoch die Rede von Schmerzverknüpfungen sein, die in Form von Beziehungserfahrungen angelegt werden. Spreche ich von Schmerzverknüpfungen, so meine ich damit Situationen, in denen sich eine Verbindung zwischen Erfahrung und Schmerz eingeprägt hat. Erfahrungen, die mit Angst, Scham und Hilflosigkeit belegt sind, haben die gleiche Bedeutsamkeit wie körperlicher Schmerz.

In Eltern-Kind-Beziehungen spielen unbewusste Schmerzverknüpfungen häufig eine Rolle. Eltern tragen zum einen selbst bereits eine Menge dieser leidvollen Verknüpfungen mit sich, zum anderen entstehen im Miteinander für unsere Kinder, oftmals ganz unbeabsichtigt, schmerzhafte Situationen, die entsprechend gespeichert werden.

Beispiel: Sigrid beschreibt, wie die fünf Monate alte Elionora sich vehement gegen das Wickeln wehrt: »Schon wenn sie mich mit der Windel in der Hand auf sich zukommen sieht, beginnt sie zu weinen und weigert sich mit aller Kraft dagegen, auf den Wickeltisch gelegt zu werden!«

Erst, als wir gemeinsam erinnerten, welche Erlebnisse beide mit dem Wickeln verbanden, wurde deutlich, dass dies in letzter Zeit mehrfach in großer Eile geschehen war. Zudem hatte Elionora kürzlich einen Magen-Darm-Infekt, in dessen Folge sie zwei Tage lang an geröteten und wunden Hautstellen litt. Die Erkenntnis, dass Elionora den Anblick der Windel offensichtlich mit schmerzhaften Erfahrungen verknüpft hatte, genügte, um geeignete Strategien zu finden: Sigrid nahm sich für das Wickeln nun besonders viel Zeit und verband ein Spiel damit, an dem Elionora viel Freude hatte und dessen Leichtigkeit beide gemeinsam genießen konnten.

Beispiel: Nils empfindet das gemeinsame Familienessen mittlerweile weniger als Bereicherung denn je: »Es ist der einzige Moment des Tages, der Gelegenheit zum Austausch bietet, aber das ist gerade gar nicht mehr möglich. Flo wird schon leidlich und pampig, bevor wir überhaupt zusammensitzen. Er sträubt sich, aus seinem Zimmer zu kommen, und

> wenn wir dann endlich essen könnten, hämmert er mit der Gabel auf dem Teller herum oder lässt sich sonst was einfallen, mit dem er die Atmosphäre stören kann.«

Immer wieder gibt es um die Lieblingsstrategie der Eltern Diskussionen, und auch Strafen spielten bereits eine Rolle. Im Folgenden stellt sich außerdem heraus, wie schwer es Flo fällt, längere Zeit still sitzen zu müssen. Aus seinen Worten geht hervor, dass er bereits Anspannung empfindet, wenn er nur an das gemeinsame Abendbrot denkt. Erst, als seine Eltern die Bedürfnisse nach Bewegung und Selbstbestimmung einbeziehen, löst sich die festgefahrene Situation.

Welche Situationen wir als so schmerzhaft erleben, dass diese sich einprägen, hängt nicht nur von dem Ausmaß einer Erfahrung ab, sondern auch von inneren Faktoren. Was den einen in Not bringt, kann ein anderer ganz entspannt aushalten. Naturgemäß wird unser Gehirn ähnliche Erfahrungen aber immer miteinander in Zusammenhang bringen – das ist seine Aufgabe. Damit solche Verknüpfungen aufgelöst werden, brauchen Kinder Eltern, die um diesen Zusammenhang wissen und ihre Kinder achtsam beobachten.

Kommt es in denselben Momenten immer wieder zu Tränen und Ärger?

Werde ich selbst schon angespannt und ungeduldig, weil ich mich innerlich auf Konflikte einstelle?

Dann braucht es neue Strategien, die Leichtigkeit und Freude zurückbringen.

***Einladung zum Üben**: Notiere eine Situation, die sich oft wiederholt und in der dein Kind wiederkehrend hilflos, ängstlich, traurig oder wütend ist. Überlege dir drei Strategien, die für mehr Leichtigkeit, Freude und Spiel in diesen Momenten beitragen. Fallen dir keine Situationen ein? Wunderbar! Dann schau doch mal, ob du eigene Schmerzverknüpfungen mit dir trägst.*

Intensive Gefühle begleiten, die ich selbst ausgelöst habe

Ich fühle mich schuldig.

Den intensiven Schmerz meines Kindes zu begleiten und ihm Raum zu geben, anstatt augenblicklich Lösungen vorzuschlagen oder mich zu entschuldigen, kann eine große Herausforderung sein – insbesondere dann, wenn ich möglicherweise selbst etwas zu diesem Schmerz beigetragen habe.

> **Beispiel:** Ich bin angestrengt und müde. In zwanzig Minuten habe ich einen Arzttermin, den ich unbedingt einhalten möchte. »Komm, ich will los«, sage ich zu Lukas – aber mein Sohn schüttelt entschieden den Kopf und möchte sich von seinem Spiel nicht lösen. Die Zeit verrinnt, und nachdem ich einige Angebote gemacht habe, erlebe ich mich selbst plötzlich wie durch einen Schleier: Ich packe den Arm meines Sohnes und ziehe kurz und kräftig daran. Lukas, der sich gegen diesen Übergriff wehren will, schlägt nach mir. Ich packe ihn an beiden Schultern und brülle: »So nicht, hörst du?« Lukas beginnt augenblicklich zu weinen, und ganz langsam lichtet sich der Nebel. Ich kann sehen, wie erschrocken er ist. Er reibt sich die Schultern, und ich nehme wahr, dass er sich sehr verletzt fühlt!

Es dauert eine ganze Weile, bis ich:

- seinen Schmerz hören kann, ohne mich schuldig zu fühlen: »Du warst so erschrocken und hattest dich ganz fest darauf verlassen, dass ich dir nicht wehtue, weil du etwas anderes willst als ich, oder?« (Offenheit),
- annehmen kann, dass dieser Schmerz entstanden ist und sein darf (Akzeptanz),
- nicht mehr den Impuls spüre, ihn wegzumachen: »... aber ich habe dir mehrmals Bescheid gesagt!«, sondern fühle: »Ja, so war das für dich!« (Respekt),

- präsent bleiben kann,
- die unerfüllten Bedürfnisse erahnen kann: »Da ging es um Schutz – niemand darf einfach zugreifen und dir wehtun, oder? Und auch um Vertrauen, dass ich dein Bedürfnis nach Spiel im Blick behalte, auch wenn für mich gerade etwas anderes wichtiger ist, stimmt das?« (Empathie),
- Verantwortung übernehmen kann: »Ich hätte mir so gern mehr Zeit genommen und das, was du brauchst, im Blick behalten. Ich hätte auch gern eine Lösung gefunden, die für uns beide passt, und meinen Ärger anders gezeigt!«

In manchen Situationen fällt es uns vielleicht schwerer, zu begreifen, was für unsere Kinder gerade schmerzhaft ist, oder wir fühlen uns schuldig und haben den Impuls, uns zu verteidigen und zu rechtfertigen.

Wenn ich spüre, dass ich meine einfühlsame Präsenz nicht halten kann, braucht es Selbstfürsorge und Raum für die eigenen Gefühle. Dann würde die Missachtung der eigenen Bedürfnisse Gewalt gegen sich selbst bedeuten. Nun kann die Frage sinnvoll sein, was ich gerade brauche, um im Gespräch bleiben zu können. Selbsteinfühlung oder Empathie von außen?

»Ich möchte gern ganz für dich da sein und dir zuhören. Das kann ich in diesem Augenblick nicht, weil ich selbst traurig und wütend bin. Ich brauche einen Moment Pause!«

Oder: »Ich kann mich gerade nicht auf die Art und Weise ausdrücken, die ich mir wünsche. Ist es in Ordnung für dich, wenn wir in einer halben Stunde weitersprechen?«

Wenn die Möglichkeit fehlt, sich aus dem Kontakt zurückziehen zu können, um eigene Urteile zu klären – etwa, weil wir sehr kleine Menschen ins Leben begleiten, die verbale Rückmeldungen noch nicht verstehen –, kann »der stille Ort« eine kostbare Strategie für Selbstfürsorge sein.

Der stille innere Ort

»Eine einfühlsame Haltung ist nicht immer da, sondern entsteht immer wieder, wenn wir gut für uns sorgen und uns selbst nähren.«
– Marshall Rosenberg –

Ich ahne einen Ort in mir, an den ich jederzeit heimkehren kann – ganz gleich, welche Lebendigkeit um mich auch herrschen mag. Dieser Ort entspricht dem, was mein Bedürfnis nach Geborgenheit, Entspannung und Schönheit nährt. Ich darf mit all dem heimkehren, was gerade in mir lebendig ist.

Wir können uns vorstellen, dass an diesem Ort ein liebevoller Zuhörer auf uns wartet, oder uns einfach nur eine Umgebung vorstellen, in der wir zur Ruhe kommen und Kraft tanken können. Mit ein wenig Übung kann es gelingen, aus dieser meditativen Übung Kraft zu schöpfen und eine Ressource zu gestalten, die uns überall zur Verfügung steht.

***Einladung zum Üben**: Gestalte dir deinen stillen inneren Ort. Schreibe auf, was du dort brauchst. Wenn du einen Menschen kennst, oder kanntest, dessen Worte dich auf besondere Weise berühren können und die Qualität haben, dein Herz zu öffnen, dann kannst du dir auch einen Ort ausmalen, an dem ihr in deiner Vorstellung immer wieder zusammen kommt. Was würde dieser Mensch zu dir sagen, wenn du ihm von der herausfordernden Situation berichtest oder dich mit deiner Erschöpfung zeigst? Würde er dich in den Arm nehmen oder dir die Hand auf die Schulter legen? Wenn du mehrere Menschen kennst, deren Gegenwart dir guttut, kannst du dir auch ein inneres Team zusammenstellen, dem du jedes Mal an diesem erdachten Ort begegnest, wenn es dir gerade guttut.*

Selbsteinfühlung

Heimkehren und Reisen

Dann, wenn ich Ärger und Anspannung spüre,
will ich heimkehren, zu mir selbst!
Den Fokus darauf richten,
was ich fühle und brauche –
anstatt auf das,
was du hättest nicht tun dürfen!

Immer dann, wenn Schuld und Scham in mir lebendig werden,
will ich heimkehren, in meine Herzmitte!
Dort liebevoll umarmen, was schmerzt,
mitfühlend meine Scham halten –
anstatt die Urteile zu glauben,
die mein Verstand mir zuflüstert.

Dann bin ich bereit für eine Reise
zu dir und deiner Sehnsucht.
Dort will ich alle Gefühle mit dir fühlen
und zärtlich erfragen,
was du brauchst!
Ich will deine Schönheit sehen,
die keines deiner Urteile kleiner macht.

Wenn wir uns auf diese Weise gezeigt haben,
bin ich voller Vertrauen,
dass wir ein Stück des Weges gemeinsam reisen werden.
Hin zu diesem Ort,
jenseits von Richtig und Falsch!

Wenn ich mit mir selbst nicht einfühlsam bin – wie kann ich es dann mit anderen Menschen sein? Die Bereitschaft, mir selbst Einfühlung zu schenken, ist für mich die Quelle gewaltfreien Verhaltens. Die Idee der Selbsteinfühlung besteht darin, eigene Gefühle und Bedürfnisse wahrzunehmen und Schmerz und Urteilen einen Raum zu geben. Wir stimmen uns auf das ein, was in uns gerade lebt.

Ich möchte dich einladen, dir selbst mit einem so offenen Herzen zu begegnen, wie du es dir für dein Kind wünschst, wenn es ihm nicht gut geht.

***Einladung zum Üben**: Wähle eine vergangene Konfliktsituation. Schau auf dich selbst mit einer so liebevollen, mitfühlenden und verständnisvollen Brille, dass jeder, der sie aufsetzen würde, keine Schwierigkeiten hätte, deine Schönheit zu sehen.*

Das stille Selbstgespräch und die Wolfsshow

»Wenn du dich mit dir selbst anfreundest, bist du niemals allein!«
– Maxwell Maltz –

Das tragende Element des inneren Dialoges kann die Betrachtung der eigenen Wolfsshow sein. Darunter verstehe ich, meinen Urteilen, Bewertungen und gewaltvollen Impulsen die Erlaubnis zu geben: Ihr dürft sein!

Die Wolfsshow kann als stille Selbstklärung den vier Schritten hinzugefügt werden:

1. Beobachtung
2. Wolfsshow
3. Gefühle
4. Bedürfnisse
5. Bitten

Beispiel: Beate hat ihrer Tochter zum Geburtstag einen Schminkkopf geschenkt und ihr damit einen sehnlichen Wunsch erfüllt.

1. Beobachtung: Diese Büste findet sie nun mit abgeschnittenen Haaren und schwarzem Filzstift bemalt vor.
2. Wolfsshow: »Oh nein! Da spare ich wochenlang, um ihr diesen Wunsch erfüllen zu können, und sie macht es einfach kaputt. Regelrecht zerstört. Als wäre es wertlos. Sie hat keinerlei Gespür für Werte. Was für eine verzogene, verwöhnte Göre! Die schmeiße ich direkt in den Müll. Dann kann sie heulen, so viel sie will, sie ist selbst schuld. Zu Weihnachten bekommt sie gar nichts!«
3. Gefühle: Wut, Enttäuschung, Trauer, Hilflosigkeit.
4. Bedürfnisse: Wertschätzung, Achtsamkeit, Gesehenwerden, Vertrauen, Respekt, Sinn, Ästhetik, Verantwortung.
5. Je nach Alter der Tochter könnte Beate diese bitten, sie mit ihrer Enttäuschung zu hören oder ihr zu erklären, warum sie den Schminkkopf so gestaltet hat. Wahrscheinlicher ist allerdings, dass Beate vorerst eine unabhängige Strategie wählt: Sie könnte eine Freundin anrufen oder sich konkrete Strategien überlegen, wie ihre Bedürfnisse auf andere Weise erfüllt werden können.

Lange habe ich mit der Angst gerungen, meine Urteile und Bewertungen würden mich für immer von meiner mitfühlenden Energie trennen, wenn ich ihnen Aufmerksamkeit schenke. Bis ich herausfand, dass das Hindurchschreiten stattdessen eine noch tiefere Verbundenheit mit ihr erlaubt.

Einladung zum Üben: *Notiere eine Bewertung, die du vor Kurzem über dein Kind hattest. Nimm dir mindestens fünf Minuten Zeit, dieser Bewertung wirklich Raum zu geben und den Ärger zu fühlen. Schreibe alle weiteren Bewertungen auf, die sich noch zeigen. Alle Impulse, die in diesem Zusammenhang auftauchen, kannst du innerlich durchspielen. Achtung: Wenn wir unsere Urteile nicht vollständig ausdrücken, bleibt die Energie erhalten und* *der Kontakt mit den dazugehörigen Bedürfnissen bringt keine echte Entspannung. Diese Übung stellt einem Teilschritt in dem Prozess dar, Urteile und Bewertungen in Bedürfnisse zu übersetzen. Bitte halte deine Aufzeichnungen für die nächsten Übungen bereit.*

Urteile als verkleidete Bedürfnisse

»In jedem Augenblick, in dem ich wütend bin und denke, jemand sollte respektvoller zu mir sein, sehne ich mich in Wahrheit nach einfühlsamem Verständnis für die Angst und den Schmerz in mir.«
– Kelly Bryson –

Beispiel: Lukas erwacht mit Fieber, Halsschmerzen und Schnupfen. »Ins Schwimmbad gehe ich trotzdem«, lässt er mich wissen. Als ich den Kopf schüttle und erkläre, dass sein Körper Wärme und Ruhe braucht, schreit er: »Du Arschloch, das kannst du mir nicht verbieten. Du bist eine schlechte Mama, ich hasse dich!«, und versucht, nach mir zu treten. »Jetzt reicht's«, brülle ich zurück, »wie unvernünftig ist das denn? Du wirst doch nicht ernsthaft glauben, dass ich dich mit Fieber ins Freibad lasse. Da kannst du dich auf den Kopf stellen, nein!« In meinen Gedanken überschlagen sich die Urteile: »Was stimmt mit dem nicht, dass er so einen Aufstand macht? Der muss doch einsehen, dass ein krankes Kind ins Bett gehört. Nicht in die Schule können, aber ins Freibad wollen. Und dann gleich nach mir treten, der spinnt doch. Ich musste schon den ganzen Tag umplanen, jetzt auch noch dieses Theater. Am liebsten würde ich die Tür zuknallen und ihm verbieten, aus dem Bett zu steigen!«

Was wir beide gerade am meisten brauchen, ist einfühlsames Verständnis für das, wonach wir uns sehnen. Erklärungen, Rechtfertigungen oder die Forderung nach Verständnis für meine Entscheidung steigern Lukas' Hilflosigkeit, den Ärger und seinen Schmerz noch.

Doch bevor ich wahrnehmen kann, wie sich mein Nein für ihn gerade anfühlt, brauche ich mitfühlendes Verständnis mit mir selbst. Ich werde still und mache mir bewusst, was ich gerade am meisten brauche: »Leichtigkeit, die wäre jetzt schön. Ein Nein, das verstanden und akzeptiert wird. Es fällt mir schwer, seinen Ärger auszuhalten. Ich wünschte, ich könnte eine Lösung finden, mit der wir beide entspannt sein können. Seine Gesundheit ist mir wichtig!

Dann kann ich mich wieder Lukas zuwenden: »Du hast dich schon so lange auf diesen Tag gefreut. Und jetzt sage ich nein, das macht dich wütend, oder? Du magst es nicht, wenn ich über dich entscheide und bestimme, wie du deinen Tag verbringst, stimmt das? Ist es die Freiheit, über dich selbst zu bestimmen, die gerade am meisten fehlt?«

Wir müssen unsere Klarheit nicht aufgeben, während wir einfühlsam verstehen, wie sich das Nein für unser Kind anfühlt, und können uns gleichzeitig bewusst darüber sein, was wir selbst brauchen. Hätten wir unsere Urteile nicht ausdrücken und wahrnehmen dürfen, wären wir nicht an den Kern seines Schmerzes und unserer Sehnsucht vorgedrungen. Die ärgerliche Energie hätte nur kurzweilig nachgelassen, hätte weiterhin in uns gewirkt und es erschwert, anzunehmen, was ist.

Urteile und gewaltvolle Impulse sind »verkleidete« Bedürfnisse. Diese Bedürfnisse verschwinden nicht, nur weil wir sie hinter den Vorhang der Bühne schubsen. Dort rumoren sie weiter, wie Kinder, die sich nach unserer Aufmerksamkeit sehnen.

Einladung zum Üben: *Betrachte erneut deine Notiz über die Bewertungen und Handlungsimpulse. Nimm dir noch einmal Zeit, sie auf ihre Vollständigkeit zu überprüfen. Wenn Widerstand, Schuld, Scham, Ärger oder Trauer auftauchen, erlaube auch diesen Gefühlen, zu sein. Wenn es dir schwerfällt, dich auf diese Weise mitfühlend dir selbst zuzuwenden, dann kannst du dir vielleicht die Qualität vorstellen, mit der du einer Freundin gegenüber präsent wärst, wenn sie dir von ihren Gefühlen berichtet.*

Unterdrückte Urteile und Gefühle: Gewalt gegen uns selbst

»Was auch immer das Gefühl ist – ob Schmerz oder Freude –,
es ist ein Geschenk, und seine Schönheit liegt darin, dass es dir zeigt,
dass du lebendig bist.
Das Ziel im Leben ist nicht, immer glücklich zu sein,
sondern all unser Lachen zu lachen und all unsere Tränen zu weinen.
Was auch immer sich in uns offenbart, es ist das Leben, das sich darin zeigt!«
– Marshall Rosenberg –

Wenn wir unsere Urteile wegschieben, entgeht uns aber nicht nur die Chance, die dahinterliegenden Bedürfnisse und unsere Sehnsucht wahrnehmen zu können – es ist auch Gewalt gegen uns selbst. Und Gewalt gegen uns findet immer Wege ins Außen.

Als ich begonnen habe, mich mit der Gewaltfreien Kommunikation auseinanderzusetzen, hatte ich das Ziel, nicht nur gewaltfrei zu handeln, sondern auch ausschließlich friedlich zu denken. Mein Ringen um Sanftmut, unermüdliche Wertschätzung und Verbundenheit mit allen Menschen führte dazu, dass ich noch gewaltvoller wurde!

Marshall Rosenberg selbst sprach davon, seine Wolfsshow zu »genießen«. Er gestand sich zu, all seine gewaltvollen Gedanken und Impulse in seinem Inneren durchzuspielen, um sie dann in Bedürfnisse zu übersetzen.

In deinem Inneren können Urteile und gewaltvolle Impulse keinen Schaden anrichten. Wenn du bereit bist, sie wahrzunehmen, brauchen sie nicht an jener Stärke zuzunehmen, die letztlich strafend und verletzend über andere hereinbricht.

Wir können also von einem Prozess sprechen, in dem Wolf und Giraffe miteinander tanzen. Wenn wir diesen Prozess bis zum Ende durchschreiten, erleben wir eine andere Energie in uns als zuvor. Wir sprechen auch von einer Energie der Fülle, anstatt des Mangels. Wenn ich mit meinen Bedürfnissen verbunden bin, öffnet sich der Zugang zur Strategienvielfalt – der unendlichen Fülle an Möglichkeiten, mit der ich meine Bedürfnisse nähren kann.

***Einladung zum Üben**: Nachdem die Urteile, Bewertungen und Gefühle Raum erhalten haben, übersetze sie in Bedürfnisse. Versuche, auch mit den Bedürfnissen deines Kindes in Kontakt zu kommen – fällt es dir leicht, ohne dass die Urteile wieder auftauchen, hast du den Weg zu einem einfühlsamen Verständnis geebnet. Zeigen sie sich erneut, gib ihnen weiterhin Raum, wenn notwendig mehrere Tage, und wende dich den Bedürfnissen deines Kindes erst dann erneut zu, wenn dein eigener Ärger sich entspannt hat.*

Einfühlung, die nicht als Geschenk wahrgenommen wird

»Jeder Mensch macht in jedem Augenblick seines Lebens das Beste, was er für sein Leben tun kann.«
– Marshall Rosenberg –

Manchmal kann unsere einfühlsame Präsenz von anderen Menschen nicht als Geschenk wahrgenommen werden. Das ist oftmals dann der Fall, wenn wir andere aus der Überzeugung heraus beantworten, dass wir uns einfühlsam mit ihnen verbinden müssten. Einfühlung, die aus einem »Muss« heraus gegeben wird, ist keine Alternative, weil sie mit Gewalt gegen uns selbst einhergeht. Empathie ist untrennbar mit der Sehnsucht nach Verbindung und einer inneren Fülle verknüpft.

Ob mein Gegenüber vertrauensvoll genug ist, ein Gesprächsangebot anzunehmen, hängt auch ganz entscheidend davon ab, welche Erfahrungen er diesbezüglich gesammelt hat. Hat er häufig gespürt, dass er mit seinem inneren Erleben abgelehnt wurde, oder seine Antworten Bewertungen zur Folge hatten, wird er sich vor weiteren schmerzhaften Erfahrungen schützen wollen. Wenn ich mir bewusst mache, dass dieses »Nein« zu unserem Austausch nichts mit mir zu tun hat, kann ich mitfühlend bleiben und meine einfühlsame Energie aufrecht erhalten, auch wenn kein verbaler Austausch entsteht.

Aufrichtige Einfühlung nimmt verstehend wahr, dass mein Gegenüber nicht bereit ist, sich zu öffnen, und setzt voraus, dass er dafür gute Gründe hat. Jeder Mensch hat das höchstpersönliche Recht, sich einem anderen Menschen nicht zu öffnen und sich mit seinem Schmerz nicht auseinandersetzen zu wollen. Wenn es uns gelingt, auch diese Rückmeldungen mit »Giraffenohren« zu hören, dann sind wir nicht verletzbar!

Beispiel: Eine Mutter erzählt mir, dass sie ihrem Sohn hin und wieder eine Ohrfeige gibt. Ich antwortete: »Ich vermute, dass du in solchen Momenten gar keine andere Möglichkeit siehst, als so zu reagieren, oder?« Mutter: »Ich habe es weiß Gott anders versucht, das kannst du mir glauben. Aber es gibt keinen anderen Weg. Du hast doch keine Ahnung, wie das Zusammenleben bei uns aussieht! Du mit deiner scheiß-gewaltfreien Kommunikation!«

Wenn ich mich nun entschieden hätte, ihre Rückmeldung mit Wolfsohren zu hören, wäre meine einfühlsame Präsenz verloren gewesen. Ich hätte meine Energie darauf verwendet, mich zu rechtfertigen, Vorwürfe zu machen oder mich verletzt abgewendet.

Mit Giraffenohren konnte ich hören: Ich will damit gesehen werden, wie sehr es mich anstrengt und wie schmerzhaft unser bisheriger Weg war. Ich habe alle Kraft eingesetzt, um andere Lösungen zu finden – sieh mich mit diesem Ringen. Es ist mir bisher nicht gelungen, und dafür fühle ich mich schuldig. Ich habe kein Vertrauen, dass es dir nicht um Schuld geht, und mehr Schuldgefühle, als ich ohnehin schon habe, könnte ich nicht aushalten. Ich muss mich schützen. Ich habe gerade versucht, mit dieser Strategie Frieden zu schließen, und die Vorstellung, sie wieder loszulassen und noch einmal auf die Suche zu gehen, übersteigt meine Kraft!

Ein tatsächlicher Dialog, in dem ein anderer mir all seine Gefühle offenbart, ist weder Beweis noch Voraussetzung für gelungene Einfühlung! Denn Einfühlung heißt mitfühlend willkommen, was in einem anderen Menschen lebt, auch und besonders sein »Nein«.

Die meisten Menschen wurden ihr Leben lang bewertet und haben begonnen, auch sich selbst und andere zu beschuldigen und zu verurteilen. Darum kann eine mitfühlende, liebevolle Haltung manchmal nicht wahrgenommen werden – die innere verurteilende, bewertende Stimme unseres Gegenübers ist zu laut. Und so sehr wir uns bemühen, deutlich zu machen, worum es uns geht – der andere hört unsere Worte immer noch mit Wolfsohren. Dann ist es wichtig, zu wissen, dass das nichts mit uns zu tun hat. Marshall Rosenberg sagt:

> *»Stelle niemals die Schönheit deiner Worte infrage, weil jemand mit Kritik, Schmerz oder Urteilen reagiert. Das bedeutet nur, dass er dich nicht wirklich hören konnte!«*

***Einladung zur Selbstklärung**: Denke an einen Moment zurück, in dem deine liebevolle Absicht nicht gesehen werden konnte. Gib dem Raum, was die Erinnerung daran in dir auslöst – es ist so traurig, mit einer guten Absicht nicht gesehen zu werden, und verbinde dich erst dann mit den guten Gründen deines Gegenübers: Was mag es ihm/ihr schwer gemacht haben, dein Mitgefühl anzunehmen?*

Die Schönheit sehen

»Andere Menschen hören unseren Schmerz nicht, wenn sie glauben, sie hätten einen Fehler gemacht.«
– Marshall Rosenberg –

Marshall Rosenberg schrieb ein Lied, welches er mit Begleitung auf seiner Gitarre oft auf Seminaren vorgetragen hat:

> *»Sieh die Schönheit in mir … Schau auf das Beste in mir … Das ist es, was ich wirklich bin … Und alles, was ich sein möchte … Es mag ein bisschen Zeit brauchen … Es mag schwierig zu finden sein … Aber sieh die Schönheit in mir!«*

Damit beschreibt Rosenberg so trefflich das Herzstück der Einfühlung. Sie sieht die Schönheit in anderen und in uns selbst.

> **Beispiel:** Igor: »Ich hasse Opa. Der stinkt und sagt immer so bescheuerte Sachen!«

Wenn Igors Mama diese Worte über ihren Vater hört, wird das sehr wahrscheinlich schmerzhaft für sie sein, und vielleicht spürt sie den Impuls, zu beschuldigen, zu beschwichtigen oder ihren Sohn zurechtzuweisen. Dieser Impuls wird nachlassen, sobald sie sich mit der Schönheit verbunden hat, die ihm innewohnt: »Mir ist so wichtig, dass mein Papa Freude hat und seine Schmerzen einen Augenblick vergessen kann. Ich möchte, dass er spürt, wie sehr mir sein Wohl am Herzen liegt!«

Nun kann sie auch die Schönheit im Ausdruck ihres Kindes sehen: »Opa auf eine solche Weise zu erleben, löst sehr wahrscheinlich eine Menge unangenehme Gefühle in Igor aus. Auch, wenn mir die Art und Weise seines Ausdrucks nicht gefällt, sehe ich, dass er gut für sich sorgen möchte und vor diesen Gefühlen geschützt sein will!«

Während ich mich auf mein Bauchgefühl – aufgrund alter Verletzungen – nicht immer verlassen kann und meine ersten Gedanken mir oft nicht zu wertschätzenden Handlungsimpulsen raten können, bietet die Sehnsucht in mir und anderen eine warme Orientierung, auf die ich vertrauen kann.

***Einladung zum Üben:** Notiere drei Situationen, in denen du dich über das geärgert hast, was dein Kind gesagt oder getan hat. Fokussiere dich bewusst auf die Schönheit, die sich hinter seinem Verhalten verbarg, und stelle seine Sehnsucht in den Fokus. Bitte wiederhole diese Übung auch unbedingt mit einer Situation, in der du dich über dein eigenes Verhalten geärgert oder selbst verurteilt hast.*

Verletzbar sein

»Sich verletzbar zu zeigen, ist die Grundlage aller Beziehungen.«
– Brené Brown –

Was vielen Menschen an der Gewaltfreien Kommunikation erfahrungsgemäß am meisten Unbehagen bereitet, ist die Vorstellung, sich verletzbar zu machen. Sie sagen: »Wenn ich anderen zeige, was in mir vorgeht, mache ich mich angreifbar!« oder »Über Gefühle zu reden macht mich schwach!«

Fast alle von uns haben gelernt, dass Bedürftigkeit eine Schwäche ist und über Gefühle zu sprechen im Allgemeinen unangemessen sei. Momente der Verletzbarkeit werden allgemein gemieden. Viele Menschen vermeiden ein Leben lang Situationen, in denen sie Ablehnung erfahren könnten. Sie versuchen, ihre Berührbarkeit zu verbergen, und lächeln auch dann, wenn andere etwas sagen und tun, was Schmerz in ihnen auslöst. Bestenfalls weinen sie dort, wo es niemand sehen kann, und schlimmstenfalls gestatten sie es sich nicht einmal dort – weil sie Gefühle dieser Art überhaupt nicht zulassen möchten.

Ist es im Umkehrschluss also ein Zustand der Stärke, immer auf der Hut vor Verletzungen zu sein? Tragen wir auf diese Weise nicht immerwährend eine Angst mit uns, etwas könnte unsere Schutzmauern zum Einstürzen bringen? Müssen wir auf diese Weise nicht eine Menge Kraft aufwenden, um einen Teil von uns selbst wegzuschieben? Was wäre, wenn wir aufhören würden, unsere Verletzbarkeit zu leugnen?

Wenn wir den Kampf mit der Angst, nicht würdig und nicht gut genug zu sein, aufgeben würden? Wenn wir die Scham über die Angst, von anderen getrennt zu sein und nicht dazuzugehören, zuließen und mitfühlend als einen Anteil unseres Herzens anerkennen würden? Wenn wir ihn in die Arme schließen könnten, so wie wir unser Kind einfühlsam annehmen würden, wenn es von einem großen Kummer berichtet?

Brené Brown, eine amerikanische Sozialwissenschaftlerin, hat sich eingehend mit dem Thema Verletzbarkeit auseinandergesetzt. Sie fand heraus, dass Menschen, die den Mut haben, sich verletzbar zu zeigen, glauben, eben diese Verletzbarkeit sei auch das, was sie schön und wertvoll macht:

»Diese Menschen haben den Mut, sich unperfekt und verletzlich zu zeigen. Sie zeigen sich so, wie sie wirklich sind. Sie glauben, der Liebe und Zugehörigkeit würdig zu sein, auch wenn sie nicht vollkommen sind.«

Brené Brown kam zu folgendem Ergebnis:

»Verletzlichkeit ist zwar die Ursache von vielen Ängsten und Unsicherheiten. Doch scheinbar ist sie gleichzeitig auch der Geburtsort der Liebe, der Verbundenheit, der Freude, der Kreativität und des Glücks.«

Sich verletzbar zu zeigen ist tatsächlich ein wichtiges Element der Gewaltfreien Kommunikation. Dass wir damit gleichzeitig einen Zustand der Schwäche assoziieren, ist Interpretation. Wirkliche Stärke geht mit einer Annahme unserer Verletzbarkeit einher. Zuzulassen, wirklich gesehen zu werden – verletzbar und berührbar – geht immer mit dem Risiko einher, dass anderen nicht gefällt, was sie sehen. Und gleichzeitig lernen wir in der Gewaltfreien Kommunikation all das, was uns stark genug macht, damit umzugehen.

Wir können anderen die Verantwortung für ihre Urteile überlassen und wissen, dass wir diese nicht glauben müssen, weil sie nur ein tragischer Ausdruck unerfüllter Bedürfnisse sind – der nichts mit uns zu tun hat. Wir können uns selbst mitfühlend und einfühlsam halten, auch wenn unser Gegenüber gerade nicht über die Ressource verfügt, uns Verständnis entgegenzubringen.

***Einladung zur Selbstklärung**: In welchem Moment hast du dich besonders verletzbar gefühlt? Was löst die Idee, diese Verletzbarkeit anzuerkennen und anzunehmen, in dir aus? Was spürst du dabei in deinem Körper?*

Unberührte Trauer

»Wenn die Trauer hinter unserem Ärger unberührt bleibt,
verhärten wir innerlich.«
– Volkmar Richter –

Hinter jeder Wut und jedem Ärger verbirgt sich eine Sehnsucht, und damit verbunden die Trauer um ein Bedürfnis, das in diesem Augenblick unerfüllt ist. Im Laufe des Lebens lernen die meisten von uns, ihre Trauer wegzuschieben und stattdessen Wut zu entwickeln.

Einerseits fehlen uns Vorbilder, von denen wir lernen könnten, das Trauern als heilsame Ressource zu nutzen. Stattdessen vermitteln viele Eltern bereits Kleinkindern auf vielfältige Weise, dass es besser ist, Gefühle wie Trauer, Hilflosigkeit und Angst gar nicht erst zuzulassen oder möglichst schnell wieder abzulegen. Sie beruhigen, lenken ab und negieren, denn wer nicht die Fähigkeit erlangt hat, seine eigene Trauer anzunehmen, kann sie auch nicht in anderen willkommen heißen.

Andererseits leben wir in einer Gesellschaft, die dazu neigt, die Gründe für die eigene Trauer automatisch im Außen zu suchen und den Impuls hat, empfundenen Schmerz an den zurückzugeben, der ihn berührt und ausgelöst hat.

Der Vorgang, Trauer in Wut umzuwandeln, geschieht irgendwann so automatisiert, dass die Trauer selbst unbewusst bleibt. Problematisch an unberührter Trauer und geleugneter Verletzbarkeit ist, dass wir innerlich starr werden und verhärten. Denn während Trauer die Macht hat, unser Herz zu öffnen, verschleiert die Wut unsere Sehnsucht. Die Wut wird zu einer Mauer um unser Herz, die uns vor der Enttäuschung unerfüllter Sehnsucht schützen soll. Sie wendet die Angst ab, die uns bei der Vorstellung überkommt, sich einem anderen Menschen zu öffnen, ihm zu zeigen, was wir ersehnen und wie berührbar wir sind, ohne damit berücksichtigt und geachtet zu werden.

Unberührte Trauer ist in jeder Beziehung eine große Herausforderung. Denn solange unser Schmerz unbewusst ist, geben wir die Verantwortung für ihn häufig an andere ab. Doch vor allem entfernt uns die stellvertretende Wut von unserem inneren Anliegen und nimmt uns somit die Chance, uns selbst mitfühlend zu halten (worum es in der Elternrolle immer wieder geht) oder mitfühlend gehalten und verstanden zu werden.

Ein Vater, der mit seiner Trauer nicht verbunden ist, könnte zum Beispiel so klingen: »Wenn ich noch einmal sehe, dass du die Augen verdrehst, während ich mit dir rede, bleibst du den Rest des Tages in deinem Zimmer!« Im Einklang mit seiner Trauer klänge er vielleicht so: »Es tut mir weh, diese Geste zu sehen, weil ich mich danach sehne, dass wir hier wertschätzend und respektvoll miteinander umgehen!«

Wenn er seinem eigenen Schmerz mitfühlend Raum geben kann, hat er eine größere Ressource, sich anschließend auch einfühlsam dem Außen zuzuwenden. Dann könnte er sich vielleicht fragen, was es seinem Sohn schwer macht, seine Worte zu hören, und er wäre nicht mehr weit entfernt, sein Anliegen ohne Vorwürfe und Drohungen auszudrücken: »Wenn ich sehe, dass du die Augen verdrehst, wenn ich dir etwas sage, dass mir am Herzen liegt, dann macht mich das traurig, weil ich so eine Sehnsucht habe, dass wir uns zuhören. Kannst du mir sagen, was dich ärgerlich macht?«

Eine Mutter, die den Kontakt zu ihrer Trauer verloren hat, klingt vielleicht so: »Steig verdammt noch mal aus dem Auto aus und hör auf, hier so ein Theater zu veranstalten. Wenn das Heimkommen jedes Mal in so einem Drama endet, besuchen wir Oma und Opa nicht mehr!« Statt ihre stellvertretende Wut auszudrücken, könnte sie einen Augenblick innehalten und betrauern, dass sie Leichtigkeit und Erholung gerade schmerzhaft vermisst. Freilich ändert es nichts an dem, was gerade geschieht – das Kind weigert sich noch immer, das Auto zu verlassen. Doch das Mitgefühl mit ihren unerfüllten Bedürfnissen befähigt die Mutter, ihr Herz für die Trauer des Kindes zu öffnen: »Es war so ein schöner Tag und es ist schade, dass er nun zu Ende ist, oder?«

Ein Partner, der automatisiert wütend reagiert, lässt seine Ehefrau vielleicht Folgendes wissen: »Was bist du eigentlich für eine Frau, dass du dich nicht einmal mit deinem Mann freuen kannst? So eine Beziehung brauch ich nicht. Dein Egoismus ist zum Kotzen!« Wüsste er um die heilsame Ressource von Verbundenheit mit der Trauer, könnte er Worte finden, die dem Kern seines Anliegens wesentlich näherkommen: »Ich bin unglaublich enttäuscht. Es war mir so wichtig, diese Freude mit dir zu teilen. Es macht mir Angst, dass du das gerade offenbar nicht kannst!« Aber auch Kindern ist es vertraut, stellvertretend wütend zu sein: »Du blöde Scheiß-Mama! Oma hab ich viel lieber als dich!«

Den eigenen Schmerz spürbar zu machen, indem die Bezugspersonen verletzt werden, ist eine häufige kindliche Strategie – die unser inneres Kind oftmals bis ins Erwachsenenalter beibehält. Trägt ein anderer Mensch zu unserem Schmerz bei, fallen wir in das Kinderprogramm und geben ihn automatisiert zurück. Diese stellvertretende Wut ist eine Hilflosstrategie, um empfundene Ohnmacht abzuwenden.

Für ein Kind ist diese Ohnmacht real, weil andere über es bestimmen, während es gleichzeitig auf die Zugewandtheit dieser Bezugspersonen angewiesen ist. Wenn hinzukommt, dass seine Eltern die Trauer des Kindes unterbinden, weil sie diese nicht aushalten können, ist die Wut Ausdruck eines Teils, der abgelehnt wird.

Wut ist unsere Gestalterkraft und ermöglicht besseren Kontakt zu unseren inneren Anliegen. Es geht nicht darum, sie von uns abzuschneiden. Wenn wir jedoch aufhören zu trauern und stattdessen ständig stellvertretend wütend sind, ist etwas außer Balance geraten und wir brauchen die annehmende, entspannende und willkommen heißende Energie der Trauer. Dabei können wir auch unsere Kinder unterstützen, indem wir ihre Sehnsucht und ihren Schmerz wahrnehmen und ihnen helfen, diesen auszudrücken.

Einladung zum Üben: *Erinnere dich an einen Moment, in dem du große Wut verspürt hast. Welche Trauer verbirgt sich darin? Wie fühlt es sich in deinem Körper an, wenn du mit dieser Trauer in Verbindung bist? Kannst du fühlen, wie die Anspannung nachlässt, wenn du diesem Schmerz in dir Raum gibst? Bitte denk daran, dass das Ziel dieser Übung nicht ist, die Trauer zu beseitigen. Es geht lediglich darum, einige Augenblicke mitfühlend zu ihr hin zu spüren, selbst wenn es nur ein paar Atemzüge lang ist.*

Einen Zustand des inneren Friedens kreieren

»Die Welt ist nur so schön, wie ich es glaube!«
– Byron Katie –

Ich erinnere mich noch lebendig an die E-Mail eines Mannes, die sich auf einen Artikel bezog, den ich in der Zeitschrift »Empathische Zeit« veröffentlicht hatte. Er teilte mir mit, dass es aus seiner Sicht Augenwischerei sei, anderen Menschen die besten Absichten zu unterstellen. »Manche Menschen sind schlicht und einfach böse«, schrieb er, und »das nicht als dieses zu benennen ist naiv. Warum sollte ich meinen Kindern vormachen, die Welt sei ein besserer Ort, als sie es nun mal ist? Das würde sie doch nur in große Schwierigkeiten bringen!« Aufgebracht fuhr er fort: »Sich Dinge schön zu reden ist keine Stärke, sondern eine Schwäche, für die man früher oder später einen Preis zahlt! Aus diesem Grund ist dein Artikel für mich leider wertlos und aus ebendiesen Gründen kann ich mit den meisten GFKlern auch nichts anfangen.«

Ich antwortete ihm Folgendes:

»Lieber B.,

ich danke dir von Herzen für deine Nachricht, denn sie gibt mir Gelegenheit, über etwas zu schreiben, was mich selbst sehr bewegt. Deine Mitteilung an mich ist ein gutes Beispiel dafür, dass ich selbst entscheide, wie ich die Welt sehe. Ich könnte aus deinem Brief einen Angriff auf das herauslesen, was ich persönlich für richtig halte und was mir am Herzen liegt – dann würde ich mich vielleicht verteidigen und versuchen, dich zu überzeugen. Oder ich richte meine Aufmerksamkeit auf das, was uns verbindet – die Frage, wie wir unsere Kinder auf eine Weise auf das Leben vorbereiten können, die sie zu jener Stärke befähigt, mit allem, was auf sie zukommt, umzugehen. Die Angst, dass dies nicht gelingen könnte und unseren Kindern einmal Entscheidendes fehlt, um ein gutes Leben zu führen.

Ich entscheide mich aus mehreren Gründen für letztere Option. Das ist nicht nur selbstlos, denn wenn ich Urteile glaube (ob es deine oder meine eigenen sind), gebe ich meinen friedlichen inneren Zustand schlagartig auf. Ich sehe einen Feind und ärgere mich. Ich würde eine Menge Energie aufwenden, dich von dem, was ich glaube, zu überzeugen, und würde ängstlich abwarten, ob mir das gelingt.

Das ist etwas anderes als zu leugnen, dass du dich in Form von Urteilen ausgedrückt hast und ich einen Augenblick den Impuls hatte, in ebendieser Form zu antworten.

Wenn wir also über sogenannte böse Menschen sprechen, dann leugne ich nicht die Tatsache, dass jemandes Verhalten zum Schmerz eines anderen beigetragen hat. Ich streite auch nicht ab, dass ich einen Augenblick lang den Impuls habe, diesen Menschen für sein Handeln bestraft sehen zu wollen. Dann aber lenke ich meinen Fokus ganz bewusst auf Aspekte, die das Leben mehr bereichern als meine Urteile über sein Handeln. Das macht mich sowohl frei dafür, wirkliches Mitgefühl dem Menschen gegenüber haben zu können, der durch die Handlungen Schaden erlitten hat, als auch, mich dafür interessieren zu können, warum der sogenannte Täter keine andere Möglichkeit gesehen hat, sich seine Bedürfnisse zu erfüllen. Ich bin zutiefst davon überzeugt, dass ich auf diese Weise nicht nur meinen inneren Frieden nähre, sondern auch den Frieden auf der Welt.

In Bezug auf unsere Kinder begegnet mir die Einstellung, wir müssten sie einer bestimmten Welt anpassen, überall und immer wieder. Eltern bringen ihre Kinder weinend in den Kindergarten und denken, dazu gäbe es keine Alternative, weil sie in einigen Jahren auch die Schule besuchen müssen. Mütter geben ihren Kindern nur alle zwei Stunden die Brust, weil sie befürchten, dass sie diese sonst unaufhörlich einfordern könnten. Und viele Eltern erwarten von ihren Kindern Gehorsam, weil es die einzige Art der Anpassung ist, die sie selbst kennen, und weil sie glauben, ihre Kinder müssten möglichst früh lernen, Anweisungen zu befolgen.

Ich schreibe über diese Strategien, weil sie alle aus einer Angst entstehen – genau wie die Vorstellung, wir müssten unsere Kinder abhärten, damit sie den Anforderungen des Lebens gerecht werden können. Ich wünschte mir, dieser Fokus würde sich ändern. Dann ginge es nicht mehr um Angst, sondern um Liebe. Wir würden unsere Kinder dazu befähigen, ihren inneren Frieden aufrecht zu erhalten – einen Frieden, der nicht davon abhängt, wie andere Menschen sich verhalten. Wir könnten ihnen zeigen, dass sie keine Feinde sehen müssen, sondern selbst entscheiden, in sich und anderen die Verletzbarkeit und damit ihre Schönheit zu sehen, ganz egal, welche Worte sie verwenden. Wir könnten in ihnen diese Liebe anlegen, die entsteht, wenn Bedürfnisse genährt sind, und ihnen zeigen, wie sie auf eine Weise für sich sorgen, die anderen keinen Schmerz zufügt.

Ich wünsche meinem Kind, dass es seine Gestaltungskraft in vollem Umfang nutzen kann und ein Vertrauen, das von niemanden abhängig ist, weil er keine Welt voller Feinde sieht.«

***Einladung zum Üben**: Stelle dir einen Zustand vor, in dem du mit dir selbst und deiner Umwelt in Frieden bist. Notiere, was es dir schwer macht, diesen Zustand zu erhalten, und was dich dabei unterstützen kann.*

Streit zwischen Eltern

»Was mich verletzt, das heilt mich! Was dich verletzt, das heilt dich!«
– Tassilo Peters –

Lebensrealität ist: Wir wollen nicht immer dasselbe. Wir brauchen unterschiedliche Dinge. Wir erfüllen unsere Bedürfnisse auf ganz individuelle Weise. Wir haben verschiedene Wünsche und Ansichten. Und ähnliche Situationen lösen in Menschen gegensätzliche Gefühle aus, weil wir vollkommen unterschiedliche Erfahrungen gemacht haben und jeder seinen eigenen Schmerz mit sich trägt und wir die Realität alle durch die Brille gemachter Erfahrungen zu einer persönlichen inneren Wirklichkeit formen.

Wenn Eltern unterschiedliche Meinungen, Vorstellungen und Strategien haben, ist das etwas ganz Natürliches. Wichtig ist die Art und Weise, wie wir mit unserer Anderswürdigkeit umgehen und Konflikte in der Familie klären! Wenn es uns gelingt, die unterschiedlichen Bedürfnisse herauszuarbeiten und auf dieser Grundlage nach Lösungen zu suchen, können Konflikte ein unbeschreiblicher Gewinn für unsere Kinder sein. Wenn wir vorleben, nicht zu verurteilen, einander zu bestrafen und recht haben zu wollen, statten wir unsere Kinder mit dem aus, was sie überall und immer brauchen werden: Die Fähigkeit, mit den unterschiedlichsten Menschen friedlich zu leben und sich gleichzeitig für das einzusetzen, was ihnen wichtig ist.

Solange keiner zum Verlierer gemacht wird, während wir unsere unterschiedlichen Standpunkte vertreten und uns für unsere Anliegen einsetzen, ist Streit eine Bereicherung. Wut und Trauer zwischen Eltern müssen nicht versteckt werden, wenn wir die Verantwortung dafür bei uns lassen.

Wenn wir unsere Kinder wissen lassen: »Stimmt, wir sind uns gerade nicht einig und beide wütend! Aber wir werden Lösungen finden und später darüber reden. Das ist nicht dein Verantwortungsbereich – wir kümmern uns darum!«, verlieren Konflikte ihren Schrecken. Wir können erfragen, wie sich unsere Kinder fühlen, und sie wissen lassen: »Wenn dich das beschäftigt und du Fragen hast, dann kannst du jederzeit zu uns kommen!« Es darf nicht darum gehen, Kinder in die Inhalte der Konflikte mit einzubeziehen, denn das ist der Bereich, der nur den Eltern gehört. Aber wir können unsere Kinder wissen lassen: »Ja, manchmal muss erst mal wieder jeder bei sich ankommen, bevor wir einander hören können. Das ist okay!«

***Einladung zur Selbstklärung**: Entwickelt in der Familie gemeinsam Ideen für Konflikte, die das Leben bereichern, und haltet sie auf einem Plakat fest.*

Anderswürdigkeit

Liebe ist die Fähigkeit, den Menschen, die uns wichtig sind, die Freiheit zu lassen, die sie benötigen, um so sein zu können, wie sie sein wollen. Unabhängig davon, ob wir uns damit identifizieren können oder nicht.

Was, wenn die Vorstellungen über das, was unsere Kinder brauchen, grundsätzlich weit auseinandergehen?

Die Herausforderung, die Anderswürdigkeit unseres Partners liebevoll anzunehmen, erhöht sich um ein Vielfaches, wenn es um einen weiteren kleinen Menschen geht, den wir schützen möchten und für den wir uns das Allerbeste wünschen. Wenn wir gar befürchten, dass unser Kind ernsthaft Schaden nimmt, sind Verzweiflung, Wut, Trauer und Hilflosigkeit groß. Kann die Sorge darüber nicht geteilt werden, weil es um gegenseitige Vorwürfe geht und der Eindruck entsteht, es ginge um Richtig und Falsch, verlieren wir das Miteinander. Übrig bleibt oftmals ein »Gegeneinander«. Damit dieses »Gegeneinander« wieder aufgelöst werden kann, braucht es bei mindestens einem von beiden Elternteilen die Bereitschaft, den Fokus zu verlagern.

Anstatt unsere Position weiter zu verteidigen, können wir die Aufmerksamkeit wieder auf ein grundlegendes Vertrauen richten: »Ich weiß, dass wir beide das Beste für unser Kind wollen!« Beide tragen auf ihre bestmögliche Weise bei, damit ihr Kind alles bekommt, was es braucht. Das verdient Wertschätzung und Anerkennung – auch, wenn wir mit den Strategien unseres Partners nicht immer einverstanden sind. Wenn dieses Vertrauen der Ausgangspunkt ist, finden wir in eine Verbindung. Und wenn wir miteinander verbunden sind, finden wir tragfähige Lösungen für unser Miteinander.

Beide Elternteile haben das Recht auf eine eigene Beziehung zum Kind. Wir können uns gegenseitig inspirieren und unterstützen, doch letztlich gestalten Mutter und Vater eine eigene Beziehung zum Kind, die höchstpersönlich ist und unterschiedlich sein darf. Das bedeutet nicht, dass ich alles gutheiße, was mein Partner in seiner Beziehung zu unserem Kind tut. Es bedeutet, dass ich meine eigenen Baustellen bearbeite und vor allem im Fokus habe, wie ICH meine Beziehung gestalte. Wenn ich mich dort sicher fühle, dann kann ich einladen, ähnliche Ideen auszuprobieren, und meine Erfahrungen teilen – doch die Erwartungshaltung, dass mein Partner dieselben Werte teilt, führt schnell zu einer Trennung.

Wenn ich wahrnehme, dass mein Kind in Not gerät und Schutz braucht, dann kann ich klar Stellung beziehen und sagen: »Ich verantworte das nicht!« und »Ich bin nicht einverstanden!«

Möglicherweise sind die Verletzungen so stark, die Urteile so groß, dass es kaum gelingt, die vorwurfsvolle Position zu verlassen, das Ringen um Recht und um Verteidigung aufzugeben. Dann kannst du dich fragen: Will ich weiterhin Ohnmacht, Ärger und Verzweiflung empfinden, weil ich denke, dass mein Partner anders handeln sollte? Will ich weiterhin Kraft und Freude zahlen, um mein »Recht« zu beweisen? Will ich auch in Zukunft trauernd die Frage stellen, wie mir etwas »angetan« werden kann – ohne dabei wirklich offen für eine Antwort zu sein, in der es nicht um Schuld geht?

Sich diese Fragen zu beantworten, hat erst einmal nichts mit dem Partner zu tun, denn es geht um unseren inneren Frieden. Wir verlieren keine Stärke und unsere Anliegen gehen nicht verloren, wenn wir den Fokus ändern und Verbindung anstreben. Wenn wir uns für eine Verbindung entscheiden, stellt sich die Frage nach den guten Gründen, die unser Partner für sein Handeln hat.

Gut, weil sie – in seiner Lebensrealität und im Rahmen seiner Erfahrungen – Sinn ergeben. Wir können sofort aufhören, über Recht und Unrecht, Schuld und Unschuld zu streiten, sondern stattdessen neugierig sein, durch welche Brille unser Partner in die Welt blickt! Dann werden wir verstehen, dass sich hinter der Überzeugung, Kinder verdienten Strafen, ein inneres Kind verbirgt, welches selbst bestraft wurde.

Wir werden plötzlich Gefühlen, Bedürfnissen und Sehnsüchten begegnen, die sich hinter Urteilen, Vorwürfen und Verteidigung verbergen. Wir werden erkennen, dass all dies letztlich auch nur Strategien sind, die Bedürfnisse erfüllen sollen. Wenn einer von beiden beginnt, einen sicheren Raum zu gestalten, in dem unsere Verletzbarkeit willkommen ist, in dem wir wirklich verstehen wollen, was in unserem Gegenüber vorgeht – dann wird etwas in Bewegung geraten. Ein mitfühlendes Herz, das die Schönheit eines anderen Menschen sehen kann, ist nicht darauf angewiesen, dass sein Gegenüber sofort bereit ist, sich ebenfalls zu verändern und alle Urteile aufzugeben.

Ich möchte im Folgenden ein Gespräch wiedergeben, in dem ich ein Elternpaar dabei unterstütze, mit ihren Bedürfnissen in Verbindung zu kommen und gegenseitiges Verständnis zu entwickeln:

Mutter: »Ich bemühe mich so sehr, uns ein schönes Zuhause zu schaffen. Aber mein Mann macht alles kaputt. Wenn eines der Kinder nicht so funktioniert, wie er es will, dann schreit er, schickt die Kinder auf ihr Zimmer und droht mit allen möglichen Gemeinheiten. Ich sitze dann da und traue mich gar nicht, etwas zu sagen, weil das immer alles noch schlimmer macht. Also warte ich, bis K. sich wieder beruhigt hat, aber das ist doch kein Zustand!«

Hanna: »Was ich höre, ist, dass da eine große Sehnsucht bei Ihnen ist, für euch als Familie einen Ort zu gestalten, an dem es allen zusammen gut gehen kann. Ich stelle mir vor, dass Sie damit gern wahrgenommen werden würden, stimmt das? Und gleichzeitig geht es auch um Unterstützung? Wonach Sie sich sehnen, ist, dass alle miteinander dieses Ziel anstreben?«

Mutter: »Ja, das stimmt!«

Hanna: »Sie beschreiben, dass es Situationen gibt, in denen geschieht etwas und plötzlich geht es da um Wut und Hilflosigkeit. Sie wissen dann gar nicht mehr, wie Sie mit Ihrem Mann in Kontakt kommen können, um zu erfahren, was da in ihm vorgeht?«

Mutter: »Ja, er ist einfach unerreichbar, und ich habe Angst, es nur noch schlimmer zu machen, und dann landet das wieder bei den Kindern!«

Hanna: »K., wie erleben Sie diese Momente, die Ihre Frau beschreibt? Und wie ist es für Sie, wenn Sie Ihre Frau von Hilflosigkeit sprechen hören und auch von dem Wunsch, in solchen Momenten eine Möglichkeit zu kennen, mit Ihnen in Kontakt zu sein?«

Vater: (räuspert sich) »Also, U., du stellst mich dar, als ob ich ein Unmensch wäre! Wenn ich laut werde und die Kinder in ihr Zimmer schicke, können sie froh sein. Ich hätte in solchen Momenten den Arsch versohlt bekommen.«

Hanna: »K., haben Sie den Eindruck, dass es hier um Schuld geht? Brauchen Sie Vertrauen, dass wir nicht in Urteilen sprechen?«

Vater: »Na ja … Ich … Ich will nicht, dass ein falscher Eindruck entsteht. Ich gebe mir wirklich Mühe, und es ist ja nicht so, als würde mir regelmäßig die Hand ausrutschen oder sowas!«

Hanna: »K., ich stelle mir vor, dass es für Sie manchmal schwierig ist, nicht dieselbe Strategie zu nutzen, die Ihnen widerfahren ist, stimmt das?«

Vater: »Also, manchmal denke ich schon, dass meine Kinder froh sein können. Zu meiner Zeit war das noch anders. Darum verstehe ich auch gar nicht, warum meine Frau das jetzt so aufbauscht!«

Hanna: »Kann es sein, dass Sie gern damit gesehen werden möchten, dass Sie es anders machen als Ihre Eltern? Wäre Wertschätzung dafür schön?«

Vater: »Ich … na ja, so … Es würde mir schon reichen, wenn meine Frau nicht darauf herumhackt, nur weil ich die Kinder ins Zimmer schicke!«

Hanna: »Schicken Sie die Kinder auch ins Zimmer, um sie zu schützen? Und sprechen Sie Drohungen aus, damit sich die Situation schnell auflöst und Sie nicht mehr aushalten müssen, was es mit Ihnen macht, wenn Sie so wütend sind oder die Kinder sich auf eine Art und Weise verhalten, die diese Wut in Ihnen auslöst?«

Vater: (schweigt) »Ich … Meine Güte … Ich weiß nicht. Ich habe darüber noch nie so nachgedacht …!«

Hanna: »Wie ist es für Sie, wenn Sie es jetzt tun? Wenn Sie da hinspüren? Ist es so, wie ich vermutet habe, oder vielleicht ganz anders?«

Vater: »Ja, ich glaube, das könnte so sein … Ich weiß nicht!«

Hanna: »Ist es ungewohnt für Sie, in sich hineinzuhorchen? Fällt Ihnen das schwer?«

Vater: »Es ist … es fühlt sich … Nein, ich tue das nicht gern!«

Hanna: »U., wenn Sie sehen, wie schwer es für Ihren Mann gerade ist, sich zu spüren und über diese Situationen zu sprechen, wie geht es Ihnen damit?«

Mutter: »Irgendwie tut es mir leid, ihn so zu sehen. Ich erlebe ihn sonst nicht so.«

Hanna: »Sie haben Mitgefühl, wenn Sie sehen, wie schwierig es gerade ist? Und gleichzeitig sind Sie vielleicht auch erleichtert und dankbar, diese Seite an ihm sehen zu dürfen?«

Mutter: »Ja, ich glaube, das trifft es! Ich bin wirklich erleichtert … weil … er … Ach, ich weiß nicht, wie ich das sagen kann!«

Hanna: »Berührt es Sie, weil es Ihnen Hoffnung macht, über solche Momente mit Ihrem Mann in Verbindung kommen zu können?«

Mutter: »Ja, ich glaube, das ist es. Er wirkt nicht mehr so unnahbar, jetzt gerade!«

Hanna: »K., wie ist es für Sie, die Rückmeldung Ihrer Frau zu bekommen, dass sie dankbar und erleichtert ist, weil sie sich nach Verbindung zu Ihnen sehnt?«

Vater: »Tja. Ich weiß nicht, ob ich das kann. Aber es fühlt sich erst mal in Ordnung an!«

Hanna: »Sie wissen gerade nicht, ob Sie noch mehr von sich zeigen möchten, weil es bedeuten würde, da noch genauer hinzuspüren?«

Vater: »Ja. Aber ich denke, ich werde mich damit auf irgendeine Weise auseinandersetzen!«

Hanna: »Was bräuchten Sie von Ihrer Frau, damit es Ihnen leichter fällt, darüber in Kontakt zu bleiben?«

Vater: »Also, Sie stellen Fragen … Das kann ich jetzt gar nicht so sagen!«

Hanna: »Ist es das Vertrauen, dass in diese offene Tür keine Urteile gerufen werden?«

Vater: »Ja, sie sagt oft, dass ich genauso bin wie mein Vater. Und wenn ich wütend bin, dann straft sie mich mit ihrem eisigen Schweigen. Ist das nicht genau das, was sie mir vorwirft? Mit mir tut sie ja auch nichts anderes als das, was sie an mir immer so bemängelt!«

Hanna: »Wenn ich Sie richtig verstehe, dann ist die Bemerkung, Sie wären wie ihr Vater, besonders schmerzhaft für Sie? Genau wie das Schweigen, wenn Sie wütend sind? Geht es Ihnen auch um Verbindung, wie Ihrer Frau?«

Vater: »Vielleicht wollen wir das Gleiche!«

Hanna: »Ich fasse zusammen, was wir bisher besprochen haben: Sie (K.) haben die Bereitschaft, mit Ihrer Frau darüber zu sprechen, was in diesen Momenten, wenn Sie wütend sind, in Ihnen lebendig ist. Dafür brau-

chen Sie Vertrauen, nicht verurteilt zu werden und auch Offenheit und Nähe. Sie (U.) wünschen sich diese Verbindung ebenfalls und brauchen gleichzeitig Vertrauen, dass etwas in Bewegung gerät, damit sich neue Möglichkeiten ergeben. Stimmt das so?« Beide nicken.

Im weiteren Gespräch legen wir Strategien fest, damit sich beide sicher fühlen: Das beidseitige, ausdrückliche Einverständnis, einander auf Urteile aufmerksam machen zu dürfen. (Beide möchten sich dann Zeit nehmen, diese in Bedürfnisse zu übersetzen.) Ein Stoppzeichen, welches K. gegeben werden darf, sobald seine Wut bei seiner Frau oder den Kindern Not auslöst. (K. möchte dann Freiraum, um sich zurückzuziehen, um mit sich in Kontakt zu kommen.) Beide möchten, dass ein Gespräch stattfindet, nachdem das Stoppzeichen gebraucht wurde. (K. wünscht sich ausdrücklich, dass bis dahin Zeit vergeht, bis er sich dafür bereit fühlt.) K. bietet außerdem an, auf seine Weise für das geborgene Zuhause beizutragen, in dem er die Regale anbringt. Die Kinder werden über das vereinbarte Stoppzeichen informiert.

Für mich bleibt vor allem zurück, dass die Grundlage einer tiefen Verbindung die Bereitschaft ist, sich verletzlich zu zeigen.

Dritter Teil

Bedingungslos lieben

»Nichts, was aus dir wird, kann mich enttäuschen;
ich habe keine vorgefasste Meinung, was du sein oder tun sollst.
Ich habe keinerlei Wunsch, dich vorherzusehen, nur den, dich zu entdecken.
Du kannst mich nicht enttäuschen.«
– Mary Haskell –

Bedingungslose Liebe

»Wir gießen eine Blume nicht, wenn sie blüht.
Wir gießen sie, damit sie blühen kann!«
– Naomi Aldort –

Einige Kinder können die Liebe ihrer Eltern nur dann spüren, wenn sie sich auf eine gewünschte Weise verhalten. Die meisten dieser Eltern wiederum haben als Kind selbst eine Art von Liebe erfahren, die von ihrem Verhalten abhängig war. Diese Art von Zuneigung, die sich am Grad dessen misst, ob Eltern das Verhalten ihrer Kinder gefällt oder nicht, tritt in vielen Formen auf: Sie reicht von einem Schweigen, in dem sehr laut wird, dass Verhalten missbilligt wird, bis hin zu ganz offen ausgedrückter Ablehnung.

Manche Eltern schlagen ihre Kinder sogar mit dem Gedanken, dies sei ein Akt der Liebe und ihr Kind würde früher oder später verstehen, dass diese Verletzungen nur zu seinem Besten geschehen seien. Naomi Aldort schreibt in ihrem Buch über Liebesentzug:

»Diese Art der Maßregelung ist wohl eine der grausamsten und verheerendsten, die die Erziehung zustande gebracht hat.«

Wenn ich von Liebesentzug spreche, dann denke ich nicht an eine Situation, in der eine Mutter ihr Kind wissen lässt: »Wenn du so bist, liebe ich dich nicht!« Ich habe Augenblicke im Sinn, in denen Kinder in ihr Zimmer geschickt werden, weil die Eltern mit ihrem Verhalten nicht einverstanden sind. Ich denke an einen Gute-Nacht-Kuss, der nicht gegeben wird, weil sich Eltern über das Verhalten ihres Kindes ärgern. Oder daran, dass das Kuscheln ausfällt, weil ein Kind seine Zähne nicht putzen wollte.

Kleine Menschen sind nicht in der Lage, ein unabhängiges Selbstwertgefühl zu entwickeln, wenn sie in einem Umfeld aufwachsen, das nur eine Schlussfolgerung zulässt: »Ich bin nur wertvoll, wenn ich mich so verhalte, wie andere Menschen es gern hätten!« Ich glaube, Überzeugungen, die aus Liebesentzug entstehen, verfolgen viele von uns ein Leben lang: »Ich bin nicht liebenswert«, »Ich bin wertlos«, »Ich bin nur etwas wert, wenn ich etwas leiste«, »Keiner kann mich wirklich lieben«, »Ich kann mich selbst nicht lieben«.

Die Botschaft an unsere Kinder sollte darum immer sein: »Ich liebe dich, mit allem Drum und Dran. Genau so, wie du gerade da bist. Mit deinem »Nein« und deinem Ärger, mit deinem Lachen und deinem Weinen, mit jedem Wunsch und Wollen! Du bist genau richtig so, wie du bist!«

Eine Mutter stellte in der Facebook-Gruppe »Gewaltfreie Kommunikation – Eltern sein« einmal folgende Frage: »Was ist, wenn ich das Verhalten meines Kindes total ätzend finde?«

Es ist in Ordnung, wenn uns das Verhalten unserer Kinder nicht immer zusagt. Unsere Kinder sind eigenständige Menschen, die andere Lebenserfahrungen machen, zu anderen Schlussfolgerungen über die Welt kommen und deren Verhaltensweisen sich vielleicht von dem unterscheiden, was wir selbst anstreben. Hilfreich ist, sich daran zu erinnern, dass unsere

Kinder anders sein dürfen, als wir sie gerade gern hätten. Wahre Liebe lässt anderen ihr Recht auf Anderswürdigkeit und entscheidet dennoch, weiter zu bestehen.

Wir müssen unseren Kindern keine Rückmeldung darüber geben, ob wir ihr Verhalten unsympathisch oder süß finden. Wenn uns das Verhalten unserer Kinder stark triggert, uns also heftig mit starken Gefühlen reagieren lässt, dann hat es ohnehin nichts mit unseren Kindern zu tun, sondern mit uns. Dann gehören unsere Botschaften nicht in die Ohren unserer Kinder, sondern zu uns selbst. Damit werden wir uns im vierten Teil noch sehr ausführlich auseinandersetzen.

Lasst uns unseren Kindern bedingungslos Liebe schenken, damit sie Sätze wie diese einmal als wahr spüren können:

- »Ich bin genug!«
- »Ich bin liebenswert!«
- »Ich verdiene alles, was ich brauche!«
- »Ich bin wertvoll, wie ich bin!«

***Einladung zur Selbstklärung**: Wie geht es dir, wenn du diese Sätze laut aussprichst? Hast du bedingungslose Liebe von deinen Eltern erfahren? Ist bedingungslose Liebe etwas, das du deinem Kind schenken möchtest? In welchen Situationen fällt dir das besonders schwer?*

Wenn es schwerfällt, die Liebe spürbar zu machen

Im Miteinander mit unseren Kindern entstehen immer wieder Situationen, in denen wir gereizt, genervt und angespannt sind. Augenblicke, in denen unsere authentischen Impulse nicht der Absicht entsprechen, unsere Liebe spürbar zu machen.

Lilit aus der Facebook-Gruppe »Gewaltfreie Kommunikation – Eltern sein« fragt: »Wie kann ich denn verhindern, auf stundenlanges Gequengel mit Liebesentzug zu reagieren? Irgendwann bin ich so genervt, dass es mir gar nicht mehr mit freiem Herzen möglich ist, Nähe zuzulassen und mit M. zu kuscheln.«

Unter Liebesentzug verstehe ich das absichtsvolle Vorenthalten einer liebevollen Zugewandtheit, die unsere Kinder zu einem bestimmten Verhalten bewegen soll oder um ihnen schmerzhaft deutlich zu machen, dass mit ihnen etwas nicht in Ordnung ist, wenn sie sich auf diese Weise verhalten.

Liebe, die für uns selbst gerade schwer zugänglich ist, weil wir schlicht und ergreifend mit wichtigen Bedürfnissen in einen starken Mangel geraten sind und dessen hungrige Schreie alles andere überlagern, entspricht hingegen einer ganz natürlichen Lebensrealität – auch Kinder dürfen ihre Eltern angespannt und ärgerlich erleben.

Liebe ist etwas Lebendiges. Ein Gefühl, das wir aufgrund vieler innerer Prozesse mal mehr und mal weniger spüren. Sie setzt Nähe, genährt sein und Selbstachtsamkeit voraus. Wir brauchen sie nicht ängstlich infrage zu stellen oder uns vorzuwerfen, eine schlechte Mutter zu sein, wenn wir nicht in jedem Augenblick vor Liebe übersprudeln. In solchen Augenblicken möchte ich keinem Elternteil empfehlen, sich zu beherrschen und zwanghaft Empathie aufzubringen oder durch zusammen gebissene Zähne hervorzubringen: »Ich liebe dich trotzdem!«

Es gibt keine einfache Strategie für Eltern, die gerade ein Kind begleiten, das seine Autonomie entdeckt und jeden Vorschlag ablehnt. Es gibt keinen einzelnen Ratschlag, der dazu befähigt, auf ein müdes, seit Stunden wütendes Kind liebevoll einzugehen. Doch es gibt einen Strauß von Inspirationen, die jeder von uns auf seine Weise in den Alltag integrieren kann.

- Sei achtsam, welche Geschichte du dir über dein Kind erzählst und durch welche Brille du sein Verhalten bewertest, um deinen Ärger nicht künstlich zu verstärken oder dich in eine starre Kälte zu verstricken. Nutze innere Dialoge, bearbeite deine Gedanken schriftlich oder nimm dir einen kurzen Augenblick, um von einer Freundin einfühlsam gehört zu werden, damit Urteile in Bedürfnisse übersetzt werden können.

- Mach es dir zur Gewohnheit, regelmäßig zu prüfen, wie genährt du bist und welche Bedürfnisse vielleicht existentiell im Mangel sind. Finde kreative Strategien, um deine Bedürfnisse im Alltag zu berücksichtigen. Ein guter Kontakt zu den eigenen Bedürfnissen ist eine wichtige Grundlage, um in herausfordernden Situationen nicht aus dem Gleichgewicht zu geraten. Innerhalb von Konfliktsituationen hat es sich bewährt, kurz innezuhalten und zum hungrigsten Bedürfnis drei Strategien zu finden, die jetzt, sofort beitragen – und sei es, sich einen Tee zu kochen, drei Minuten bewusst zu atmen oder sich die Schläfen zu massieren.
- Finde heraus, wie es sich für dich anfühlt, in guter Verbindung mit dir selbst zu sein, und welche Anzeichen darauf hindeuten, dass du diesen Kontakt zu dir verloren hast. Grundsätzlich ist es uns möglich, Gefühle, innere Anliegen und Sehnsüchte benennen zu können, wenn wir einen guten Kontakt zu unserem Inneren haben. Anzeichen, dass wir diesen Kontakt verlieren, können Angst, Unsicherheit und Unruhe oder auch innere Starre und Kälte sein.
- Plane ganz bewusst Ruheinseln in deinen Tag und nimm dir vor, Ruhepausen, die sich ergeben, als Geschenke für dich zu nutzen – nicht um die Wäsche zu erledigen oder das Bad zu putzen. Mach dir bereits im Vorfeld klar, wie du diese Pausen ausfüllen möchtest, und finde die Strategien, die dich am wirksamsten entspannen.
- Übe dich in Achtsamkeit. Nutze die Aufgaben des Alltags, um dich selbst ganz bewusst zu spüren, und lerne, deinen inneren stillen Ort auch unter unruhigen äußeren Bedingungen aufsuchen zu können.
- Sei liebevoll und mitfühlend mit dir selbst. Integriere Gesten, die dich an deine Liebe zu dir selbst erinnern – dies kann zum Beispiel mit der Ankerübung gelingen, die ich in der Übung zu diesem Kapitel genauer erläutere. Fällt es dir erfahrungsgemäß schwer, im Stress liebevoll und mitfühlend zu bleiben, schreibe dir selbst kleine Botschaften für den nächsten Tag, stell dir etwas Obst, Tee oder

Kekse bereit oder bitte eine Freundin, dich zweimal am Tag anzurufen und dir zu sagen, was sie an dir besonders wertschätzt.

- Wiederkehrende Konflikte bieten die Chance, herausfordernde Situationen vorzubereiten und nachzubearbeiten. Das kann zum Beispiel bedeuten, dass wir eine Ja-Umgebung schaffen, also Gefahrenquellen und kostbare Gegenstände bereits im Vorfeld in Sicherheit bringen. Oder dass wir häufig wiederkehrende Konflikte bereits schriftlich geklärt haben, Strategien und Bedürfnisse herausgearbeitet und auf Plakaten festgehalten haben, die uns in den Momenten selbst unterstützen sollen. Es kann auch bedeuten, dass wir in der Familienkonferenz gemeinsam besprechen, was uns leicht und schwergefallen ist, und wir tragen zusammen, welche Strategien es für alle Beteiligten geben kann.
- Lerne den Giraffenschrei. Gestehe dir zu, laut zum Ausdruck zu bringen, wonach du dich gerade sehnst und was in dir so hungrig ist. Er ist eine Form des authentischen Selbstausdruckes, bei dem es nicht um Forderungen geht.

***Einladung zur Selbstklärung**: Wie definierst du persönlich einen Zustand der Verbundenheit mit deinem Inneren? Wann erlebst du solche Momente und wie fühlen sie sich an? Was spürst du hingegen in deinem Körper, wenn du diesen Kontakt verlierst, und welche individuellen Hinweisgeber deuten auf diese Trennung hin?*

***Einladung zum Üben**: Wähle eine Berührung deines Körpers, mit der du deine Selbstliebe und Nähe zu dir selbst verknüpfen willst. Das kann ein Streicheln deiner Wange, das Massieren deiner rechten Schulter oder das sanfte kreisförmige Streicheln über dein Herz sein. Denk nun an eine Situation zurück, in der deine Liebe für dich selbst wirklich spürbar war und in der du mit deinen inneren Anliegen verbunden warst. Zum Beispiel, weil du stolz auf dich warst, dich zufrieden im Spiegel betrachtet hast oder eine Situation in Einklang mit deinen Werten gelöst hast. Wenn dir das schwerfällt, dann* *kannst du auch an einen Augenblick denken, in dem die Liebe eines anderen Menschen für dich deutlich und wohltuend spürbar war. Lass diesen Moment wieder lebendig werden, indem du dir vorstellst, wie sich das in deinem Körper angefühlt hat. Was hast du in diesem Moment gehört und gesehen oder vielleicht sogar gerochen? Während du diese Erinnerungen aufsteigen lässt, setzt du deine Liebesgeste fort. Wiederhole diese Übung so lange, bis eine Berührung allein ausreicht, um diese schönen, entspannten Gefühle in dir zu reaktivieren. Nutze diese Geste dann in Situationen, die dich besonders herausfordern. Bitte mach dir bewusst, dass diese Übung nicht dazu dient, Gefühle wie Ärger und Anspannung zu verhindern und wegzuschieben, sie soll lediglich als Ressource dienen, um mit dem eigenen Inneren wieder in Verbindung zu gelangen.*

»Nein« aus Liebe – die Beziehung schützen

In ihrem Buch »Mama, was schreist du so laut?« beschreibt die Ärztin und Psychotherapeutin Britta Hahn eine Situation, in der sie ihr Kind davon abhält, mit klebrigen »Marmeladenfingern« das Sofa anzufassen. Dieses »Nein« äußert sie, um ihre eigenen Ressourcen zu schützen, um sich die Kraft zu bewahren, zuverlässig liebevoll auf ihr Kind eingehen zu können, und um die Verantwortung für die Beziehung zu übernehmen.

Ich beobachte immer wieder, dass Eltern ihre wahren Gefühle über die Strategien ihrer Kinder verbergen und ihnen vorspielen, damit einverstanden zu sein – um ihrem Ideal von »guten Eltern« zu entsprechen.

So finden sich in Gruppierungen, die die Selbstbestimmung ihrer Kinder in besonderer Weise achten möchten – oder in denen Menschen die Integrität ihrer Kinder mehr schützen wollen, als es ihre eigenen Eltern tun konnten – immer wieder Fotos, auf denen bemalte Wände, ausgeschüttete Lebensmittel, zerkratzte Küchenmöbel und andere Folgen von Kreativität, Schönheit oder Lebensfreude zu sehen sind. In der Regel finden sich unter diesen Fotos Kommentare, in denen sich Eltern versichern, dass die einstmals weiße Tapete nun viel schöner ist, man lacht gemeinsam oder gratuliert sich zu der Freiheit, die man den Kindern zugesteht.

Ich möchte hier richtig verstanden werden: Wenn Eltern diesen Strategien wirklich mit so viel Leichtigkeit begegnen, darüber lachen und sich an der Kreativität ihrer Kinder freuen können, dann bewundere ich dieses Entspanntsein und schließe mich den Glückwünschen zur Gelassenheit aufrichtig an. »Eines Tages werden wir saubere Tische haben, aber das Haus wird leer sein« und »Genieße die Zeit, sie geht so schnell vorbei« sind Sprüche, die ich zutiefst bejahen kann.

Ich wünschte, mir selbst würde es öfter gelingen, das Miteinander und die Leichtigkeit in den Fokus zu stellen, anstatt sofort daran zu denken, wie viel Energie es mich kosten wird, das Chaos zu beseitigen, und den Impuls zu verspüren, meinem Frust lauthals Luft zu machen.

Wenn Eltern sich jedoch dazu zwingen, die Strategien ihrer Kinder auszuhalten und darüber zu lachen, obwohl ihnen gar nicht danach zumute ist, und die Konsequenzen ihre Kraft eigentlich übersteigen, möchte ich an das »Nein« aus Liebe erinnern. Die Verantwortung für eine Beziehung zu übernehmen, bedeutet auch, dass ich achtsam mit meiner Kraft bin, damit ich sie in ausgeglichener Weise zur Verfügung stellen kann.

Und, dass ich die Liebe zu meinem Kind schütze, damit ich sie verlässlich spürbar machen kann. Als Elternteil haben wir die Fähigkeit, vorausschauend zu denken, und können berücksichtigen, dass wir unsere Energie auch noch in einer Stunde, morgen oder nächste Woche brauchen werden. Mein Kind ist auf unsere stabile Beziehung angewiesen. Meinem Kind und unserer Liebe ist nicht gedient, wenn ich die bemalten Wände mühsam belächle, zunehmend frustriert hinter den matschigen Füßen her wische und schließlich vor Wut explodiere, weil das Glas aus Versehen umgeworfen wird.

Es mag einen Moment der Freude bereiten, wenn die Eltern die Begeisterung über bemalte Wände scheinbar einen Augenblick teilen können, doch letztlich ist es wesentlich tragender, wenn Kinder unsere Liebe langfristig spüren können und sich für uns auf verlässliche Weise als wertvoll erleben dürfen.

Wenn ich nicht achtsam mit dem bin, was mich in Schwierigkeiten bringt, kann ich auf lange Sicht auch nicht achtsam mit Augenblicken sein, in denen etwas für mein Kind nicht passt.

Lukas liebt es seit jeher, sich eigene Rezepte auszudenken und sie anschließend in der Küche auszuprobieren. Weil ich wahrgenommen habe, was für eine Quelle der Freude diese Strategie für ihn darstellt, ließ ich ihn mit den Zutaten in meiner Küche hantieren. Ich wollte eine Mutter sein, die sich an seiner Freude freuen kann, anstatt zunehmend ärgerlich daneben zu stehen, an Sauberkeit zu erinnern und ihm genervt dazwischen zu wischen. Leider ist es mir nicht gelungen, und so ermahnte ich immer wieder: »Halt, pass auf«, »Nein, also erst mal die Hände waschen« und »Mensch, das soll doch in die Schüssel«.

Eines Tages stoppte Lukas mitten in seinem Tun, ließ den Schneebesen fallen und sagte: »Ich will nicht mehr, so macht das keinen Spaß!« Verständnisvoll seufzte ich: »Nein, so macht das wirklich keinen Spaß. Ich schätze, ich bin einfach keine Mama, mit der man in der Küche matschen kann. Ich habe keine Ruhe und Geduld dafür, wie schade. Weißt du, mit Oma kann man da wohl mehr Spaß haben!« Seit diesem Tag ist Oma der Ansprechpartner für Kochen und Rezepte ausprobieren.

Ja, ich habe betrauert, dass es mir nicht gelungen ist, anders zu sein. Ja, ich hatte starke Urteile über mich, und noch immer wünschte ich, dass ich gelassener wäre und die Freude mehr in den Vordergrund stellen könnte. Doch das bin (noch) nicht ich.

Kinder können lernen, dass sie ihre Bedürfnisse aus unterschiedlichen Quellen speisen dürfen und Eltern nicht mit allem einverstanden sein können – ohne sich deswegen als falsch zu erleben. Mehr noch – diese Freiheit, aus allen zur Verfügung stehenden Möglichkeiten und einem Zustand der Fülle die nährendste wählen zu können, entspricht einer kompetenten Selbstfürsorge und ermöglicht Unabhängigkeit.

Über bemalte Wände würde ich die Hände über den Kopf werfen und zum Ausdruck bringen, wie wenig mir diese Strategie gerade gefällt. Ich würde rufen »Oh nein, ich wollte die weiße Wand behalten!«, und Lukas wäre erschrocken und dürfte das auch sein. Nach dem ersten Schreck würde ich mich ihm zuwenden und sehen, dass er etwas beitragen wollte, damit wir es schön haben, oder wahrnehmen, dass er über das Malen aus dem Blick verloren hat, dass es mir ganz und gar nicht gefallen könnte. Und all das wäre in Ordnung, wie es ist.

***Einladung zur Selbstklärung**: Gab es eine Situation, in der ein »Nein« aus Liebe für dich sinnvoll gewesen wäre? Was löst die Vorstellung in dir aus, klar und deutlich »Stopp« oder »Nein« zu rufen, ohne dein Kind für die gewählte Strategie anzuklagen?*

Angst oder Liebe?

Ist dir die Wahl zwischen Angst und Liebe bewusst? Angst und Liebe schließen einander aus. Wenn wir Entscheidungen in Bezug auf unsere Kinder treffen, kann die Quelle Angst oder Liebe sein.

Will ich wirklich, dass mein Sohn jetzt trotz seines »Neins« die Zähne putzt – weil ich gedanklich angstvoll in das Morgen und Übermorgen eile? Will ich wirklich durchsetzen, dass mein Sohn bei den Mahlzeiten am Tisch sitzen bleibt – aus Angst, er könne andernfalls auch morgen aufstehen?

Angst hat immer etwas mit der Zukunft zu tun und ist nicht damit vereinbar, im Hier und Jetzt zu schauen, was wir beide brauchen. Ganz gleich, wie wenig du mit dem Verhalten deines Kindes einverstanden bist: Anstatt dich auf deine Angst zu fokussieren und deine Gedanken zu glauben, stelle eine liebevolle Verbindung her und finde heraus, welches Bedürfnis in euch lebendig ist!

Zu den eindrucksvollsten Erfahrungen als Mutter gehörte für mich die Erkenntnis, dass ich durch die Brille meiner Angst Monster sehe. Ich meine das genauso, wie ich es schreibe: Wenn ich mein Kind ansehe und meine Gedanken glaube, dass etwas mit ihm nicht stimmt, ich als Mutter versagt habe, oder mich angstvollen Zukunftsvisionen hingebe, ist das oftmals der Nährboden für Gewalt gewesen.

Ich gestehe nicht gern, was ich getan habe, wenn ich mein Kind durch diese Brille sah. Beispielweise habe ich Lukas grob am Arm gerissen, weil ich dachte: »So, und jetzt reicht es, und du lernst, dass es hier nicht immer nur um dich geht!« Oder ich habe ihm gesagt, dass sein Verhalten lächerlich sei und er eine Enttäuschung für mich sei. Das habe ich deswegen getan, weil mich sein Verhalten so verängstigt hat, dass ich es sofort unterbinden wollte. Erfahrungsgemäß versteckt sich Hilflosigkeit und Angst oft hinter einer dicken Schicht von Wut und Empörung.

Was diese Momente alle gemeinsam hatten, war, dass ich nicht mehr mein wunderbares, zärtliches Kind gesehen habe, sondern ein Monster, ein Zerrbild meiner eigenen Urteile und Ängste. Ich glaube, ich muss nicht betonen, wie sehr ich bedaure, meinem Kind auf diese Weise Schmerzen zugefügt zu haben.

***Einladung zur Selbstklärung**: Welche Entscheidung hast du zuletzt aus Angst getroffen? Kannst du dir vorstellen, dass du in deinem Inneren noch über eine weitere Quelle verfügst, die jener der Liebe entspricht? Wir werden darauf am Ende des Kapitels noch einmal zu sprechen kommen.*

Liebe zeigen und Liebe empfangen

Daran zu denken, dass wir unsere Kinder lieben,
ist keine Garantie, dass sie es auch spüren können.

Liebe wird für jedes Kind auf ganz individuelle Weise spürbar. Zum Beispiel durch:

- küssen, den Rücken streicheln, kuscheln, umarmen, kraulen,
- einen Platz neben uns haben, während wir den Aufgaben des Alltags nachgehen,

- Fragen beantworten, zuhören,
- uns für das interessieren, was unsere Kinder begeistert,
- stilles Dasein.

Herauszufinden, auf welche individuelle Weise für unsere Kinder Liebe am besten spürbar ist, ist ein großer Gewinn für die Beziehung. Es ist lohnenswert, Fragen zu stellen:

- »Was tust du am liebsten mit mir?«
- »Wann spürst du am allermeisten, dass ich dich liebe?«
- »Wobei hast du am meisten Spaß mit mir?«
- »Was wollen wir jetzt zusammen machen?«

Liebe zu zeigen ist untrennbar mit der Fähigkeit verbunden, die Liebe unserer Kinder mit offenem Herzen zu empfangen und anzunehmen. Es ist sehr bedeutsam, dass wir uns andersherum auch fragen, wie unsere Kinder ihre Liebe zeigen, damit wir sie in den entscheidenden Augenblicken willkommen heißen können.

Mein Sohn rief eine Zeit lang vielfach am Tag: »Mama, guck mal! Schau doch mal!« So gern ich anfangs noch mit ihm geteilt habe, was er mir zeigen wollte, bald war es nur noch nervig und anstrengend und ich brüllte: »Nein, jetzt mache ich meine Aufgaben zu Ende!«

Ganz plötzlich wurde mir bewusst, dass genau dies seine Weise war, der Liebe zu mir Ausdruck zu verleihen. Lukas wollte etwas mit mir teilen, was für ihn bedeutsam war, und er wollte mich wissen lassen, wie wichtig ihm meine Anteilnahme ist. Ich bin zutiefst beeindruckt, wie er am Ausdruck seiner Liebe festgehalten hat, obwohl ich ihn zunehmend gereizter beantwortet habe. Ein geduldiger Lehrer, was die bedingungslose Liebe betrifft.

Schreibe ich das, damit du zukünftig alle Aufgaben unterbrichst, um den Rufen deines Kindes augenblicklich zu folgen? Nein. Ich möchte dich auf die Kostbarkeit aufmerksam machen, damit du diese Momente würdigen kannst und die Liebe deines Kindes nicht unbewusst zurückweist. Wenn wir uns über diese Kostbarkeit klar sind, dann finden wir Möglichkeiten, die Geschenke der Liebe unserer Kinder anzunehmen.

Einladung zum Üben: *Notiere, auf welche individuelle Weise dein Kind Liebe zeigt und Liebe empfängt. Überlege dir drei Strategien, wie du im Alltag auf seine Lieblingsweise Liebe schenken kannst.*

Warme Hände

Meine Liebe fließt durch meine Hände in deinen Körper.

Während der Schwangerschaft legte ich oftmals beide Hände auf meinen Bauch und dachte voller Wärme an den Moment, in dem wir uns das erste Mal wirklich begegnen würden. Ich stellte mir vor, dass leuchtendes Gold durch die Bauchdecke in das kleine Herz meines Kindes strömt, oder erinnerte mich einfach an Augenblicke, in denen mein Herz vor Freude hüpfte, in dem Vertrauen, dass diese schönen Gefühle auch für das kleine Wunder in mir spürbar würden.

Viele Jahre später hatte sich daraus ein kleines Ritual entwickelt. Wenn es Lukas irgendwo weh tut, lege ich meine Hände auf und denke ganz fest an meine heilende Liebe zu ihm. Manchmal will ich auch wissen, ob er gerade eine »Ladung« geballte Liebe brauchen kann, und wenn er bejaht, lege ich meine Hände auf sein Herz, seine Brust oder seinen Kopf. Lukas ist sich stets sicher, dass er die Liebe kribbelnd spüren kann.

Als er neulich mit einer Erkältung neben mir im Bett saß, sich bei jedem Hustenreiz an die schmerzende Brust fasste und Uroma Erikas gemustes Gemüse löffelte, bot ich meine Hände an. Lukas entgegnete: »Mama, ich esse doch schon den zweiten Teller Liebe!« Das bringt mich auf die Idee, meine Liebe auch ganz bewusst in Pausenbrote und die Mahlzeiten zu rühren.

Ich sehe das Beste in dir

»Eine Generation von liebenden Eltern würde das Verständnis der nächsten Generation ändern, und mit ihr die Welt.«
– Dr. Charles Raison –

Es gibt nur wenig, das mich trauriger macht als die Gewissheit darüber, wie oft Kinder mit ihren guten Absichten ungesehen bleiben. Schlimmer noch, wie ihnen schlechte Absichten unterstellt werden, weil vielen Eltern weder bewusst ist, was sie damit anrichten, noch, dass der Ausdruck ihres Kindes nicht darauf abzielt, sie zu ärgern, sondern nur darauf, die eigenen Bedürfnisse zu erfüllen.

Vielleicht nimmst du dir eine Stunde Zeit, um an einem öffentlichen Platz Eltern mit ihren Kindern zu beobachten. Du wirst feststellen, dass die Realität vieler Kinder aus Regeln besteht, die ausschließlich den Eltern dienen, die empört sind und es als persönlichen Angriff betrachten, wenn diese Regeln hinterfragt werden.

Du kannst beobachten, wie gedroht und geschimpft wird, um die Autorität aufrecht zu erhalten, deren Hinterfragung als große Gefahr empfunden zu werden scheint. Sätze, wie: »Mach dich nicht schmutzig, sonst gehen wir nach Hause!«, »Wenn du noch einmal Sand wirfst, bekommst du kein Stück Kuchen!« oder »Renn nicht so schnell, sonst kannst du nicht weiterspielen!« scheinen den wenigsten Eltern so schmerzhaft aufzufallen wie mir.

Abgesehen davon, wie viel Unfrieden es in die Beziehung zu unseren Kindern bringt, wenn wir ihnen unterstellen, sie würden sich so oder so verhalten, um uns zu ärgern, gibt es aber noch einen viel schädlicheren Aspekt: Unsere Unterstellungen über unsere Kinder formen ihr Selbstbild.

Beispiel: Julian teilt seinen Eltern mit, dass er sich nicht konfirmieren lassen wird. Als Grund gibt er an, Gott habe keine Bedeutung für ihn und er wolle diese Entscheidung nicht nur treffen, um Geld zu erhalten.

»Du bist doch einfach nur zu faul, zum Unterricht zu gehen, und willst den ganzen Tag vor dem Computer abhängen. Immer gehst du den Weg des geringsten Widerstandes!«, beantwortet ihn sein Vater …

Beispiel: Mein Sohn ist drei Jahre alt, als er beginnt, alles was ihm in die Hände fällt, auseinanderzubauen. Seinen Kassettenrecorder, Taschenlampen, Lautsprecher, Spielzeug. Das meiste davon ist hinterher in seiner ursprünglichen Funktion nicht mehr nutzbar. Als mein Sohn einige Tage später von Oma wiederkommt, lässt er uns wissen: »Ich bin der Kaputtmacher!«

Bewertungen und Urteile wie »faul« und »kaputtmachen« greifen ganz direkt in das Selbstbild eines Kindes ein und richten dort Schaden an. Junge Menschen sind noch auf der Suche nach ihren Absichten und der Bedeutung ihrer selbst. Urteile und Bewertungen dringen ganz ungefiltert mitten in Herz und Seele vor.

Ich bin überzeugt, dass es einen großen Unterschied macht, ob sich ein Kind als »Kaputtmacher« oder Forscher begreift. Und, dass es erhebliche Auswirkungen hat, wenn ein jugendlicher Mensch glaubt, er sei ein »fauler Drückeberger«, anstatt sich als authentischen Menschen zu begreifen, der zu seinen Werten steht. Ich möchte dich auf die Macht aufmerksam machen, die du als wichtigste Bezugsperson deines Kindes darüber hast, wie es sich innerlich ausrichten wird und sich selbst begreifen kann.

Einem anderen Menschen die besten Absichten zu unterstellen und vorauszusetzen, dass er aus den schönstmöglichen Gründen handelt, ist für mich eine Form von Liebe. Stell dir nur vor, wie anders wir auf unsere Kinder, Partner und Kollegen zugehen, wenn wir uns angewöhnen, ihnen die besten Absichten zu unterstellen. Eine kostbare Strategie, um unser Herz zu öffnen, unseren liebevollen Anteil zu nähren und unsere Liebe fließen zu lassen. Nicht nur, um anderen Menschen ein Geschenk zu machen, sondern weil ein offenes, berührbares Herz uns so viele ängstliche, urteilende Gedanken erspart, die uns belasten und innerlich starr werden lassen.

Wie oft haben wir uns schon ärgerlich ausgemalt, was andere über uns denken, und uns vorgestellt, welche Schwierigkeiten auf uns zukommen werden, die letztlich niemals eingetroffen sind? Wie viel besser hätten wir uns gefühlt, wenn wir stattdessen einfach die bestmögliche Absicht unterstellt hätten – darauf vertrauend, dass wir mit dem umgehen können werden, was geschieht, erst dann, wenn es wirklich der Realität entspricht?

***Einladung zum Üben**: Denke an eine Situation, die dir Gelegenheit gibt, das Beste in deinem Kind zu sehen, und schreibe sie auf.*

Adieu Alltags-Nein

Für jedes Nein braucht es zehn Jas.

Eines Tages machte ich mir bewusst, wie oft ich meinem Kind automatisiert »Nein« antwortete, ohne wirklich über seine Frage nachzudenken. Ich sage »nein«, ohne das Anliegen meines Kindes wirklich verstanden zu haben oder gespürt zu haben, worum es ihm überhaupt geht.

Wenn ich mir vorstelle, von meinem Mann jeden Tag diese Vielzahl an »Neins« zu erhalten, wäre das nicht nur frustrierend und traurig: Es wäre schwer, mich wertvoll zu fühlen! Vielleicht fehlte mir bald sogar der Mut, überhaupt noch Fragen zu stellen? Möglicherweise ginge mir schnell das Vertrauen verloren, dass meine Bedürfnisse willkommen sind und meine Wünsche berücksichtigt werden?

Lasst uns alle vorschnellen Neins im Alltag ersetzen und erkennen, dass es zu neuen Lösungen führt, wenn wir erst einmal sicherstellen, das Anliegen unserer Kinder richtig verstanden zu haben.

- »Habe ich richtig verstanden, dass du ...?«
- »Geht es dir darum, dass ...?«
- »Möchtest du mich um XY bitten?«

- »Brauchst du gerade …?«
- »Wäre es schön für dich, wenn …?«

»Nein« ist schnell gesagt. Dahinter öffnet sich kein Raum, in dem unsere Kinder ausdrücken könnten, wie es ihnen mit diesem Nein geht. Ein »Nein« lädt nicht dazu ein, uns mit dem Erleben unseres Kindes zu verbinden. Es schafft auch keine Grundlage dafür, miteinander zu teilen, was uns jeweils gerade wichtig ist.

Einladung zum Üben: *Überlege dir einen Tag, an dem du besonders aufmerksam mit dem vorschnellen Nein sein willst, und verfasse einen Erinnerungszettel, der dich dabei unterstützt.*

Das Ja hinter dem Nein wahrnehmen

Wenn Kinder unsere Bitten und Strategievorschläge ablehnen, verbirgt sich hinter dem »Nein« immer ein »Ja« zu eigenen Bedürfnissen. Wenn wir dieses »Ja« wahrnehmen:

- begeben wir uns auf die Bedürfnisebene: Hier geht es nicht um gegenseitige Ablehnung, sondern um die Frage, was wir gerade brauchen,
- ermöglichen wir Selbstfürsorge: Wir unterstützen das Selbstverständnis unseres Kindes, indem wir sein Bedürfnis verbalisieren. Wir leben vor, dass es in Ordnung ist, nein zu sagen und gut für sich selbst zu sorgen (anstatt Vorwürfe zu machen oder das Nein als Ablehnung zu bewerten),
- stellen wir Verbindung her: »Zu verstehen, welches Bedürfnis du dir mit deinem Nein erfüllst, macht es mir leicht, dir nahe zu sein.«

Ein Kind, das es ablehnt, sein Zimmer aufzuräumen, tut dies, weil es ein Bedürfnis nach Selbstbestimmung oder Spiel hat. Ein Kind, das am Tisch sitzen zu bleiben ablehnt, sagt Ja zu seinem Bedürfnis nach Bewegung. Und ein Kind, das sich weigert, in den Kindergarten zu gehen, will vielleicht sein Bedürfnis nach Sicherheit und Verbindung auffüllen.

***Einladung zum Üben**: Notiere drei Situationen, in denen dein Kind »Nein« zu dir sagte, und finde das verborgene »Ja« dahinter.*

»So ist es für dich, und so ist es für mich!«

Eine Erkenntnis, die für all meine Beziehungen heilsam war, ist die Akzeptanz, dass jeder Mensch, in jedem Augenblick, seine eigene Wahrnehmung hat. Achten und respektieren zu können, dass unsere Kinder anders denken, fühlen und Strategien wählen, mit denen wir nicht immer einverstanden sind, ist die Grundlage einer gleichwürdigen Beziehung.

Was das Selbstwertgefühl stärkt, ist die Gewissheit, dass ich mit meinem anderen Erleben und Fühlen willkommen bin – ohne befürchten zu müssen, darum weniger wertvoll für mein Gegenüber zu sein.

»Ich fühlte XY und du fühltest ABC.«

»Während es mir um XY ging, ging es für dich um ABC.«

Beide Arten zu erleben sind richtig – wir denken, fühlen und sehnen Unterschiedliches und können uns dennoch nah sein.

Wenn du das nächste Mal versucht bist, dein Kind zu belehren, deine Wahrnehmung zu verteidigen oder es von dem zu überzeugen, was für dich selbst wahr ist – lass los! Und so lange du nicht neugierig darauf sein kannst, wie dein Kind die Welt sieht – bleib still!

Was diese Akzeptanz im sprachlichen Gebrauch blockiert, ist das Wort »aber«.

»Ich verstehe ja, dass du noch spielen willst, aber ich brauche Ruhe.«

»Das sagst du mir heute, aber morgen denkst du wieder nicht daran.«

»Ja, du willst dieses Spielzeug haben, aber ich hab kein Geld dafür.«

Das Wort »aber« ist wie ein Radiergummi von Akzeptanz und Annahme. Es sagt nichts anderes, als dass ich dein Erleben gehört habe und meines dennoch wichtiger nehme. Wenn wir das »Aber« durch ein »Gleichzeitig« ersetzen, etablieren wir damit die Grundlage für »beides darf sein«.

»Ich verstehe, dass du noch spielen willst. Gleichzeitig brauche ich Ruhe.«

»Ich höre dich sagen, dass du die Blumen morgen gießen willst. Gleichzeitig befürchte ich, dass du es vergessen wirst.«

»Ich höre, wie wichtig es dir wäre, dieses Spielzeug zu bekommen. Und gleichzeitig habe ich kein Ja dazu, weil ich mein Geld für anderes brauche.«

Kannst du einen Unterschied wahrnehmen?

***Einladung zum Üben**: Wenn du das »Gleichzeitig« in deinen Wortschatz integrieren möchtest, dann schreibe jetzt drei Strategien auf, die dich dabei unterstützen können. Das könnte ein Erinnerungszettel sein oder eine Bitte an die Familie, dich im Austausch daran zu erinnern.*

Sag das, was du willst!

Wie oft sagen wir unseren Kindern eigentlich, was wir nicht von ihnen wollen? Und wie oft mag das nicht nur frustrierend sein, sondern sie auch ratlos zurücklassen?

Genau zu formulieren, was wir uns von einem anderen Menschen wünschen, ist aus meiner Sicht beziehungsdienlich und wertschätzend. Einerseits bleiben wir in der Verantwortung für unsere Erwartungen. Andererseits entziehen wir die Grundlage für Missverständnisse.

»Christoph, ich will, dass die Nudeln auf dem Teller bleiben!«, statt: »Christoph, spiel nicht mit dem Essen!«

»Bitte hänge deine Jacke auf und stell die Schuhe in den Schrank!«, statt: »Lass nicht immer alles rumliegen.«

***Einladung zum Üben**: Erinnere dich an eine Situation, in der du wiederholt benennst, was du nicht willst. Wandel sie in eine Aussage um, die klarmacht, was du dir wünschst.*

Kooperation wertschätzen

Beispiel: »Mein Kind kooperiert überhaupt nicht. Immer höre ich nur »Nein«, »Mach ich nicht« und »Will ich nicht«. Er will nicht aufstehen, nicht in den Kindergarten und nicht mit nach Hause, wenn ich ihn abhole.«

Kooperation bedeutet übersetzt »Zusammenarbeit, um ein gemeinsames Ziel zu erreichen«. Genau da liegt auch die Schwierigkeit, denn in vielen Fällen haben Kinder ganz andere Ziele als ihre Eltern. Und dennoch versuchen Kinder, wann immer es ihnen möglich ist, den Erwartungen ihrer Eltern gerecht zu werden. Leider neigen wir dazu, das »Nein« unserer Kinder wie einen schwarzen Punkt auf einem weißen Blatt in den Fokus zu stellen und seine vielfache Kooperation zu übersehen.

Es ist sinnvoll, unseren Kindern »Danke« zu sagen, wenn sie tun, was wir uns von ihnen wünschen, und unsere Wertschätzung auszudrücken, wenn sie für unsere Bedürfnisse beitragen.

***Einladung zum Üben**: Finde am Abend drei Situationen, in denen dein Kind im Verlauf des Tages das getan hat, was du dir von ihm gewünscht hast.*

Das macht man nicht

»'Man-Sätze' sind Meinungen, für die niemand Verantwortung übernimmt.«
– Vivian Dittmar –

Hinter »Man-Sätzen« verbergen sich moralische Richtwerte, die für alle gelten sollen. Wenn ich sage »Man stiehlt nicht!«, »Man lügt nicht!« oder »Man spielt nicht mit dem Essen!« bin ich selbst – mit meinen Werten, Gefühlen und Bedürfnissen – überhaupt nicht spürbar. Stattdessen mute ich meinem Kind zu, es möge bitte akzeptieren, dass es einen großen Unbekannten gibt, der festlegt, was für uns alle richtig und falsch ist. Es ist vollkommen naheliegend, dass Kinder früher oder später herausfinden wollen, was es mit diesem »man« auf sich hat und was geschieht, wenn sie das tun, was »man« auf gar keinen Fall tun sollte.

Mich erinnert das an etwas, das ich mit meinem Sohn erlebt habe. Wir waren in einer Arztpraxis, und mein Sohn interessierte sich für einen riesigen Vogel aus Holz, der grinsend in einer Ecke stand. Gerade als der Arzt das Wartezimmer betrat, um uns aufzurufen, verpasste Lukas diesem Getier eine Backpfeife. »Warum haust du denn den Vogel?«, wollte der Arzt sichtlich irritiert wissen. Lukas antwortete: »Weil er nicht echt ist und das nicht spürt!«

Man-Sätze sind wie Holzvögel. Oder: Was nicht echt ist, wird herausgefordert.

Einladung zum Üben: *Notiere einen Man-Satz, den du in letzter Zeit ausgesprochen hast, und übersetze ihn in eine Ich-Botschaft. Welche Man-Sätze kennst du aus deiner Kindheit?*

Worte der Liebe

Eine Möglichkeit, unsere Liebe spürbar zu machen, besteht darin, sie in Worten auszudrücken:

- »Ich sehe dich!«
- »Was kann ich für dich beitragen?«
- »Ich werde hier bei dir sein, solange du mich brauchst!«
- »Du bist willkommen!«
- »Wenn ich dich anschaue, dann wird es ganz warm in meinem Herzen!«
- »Deine Wut darf sein!«
- »Ich werde dich festhalten, solange dir danach ist!«
- »Ich liebe dich traurig, wütend, lachend, weinend, wollend und nicht wollend!«
- »Was brauchst du?«

- »Ich will verstehen, worum es dir geht!«
- »Ich will etwas über dich erfahren!«
- »Danke, dass du mir das sagst!«
- »Wie war das gerade für dich?«
- »Was denkst du darüber?«
- »Ich will jetzt mit meiner Aufmerksamkeit ganz bei dir sein!«

Auch innere Worte im Stillen können für unsere Kinder spürbar sein, zum Beispiel, weil sie unsere Haltung und Mimik ändern: »Du darfst anders sein, als ich dich gerade gerne hätte.« (Tassilo Peters) oder »Ich vertraue darauf, dass du deine guten Gründe hast, auch wenn ich sie gerade nicht verstehe! »Bitte bedenke, dass Worte nichts als Worte bleiben, wenn die innere Haltung ihnen kein Leben verleiht.

***Einladung zur Selbstklärung**: Wie fühlen sich diese Worte für dich an, wenn du sie laut aussprichst? Entsprechen sie dem, was du für dein Kind fühlst, können sie authentischer Ausdruck für deine Liebe sein? Formuliere auch gern eigene Worte der Liebe.*

Zeit und Aufmerksamkeit

Keinen Augenblick

Wenn ich mich in meine Aufgaben verstricke,
wenn ich mit mir selbst beschäftigt bin,
in Hektik verfalle,
wenn ich Nichtigkeiten zu Wichtigkeiten mache,
dann möchte ich mich erinnern können,
dass kein Augenblick mit dir zurückkehrt.
Dass es keinen Moment, in dem du etwas mit mir teilen möchtest, zweimal gibt.
Dann möchte ich mir bewusstmachen,
wie kostbar jede Minute mit dir ist.
Wie reich ich bin, wenn du mir deine Aufmerksamkeit schenkst.

Wie glücklich ich mich schätzen kann, dass du mich zum Lachen bringen möchtest.
Wenn du eines Tages deine eigenen Wege gehst,
meine Fürsorge nicht mehr benötigst,
deinen Platz nicht neben meinem einrichtest,
mir keine wundersamen Geschichten mehr erzählst,
nicht mehr »Guck mal, guck mal« rufst,
dich selbst anderen Dingen zuwendest,
dann möchte ich sagen können:
Ich habe jede Minute mit dir genossen,
ich bin mit dir gemeinsam lebendig gewesen.

Meine Tage scheinen nur so dahinzurasen, voller Aufgaben, die ich mir selbst auferlege. Oft stelle ich abends frustriert fest, dass Zeit für wirklich Wichtiges fehlte. All unsere Liebe wird keinen Raum finden, wenn wir nicht ganz bewusst Zeit dafür frei machen! In einem Alltag voller Eile, ohne Inseln für unser Miteinander, ist es schwer, eine liebevolle Beziehung zu pflegen.

Ich habe mal jemanden sagen hören: »Mit Kindern zu leben ist wie Juwelen sammeln. Warum bleibt mein Sack bis zum Abend dennoch so oft leer?« Dies geschieht vermutlich, weil wir vergessen, die kostbaren, wunderschönen Augenblicke wertzuschätzen, zu feiern und auszukosten. Lasst uns jeden Abend die Momente feiern, in denen sich unsere Bedürfnisse erfüllt haben und in denen wir einander nah gewesen sind.

***Einladung zum Üben**: Finde Strategien, die über den Tag kleine Inseln für euer Miteinander erschaffen.*

Ungeteilte Aufmerksamkeit

»Du wirst den heutigen Tag mit deinen Kindern nie wieder erleben.
Morgen werden sie ein bisschen älter als heute sein.
Heute – und jeder Tag – ist ein Geschenk.
Atme tief ein, rieche und berühre sie,
studiere ihre kleinen Gesichter und kleinen Füße.
Lebe und fühle das Heute.
Genieße den Tag, liebe Mama, er wird schneller vorbei sein, als du denkst.«
– Müttermagazin –

Wenn ich immer wieder auf mein Handy schaue, während dem gemeinsamen Spiel zur Tür eile oder alle paar Minuten die Suppe umrühre, geht der »Nährwert« ungeteilter Aufmerksamkeit verloren. Die Füllkraft von halber Aufmerksamkeit geht gegen null. Wenn wir uns unseren Kindern nicht mit voller Aufmerksamkeit zuwenden, bleibt ihr inneres Gefäß nahezu leer. Den Rest des Tages wird mein Kind beharrlich darauf aufmerksam machen, dass dieses wichtige Bedürfnis unerfüllt ist.

Wenn wir unseren Kindern ungeteilte Aufmerksamkeit zukommen lassen, ist dies vielleicht die stärkste Form, Liebe zu geben. Lasst uns einmal am Tag ungeteilte Aufmerksamkeit zelebrieren. Momente erschaffen, in denen wir uns ganz von unseren Kindern leiten lassen und nichts anderes wichtig ist als unser gemeinsamer Augenblick.

***Einladung zum Üben**: Nimm dir vor, deinem Kind zu einem bestimmten Zeitpunkt ungeteilte Aufmerksamkeit zu schenken, und genieße die Qualität.*

Freies Spiel

»Wir sind deine Eltern, nicht deine Spielkameraden«, pflegten meine Eltern oft zu sagen. Befürchteten sie, durch das Spielen ihre elterliche Autorität einzubüßen, oder hat es sie einfach angestrengt, sich auf diese Weise mit mir auseinanderzusetzen? Bis heute kenne ich ihre Gründe nicht, aber ich habe das gemeinsame Spiel mit ihnen sehr vermisst.

Spielen ist für Kinder keine Tätigkeit, Kinder sind Spiel. Es ist ihre natürliche Art des Selbstausdruckes und eine existentielle Strategie, um sich zu entwickeln und die Welt zu begreifen. Wenn wir Zugang zu ihrem Erleben herstellen möchten und mit ihnen in Kontakt sein wollen, so ist das gemeinsame Spiel die effektivste Möglichkeit dafür.

Wenn ich vom freien Spiel schreibe, so meine ich damit kein Basteln nach Anleitung, kein Vorlesen oder andere Aktivitäten, die einem Plan folgen – auch wenn diese Tätigkeiten natürlich ihre eigene Schönheit haben. Es geht mir um jene Art von Miteinanderspielen, in der ich mich ganz und gar auf mein Kind einlasse und seinen Impulsen folge, ganz ohne Ergebnisorientierung.

Ich weiß mit Sicherheit, dass dies die kostbarsten Momente überhaupt für meinen Sohn sind. In solchen Augenblicken:

- sind wir einander nah, weil wir die kindliche, unbeschwerte Freude teilen, für die der Alltag sonst wenig Platz lässt,
- kehren sich die Rollen um: Mein allseits geleitetes und geführtes Kind übernimmt die Figur des Impulsgebers.

Einladung zum Üben: *Nutze die nächste Gelegenheit für ein freies Spiel und lass dich ganz von deinem Kind leiten.*

Sich mit eigenen Erfahrungen zeigen

In manchen Momenten ist es für Kinder bedeutsam und stärkend, zu erfahren, dass ihre Eltern Gefühle wie Hilflosigkeit, Scham, Unsicherheit und Schmerz auch kennen. Dann können wir ihnen von Situationen berichten, in denen wir ganz ähnlich empfunden haben, und damit zum Ausdruck bringen:

- Das, was du gerade fühlst und sehnst, ist in Ordnung und darf sein.
- Wir sind uns nah, weil ich verstehe, wie sich das für dich anfühlt.
- Mit deiner Verletzbarkeit bist du nicht allein – auch wir erleben sie.
- Ich schenke dir etwas von mir, indem ich mit dir teile, was mich in deinem Alter bewegt hat.

Das gilt selbstverständlich auch für Situationen, in denen wir uns freudig, aufgeregt und erfüllt fühlten. Wir haben schon oft Ausflüge zu meinem Elternhaus gemacht, die Plätze besucht, an denen ich als Kind gespielt habe, und abends über die Geschichten gesprochen, die noch immer in mir lebendig sind.

***Einladung zur Selbstklärung**: Welche Orte willst du gemeinsam mit deinem Kind aufsuchen, welche Geschichten könntest du ihm aus deiner Kindheit erzählen?*

Liebe, die stark macht

»Gib anderen niemals die Macht, dich zur Rebellion oder Unterwerfung zu verleiten.«
– Marshall Rosenberg –

Unsere Kinder werden oft in Situationen geraten, in denen ihnen weder Respekt noch Akzeptanz noch bedingungslose Liebe entgegengebracht wird. Stattdessen werden sie Menschen begegnen, die überzeugt sind, man müsse sich Liebe verdienen, und wer sich nicht auf gewünschte Weise verhält, verdiene Schuld und Strafe. Unsere Aufgabe ist es, Kindern zu zeigen, wie sie menschlich bleiben und ihre Leuchtkraft erhalten können, auch wenn sie Zwang ausgesetzt sind.

Ich möchte dir die Geschichte meines Sohnes erzählen, mit dem wir eine Psychologin besuchten, um eine Lösung für seine verfahrene Schulsituation zu finden.

Sie bat Lukas, zu beschreiben, warum er die Schule nicht besuchen wollte. Das ist die Antwort, die er ihr gab: »Hier in meiner Brust habe ich einen Diamanten. Das ist meine innere Leuchtkraft. Sie strahlt ganz hell, wenn ich mich frei fühlen und tun kann, was mir Freude bereitet. Wenn mich andere zwingen, etwas zu tun, und mich bestrafen, dann geht mein Leuchten verloren. Darum kann ich gerade nicht in die Schule gehen!«

Aufgrund dieser bewegenden Erfahrung entstand auch folgender Text:

Geliebtes Kind,

du wirst Menschen begegnen, die ihr eigenes Richtig und Falsch zu deinem machen wollen – bitte vertraue dir selbst und fühle dich stets frei, herauszufinden, was sich für dich stimmig anfühlt.

Du wirst auf Menschen treffen, die dich verurteilen und bewerten – bitte vertraue dir selbst. Schau auf dich und die Welt durch dein Herz, mit dem du Verletzbarkeit entdecken wirst, keine Feinde.

Du wirst auf Menschen treffen, die entscheiden wollen, was du verdienst oder nicht bekommen solltest – bitte vertrau dir selbst! Denk daran, dass du wertvoll bist, genau so, wie du bist, und alles bekommen darfst, was du brauchst.

Deine Wege werden sich mit Menschen kreuzen, die sicher sind, dass andere Menschen Leiden verdienen – bitte vertrau dir selbst! Rufe dir in Erinnerung, dass sie keinen besseren Weg kennen, ihren eigenen Schmerz auszudrücken, und dass er nichts mit dir zu tun hat.

Du wirst Menschen treffen, die von dir Gehorsam verlangen – bitte vertrau dir selbst! Du hast das Recht, über dich und deinen Körper zu entscheiden, und darfst nein sagen, immer.

Wenn dir Menschen begegnen, die dich schuldig sprechen – bitte vertrau dir selbst. Gib ihnen keine Macht über dich, nimm diese Last nicht auf deine Schultern, sondern fühle dich frei, abzuwägen, was du bedauerst und für richtig befindest.

Wenn du auf Menschen triffst, die sicher sind, dass Liebe an Bedingungen geknüpft ist – bitte vertrau dir selbst. Erinnere dich an meine Liebe für dich, die nichts in der Welt je kleiner machen könnte, und mache sie zu deiner.

Deine Mama

***Einladung zur Selbstklärung**: Sprich laut: »Ich vertraue mir selbst« aus. Wie fühlt sich das für dich an? Wie empfindest du bei der Vorstellung, diesen Satz deinem Kind mit auf den Weg zu geben?*

Die »Bestrafungen« meines Kindes liebevoll annehmen

Als Mama, die mühevoll eine liebevolle, wertschätzende Begleitung ihrer Kinder anstrebt, frage ich mich hin und wieder ärgerlich, warum mein Kind all jene Verhaltensweisen zeigt, die ich mir selbst so ringend verkneife. Liebesentzug, Erpressung, Bewertungen und Strafen scheinen auch dann zum festen Verhaltensrepertoire von Kindern zu gehören, wenn wir uns selbst mit aller Kraft bemühen, auf Selbiges zu verzichten.

Wie können wir damit umgehen, wenn wir aus dem Zimmer geschickt und als Scheiß-Mama beschimpft werden oder uns gedroht wird? Die einzige Antwort kann nur sein: Wir lieben unser Kind trotzdem! Lasst uns die Chance ergreifen, bedingungslose Liebe zu zeigen, und vorzuleben, was uns wichtig ist – gerade dann, wenn unsere Kinder anders sind, als wir es gerne hätten!

»Ich ärgere mich, wenn du XY tust, weil mir ABC wichtig ist. Doch ganz gleich was du tust, ich werde dich immer, immer lieben!«

***Einladung zur Selbstklärung**: Gibt es Situationen, in denen dein Kind dich beschimpft oder erpresst? Wie fühlt sich der Gedanke an, diese Situationen als Chance zu nutzen, um ganz gezielt Liebe zu streuen und das vorzuleben, was dir wichtig ist?*

Vor doppeltem Schmerz schützen

Ich habe eine Beobachtung gemacht, die ich »doppelten Schmerz« nennen möchte.

Beispiel: Karl (3 ½ Jahre) möchte im Kindergarten mit Benni und Tobi spielen. Die beiden reiben Kastanien in eine kleine Schale. Karl setzt sich dazu, und Tobi lässt ihn wissen: »Geh weg, das ist unser Spiel!« (Schmerz) Einen Moment steht Karl unschlüssig herum, dann geht er zum Sandkasten, in dem schon einige andere Kinder sitzen und im Sand buddeln. Beinahe zeitgleich mit Simon greift Karl nach der Schaufel. Bevor Simons Hände die Schaufel greifen können, stößt er ihn zurück, sodass er in den Sand plumpst. Simon beginnt darauf lauthals zu weinen. Eine Erzieherin hat die Situation beobachtet und sagt zu Karl: »Du darfst Simon nicht einfach die Schaufel wegnehmen! Du kannst dich mit ihm einigen, ohne zu schubsen!«

Beispiel: Rasmus hat sich von Hendrik einen Comic ausgeliehen. Er hat ihn in seinen Rucksack gesteckt und freut sich schon den ganzen Tag, ihn anzusehen. Doch zunächst lässt ihn sein Papa wissen: »Jetzt essen wir zu Mittag!« Rasmus würde lieber lesen, doch die Mahlzeiten finden immer dann statt, wenn Mama fertig gekocht hat. Danach haben seine Eltern sich mit Oma Anne verabredet, und da Rasmus nicht alleine zu Hause bleiben soll, kommt er mit. Nach dem Besuch bei Oma sagt Mama: »Jetzt ist es Zeit für deine Hausaufgaben!« Rasmus erledigt seine Hausaufgaben und isst danach mit der Familie zu Abend. Als er im Bett liegt, fällt ihm endlich der Comic wieder ein. Doch Papa sagt: »Es ist schon beinahe neun. Jetzt wird nichts mehr gelesen!« (Schmerz) Rasmus beginnt zu weinen und sagt: »Nie kann ich machen, was ich will! Ihr seid Arschlöcher!« Daraufhin schaltet Papa das Licht aus und schließt verärgert die Zimmertür!

Doppelter Schmerz entsteht oft dann, wenn wir uns keine Zeit nehmen, das Erleben unserer Kinder mit ihnen zu teilen oder ihre Bedürfnisse zu berücksichtigen. Häufig steht er auch mit einer verlorenen Balance zwischen Kooperation und Selbstfürsorge in Zusammenhang. Es geht nicht darum, Schmerz zu vermeiden. Er gehört zum Leben dazu, wie auch Freude und Fülle.

Ich schreibe über das Phänomen des doppelten Schmerzes, weil ich den Eindruck habe, dass er in der Lebensrealität vieler Kinder fest verankert ist. Ich möchte dich für diesen Schmerz wach machen und dazu einladen, die Welt hin und wieder durch die Augen deines Kindes anzuschauen.

***Einladung zur Selbstklärung**: Wenn du an deine eigene Kindheit denkst, kannst du dich an eine Situation des doppelten Schmerzes erinnern?*

Innerer Schutz – Wenn unser Kind Schmerz durch andere erfährt

Selbst dann, wenn du dich nach außen ganz verletzbar fühlst,
kannst du in deinem Inneren geschützt sein!

Ich werde niemals vergessen, wie hilflos und verzweifelt ich mich fühlte, als eine Lehrerin meines Sohnes mich wissen ließ: »Sie müssen Ihren

Sohn schützen. Wissen Sie eigentlich, dass ihn ältere Schüler drangsaliert haben?« Es stellte sich heraus, dass Lukas von älteren Schülern getreten und gedemütigt wurde. Dass es lange zu seiner Lebensrealität gehört hatte, von anderen Kindern verletzt worden zu sein. Und er damit allein war.

Es gibt wenig, das sich für mich so schmerzhaft anfühlt wie Ablehnung und Wut, die gegen meinen Sohn gerichtet wird. Wenn ich heute daran zurückdenke, dann hätte ich meinem Kind einen inneren Schutz gewünscht. Eine strahlende, warme Mauer, durch die Worte und Schmerz nicht in der Intensität dringen können, die ernsthafte Verletzungen nach sich zieht.

Heute sprechen wir darüber:

- Du darfst gut für dich sorgen und Hilfe holen.
- Niemand muss mit Gewalt alleine fertig werden – du verdienst es, geschützt zu sein.
- Du darfst laut »Stopp« und »Nein« sagen oder gehen.
- Worte sind nur Worte, dahinter stehen immer Gefühle und unerfüllte Bedürfnisse.
- Du musst nichts von dem annehmen, was dich verletzt, und keinen ihrer Gedanken glauben.
- Das hat nichts mit dir zu tun.
- Du darfst still werden und daran denken, dass du genau richtig bist, wie du bist.
- Menschen, die selbst Schmerz erlebt haben, geben ihn manchmal weiter, wie eine Tasche voller Steine, die zu schwer geworden ist – um selbst ein wenig Erleichterung zu spüren.
- Schmerzhafte Erfahrungen machen Wut. Und Wut bahnt sich ihren Weg. Manche Menschen wissen nicht, wie sie diese so zeigen können, dass niemand verletzt wird.
- Schönheit ist Unterschiedlichkeit und Anderswürdigkeit. Manche Menschen wissen das nicht und denken, wir müssten alle gleich sein.
- Deine Körpergrenze ist deine und du darfst sie schützen.
- Nein bedeutet Nein, und das darfst du sagen!

***Einladung zur Selbstklärung**: Hast du als Kind Situationen erlebt, in denen das Verhalten anderer Kinder für dich schmerzhaft war? Was hast du in diesen Momenten gebraucht? Wie viel von dem Schmerz ist noch in dir lebendig und was war hilfreich, damit er heilen konnte?*

Dich durch mein Herz ansehen

»Abends an deinem Bett zerrinnt
Das Wichtige zur Nichtigkeit,
Ratlos und voller Dankbarkeit
Steh' ich vor dir, und ich empfind'
So etwas wie Demut, mein Kind.«
– Reinhard Mey –

An Tagen, an denen ich genervt bin, viele Aufgaben auf mich warten und ich mich gestresst fühle, möchte ich innehalten und entschleunigen, um der Liebe zu meinem Kind ihren ehrbaren Platz einzuräumen und meine Liebe für uns beide wieder spürbar zu machen. Wenn ich mir nun vorstelle, meine Umgebung durch mein Herz anzusehen, ändert das erstaunlicherweise oft grundlegend die Art, wie ich meinen Sohn wahrnehme.

Übrigens: Viele Kinder wissen ganz intuitiv, was mit dieser Übung gemeint ist, und formen mit den Fingern ein Herz oder fassen sich an die Brust, während sie ihre Umwelt auf liebevolle Weise beschreiben und sie zärtlich beantworten.

Die Sicht durch unser Herz aktiviert die Kraft der Liebe. Sie macht uns weicher und hilft uns, die Schönheit in uns und in anderen leichter sehen zu können.

Eine weitere Strategie ist die Herzmeditation:

- Lege deine rechte Hand auf dein Herz und spüre, wie Wärme entsteht.

- Schließe die Augen und stelle dir vor, wie du in dein Herz hinein atmest.
- Stell dir vor, wie dein Herz mit jedem Einatmen mehr und mehr zu leuchten beginnt.
- Spüre dem Herzschlag nach, bis du wahrnimmst, wie sich Ruhe einstellt.
- Stell dir vor, dass du ein Fenster in deinem Herzen öffnest, und blicke hindurch.

***Einladung zum Üben**: Schaue eine vergangene Konfliktsituation durch dein Herz an. Notiere, ob dadurch eine Veränderung entsteht.*

Was würde die Liebe tun?

»Wenn es mir nicht so ganz gelang
Für dich zu sein, wie ich gern wär',
Dann hab' Geduld mit mir, weißt du,
Ich lerne noch so viel dazu,
Morgen weiß ich vielleicht schon mehr.«
– Reinhard Mey –

Wenn wir ratlos sind, wie wir auf unsere Kinder antworten können, was wir aussprechen oder lieber bei uns lassen und welches Verhalten wir wählen möchten, kann folgende Frage ein Herzöffner sein: »Was würde die Liebe tun?«

Diese Frage können wir uns nicht nur in Bezug auf unsere Kinder stellen, sondern auch für uns selbst:

»Ist mein Handeln mit der Liebe zu mir selbst vereinbar?«

»Sind meine Gedanken über mich liebevoll?«

»Ist die Art und Weise, wie ich über mich selbst spreche, liebevoll?«

»Sind all die »Neins« oder »Jas« zu anderen mit der Liebe zu mir selbst vereinbar?«

(»Ja, ich bring dir was vom Einkaufen mit, kein Problem!«, »Nein, mir geht's gut, mach dir keine Sorgen!«)

***Einladung zum Üben**: Notiere drei Situationen, in denen du mit deinem Kind in Not geraten bist. Finde mit Hilfe der obigen Fragen eine Antwort der Liebe. Gibt es eine Veränderung, wäre die Situation anders verlaufen?*

Vierter Teil

Das innere Kind der Eltern

Wir treten unseren Kindern nicht nur in der Rolle als Mutter und Vater gegenüber, sondern werden dabei auch auf Schritt und Tritt von unserem eigenen inneren Kind begleitet. Eine Begegnung mit unseren Kindern bedeutet darum auch immer eine Begegnung mit diesem meist ungeliebten, wenig beachteten Anteil unseres Selbst.

Was in uns lebendig wird, während wir unseren Kindern begegnen, hängt davon ab, welche Erfahrungen unser Schattenkind gesammelt hat.

Welche Verletzungen erfuhr es, während es noch seiner Lebensrealität entsprach, von der Zugewandtheit der Eltern abhängig zu sein?

Welchen Selbstausdruck musste es ablegen, um ihnen willkommen zu sein?

Welche Glaubenssätze wurden unbewusst angenommen?

Welche Erklärungsmodelle wurden unbewusst entwickelt, um Ohnmacht abzuwenden und die Welt zu begreifen?

Welche Bedürfnisse sind in diesem kindlichen Erleben bis heute schmerzhaft unerfüllt?

Welche Beziehungserfahrungen waren prägend?

Wurde die Integrität gewahrt, hatte das Streben nach Selbstbestimmung und Unabhängigkeit seinen Raum?

Wenn das Verhalten unseres Kindes überwältigende Gefühle von Wut, Angst oder Schmerz in uns auslöst, so entsprechen diese Gefühle oftmals dem einstigen Erleben unseres Schattenkindes. Erst dann, wenn wir uns diesem alten Erleben bewusst werden und lernen, ihm mitfühlend zu begegnen – so, wie es unseren eigenen Eltern vielleicht nicht möglich gewesen ist –, verliert es seine überwältigende Qualität und wir können mit unseren Kindern eine achtsame Beziehung gestalten. Denn es ist nahezu unmöglich, die Integrität unserer Kinder zu wahren, wenn wir diesem Bedürfnis unbewusst selbst aus der Perspektive eines Kindes begegnen, dessen eigene Integrität einstmals wieder und wieder verletzt wurde.

In den folgenden beiden Buchteilen, möchte ich dich dazu einladen, mit deinem Schattenkind Verbindung aufzunehmen und eine liebevolle Beziehung zu ihm zu entwickeln. Mag es dazu beitragen, dass alte Verletzungen Heilung erfahren dürfen und unsere Kinder vor Übertragungen, zugeschobener Verantwortung, unüberprüften Glaubenssätzen, gewaltvollen Impulsen und Entscheidungen aus Angst bestmöglich geschützt werden.

Mein inneres Kind

»Der Sturm wird stärker!«, »Macht nichts – ich auch!«
– Pippi Langstrumpf –

Viele Erziehungsratgeber stellen das Verständnis über kindliche Bedürfnisse und die liebevolle Beziehungsgestaltung zwischen Eltern und Kindern in den Fokus. Was mir dabei fehlt ist der Hinweis, dass die Voraussetzung dafür die stabile Verbindung der Eltern zu ihren eigenen Gefühlen und Bedürfnissen ist.

Ich sehne mich nach Inspirationen, die Eltern dazu befähigen, insbesondere zu sich selbst eine mitfühlende, achtsame und selbstfürsorgliche Beziehung zu entwickeln. Denn um mit unseren Kindern eine authentische Verbindung leben zu können, müssen wir uns selbst kennen – weil Beziehung zu unseren Kindern auch immer Beziehung zu uns selbst bedeutet.

Wir sind im guten Kontakt mit unserem Inneren, wenn wir unsere Gefühle unterscheiden und das, was wir brauchen, wahrnehmen können. Wenn unsere Herzen nicht nur für unsere Kinder weit geöffnet sind, sondern auch die Liebe zu uns selbst fließen darf und wir uns das, wonach wir uns sehnen, auch zugestehen. Doch uns selbst nah zu sein bedeutet auch, unser inneres Schattenkind mitfühlend zu berücksichtigen und ihm liebevoll zu begegnen, wenn es sich mit seinem kindlichen Erleben zeigt und sich damit in unser Hier und Jetzt mischt.

Das innere Kind entspricht dem Sinnbild, aller kindlichen Erfahrungen, die wir in uns tragen. Die Erfahrungen haben im Vergleich zu heute eine vollkommen andere Qualität, weil sie aus einer Zeit stammen, in der wir auf unsere Bezugspersonen angewiesen waren und über wenig Ressourcen verfügten, mit Verletzungen umzugehen – ohnmächtig und hilflos zu sein, sind Aspekte jeder kindlichen Lebensrealität.

Unser Schattenkind kann sich ganz plötzlich zeigen, wenn wir bewusst oder unbewusst an Situationen erinnert werden, die mit unserem damaligen kindlichen Erleben in Zusammenhang gebracht werden. Im Kapitel »Impulse und automatische Reaktionen« wirst du erfahren, dass die Assoziationen nicht nach logischen Aspekten erfolgen und wie umfassend das gelieferte Verhaltensmuster – bis hin zum damals vorherrschenden Atemmuster und der entsprechenden Körperhaltung – ist, in welches wir oftmals ganz intuitiv hineinschlüpfen. In solchen Augenblicken sind wir wieder ganz Kind, ohne direkt auf unsere Erwachsenenressourcen zugreifen zu können.

Beispiel: Markus hat bereits mehrfach versucht, seinem zweijährigen Sohn Milo die Schuhe anzuziehen, doch der strampelt, vor Vergnügen laut lachend, immer wieder so wild mit den Füßen, dass der Versuch seines Vaters erfolglos bleibt. Markus fühlt, wie die Anspannung in seiner Brust empor kriecht und sich brennender Ärger in seinem Bauchraum ausbreitet. Als Milo ein weiteres Mal wild zu strampeln beginnt, greift Markus wütend die Waden seines Kindes, packt fest zu und schüttelt beide Beine so kräftig, dass sie schmerzhaft gegen die Bank schlagen, auf der Milo sitzt. Erschrocken lässt Markus sie los, ehe Milo laut und verzweifelt zu weinen beginnt.

Während die Situation für Milo reines Spiel gewesen ist, wurde in seinem Vater intuitiv ein Anteil berührt, der sehr wahrscheinlich einmal auf ähnliche Weise körperliche Übergriffe erfuhr. Im Grunde stehen sich, in Augenblicken wie diesen, zwei Kinder gegenüber – auch Markus wurde von seinem Impuls überwältigt, ohne ein Verhalten wählen zu können, in dem seine heutigen Werte Berücksichtigung finden. Sein Impuls entspricht der Wut und Ohnmacht eines Kindes, dessen Grenzen verletzt wurden oder dass sich von seinen Eltern schmerzhaft abgelehnt fühlte.

Es ist durchaus möglich, dass Markus sich ganz bewusst an ähnliche Situationen aus seiner eigenen Kindheit erinnert und sich fest vorgenommen hatte, als Vater niemals gewaltvolle Strategien anzuwenden – denn er hat ja selbst erfahren, wie schmerzhaft sie sind. Und dennoch ist er in manchen Momenten nicht Markus, der Vater, sondern ganz und gar von seinem alten Erleben eingenommen – identifiziert mit einem inneren Anteil, der bestrebt ist, die eigene Ohnmacht abzuwenden.

Viele Menschen bleiben ein ganzes Leben lang verstrickt mit ihrem alten Erleben, weil sie keine Bewusstheit über dieses innere Programm entwickeln. Wieder und wieder spielen sie die immer gleichen Handlungen durch, ohne dabei die Wahlfreiheit zu empfinden, anders reagieren zu können. Danach fühlen sie sich schuldig, klagen sich selbst an und nehmen sich einmal mehr vor, sich in der nächsten herausfordernden Situation noch mehr zusammenzureißen, nur um sich dann wieder fest zugreifend, laut brüllend oder schlagend zu erleben. Selbstanklagen und Verurteilungen werden immer aus derselben Quelle gespeist, aus der bereits die kindlichen Verletzungen hervorgingen – der Überzeugung, dass falsches Verhalten Leid zur Folge haben sollte. Mit dem Unterschied, dass es nun nicht mehr die Eltern sind, die das einstmalige Kind bewerten und ablehnen – nun ist es die innere Stimme der mittlerweile erwachsenen Kinder, die jenes Verhalten verurteilt, welches nicht dem einer »guten« Mutter oder dem eines »guten« Vaters entspricht.

Und noch immer bleiben die Verletzungen des inneren Kindes ungesehen und erfahren weder Zuwendung noch Mitgefühl. Mit jeder Anklage und Selbstverurteilung wächst die Schmerzverknüpfung zwischen Reiz und vorbestimmter Reaktion, womit auch die Impulse an Intensität zunehmen und der Kreislauf zwischen Handlung, Schuldgefühlen und erneuter Handlung aufrecht erhalten wird.

Es ist möglich, gewaltvolle Handlungsprogramme zu durchbrechen, wenn wir lernen, mit uns selbst (und unserem inneren Kind) eine achtsame Verbindung herzustellen. Wenn wir mit unseren Bedürfnissen behutsam sind und uns zugestehen, sie bestmöglich zu erfüllen. Wenn wir Wege finden, unsere eigene Integrität zu achten und uns selbst die Zuwendung zukommen lassen, die unser Schattenkind zuvor womöglich niemals erfahren hat.

Einladung zur Selbstklärung: *Nimm dir bitte ein Kinderfoto von dir zur Hand. Damit du mit deinem Schattenkind Verbindung aufnehmen kannst, möchte ich dich einladen, die Resonanz in dir auf folgende Aussagen mitfühlend wahrzunehmen:*

- *Ich bin willkommen auf dieser Welt.*
- *Ich bin liebenswert.*
- *Ich verdiene es, geliebt zu werden.*
- *Ich liebe und achte mich selbst.*
- *Ich darf gut für mich sorgen.*
- *Ich bin es wert, alles zu bekommen, was ich brauche.*
- *Ich darf mich mit allem zeigen, was in mir lebt.*
- *Ich bin genug.*
- *Ich bin wertvoll.*
- *Ich darf dem Leben vertrauen.*
- *Das Leben wird gut für mich sorgen.*
- *Wenn ich nein fühle, darf ich nein sagen.*
- *Ich vertraue mir selbst.*
- *Ich kann anderen mit einem offenen Herzen begegnen, ohne mich fürchten zu müssen.*

Eine Reise zum inneren Kind

Wenn wir unsere kindlichen Erfahrungen als Anteile in uns selbst begreifen, können wir ihnen leichter mitfühlend begegnen und ihnen geben, wonach sie sich sehnen. Die Empfehlung »Liebe dich selbst« hat in mir stets Ratlosigkeit und Unbehagen ausgelöst. Wie soll das gehen? Wie soll ich mir selbst glauben, wenn ich bei dem Gedanken an meine Selbstliebe nichts als Widerstand und Unglaube spüre?

Die Übung »Der innere Kindergarten« aus dem Buch »Befreie dein inneres Kind« von Mike Hellwig hingegen hat mir ermöglicht, meine Liebe zu mir selbst spürbar zu machen und meinem Schattenkind zu begegnen:

- Such dir einen Rückzugsort, an dem du ungestört sein kannst.
- Schließ deine Augen und nimm einige tiefe Atemzüge, um bei dir selbst anzukommen.
- Stell dir einen Ort vor, der in deiner Kindheit bedeutsam war, denke an deinen heutigen Lieblingsplatz oder lass eine Fantasieumgebung vor deinem inneren Auge entstehen.
- Tritt in diesen Raum in der Erwartung ein, deinem inneren Kind zu begegnen, und schau dich um, was sich zeigt.
- Wenn du ein bestimmtes Anliegen klären möchtest, etwa, weil dich gerade eine Situation besonders herausgefordert hat, dann kannst du jedem lebendigen Gefühl in dir die Gestalt deines inneren Kindes geben. Dann mag es das wütende kleine Mädchen ebenso geben, wie das hilflose oder traurige, und jedes hat seine eigene Stimme.
- Wende dich dem inneren Kind zu, dessen Not dir intuitiv am größten erscheint. Spüre, was dieses kleine Mädchen oder dieser kleine Junge gerade am meisten braucht.
- Versorge deine inneren Kinder aus deiner heutigen Rolle heraus, also als Erwachsener, der nun viel mehr Ressourcen hat als damals.
- Wenn du diese Reise zu dir selbst beenden möchtest, kannst du deine inneren Kinder wissen lassen, dass du wiederkommen und zukünftig gut für sie sorgen wirst.

Damit du eine Vorstellung davon bekommst, wie eine solche Reise zum kindlichen Inneren aussehen kann, teile ich gerne eine eigene Erfahrung mit dir:

Ich finde mich in einem Waldstück wieder, in dem ich als Kind oft gespielt habe. Ich sehe mich um und entdecke mich selbst – dem Kleinkind bereits entwachsen, vielleicht vier Jahre alt. Während ich auf mich zu gehe, weiß ich, dass ich meiner Wut begegnen werde. Die kleine Hanna schlägt mit den Fäusten gegen einen Baum. Ich kann deutlich spüren, wie viel Verzweiflung sich dahinter verbirgt. Ich sehe nicht, wie das Mädchen ihre Lippen bewegt, aber ich höre sie voller Überzeugung sagen: »Ich bin schlecht. Ich darf so nicht sein. Ich muss anders werden!« … Da spüre ich Mitgefühl. Ich würde sie gerne umarmen und weiß gleichzeitig, dass sie das nicht zulassen würde. Also lasse ich sie wissen »Du darfst genauso da sein, wie du gerade bist. Für mich bist du wertvoll. Es ist gut, dass du dich zeigst«. Dann sitze ich eine Weile einfach still in ihrer Nähe und öffne ihrer Wut mein Herz.

Hinter einem großen Stapel aus Baumstämmen ahne ich ein weiteres kleines Mädchen, und als ich nachschaue, sehe ich, dass die kleine Hanna mit den blauen Schleifenbändern im Haar sich hier versteckt hat und ganz winzig macht. Ich weiß, dass ich auf sie zugehen und sie halten darf. Also hebe ich sie behutsam in meine Arme, wiege sie dort sanft und kann spüren, wie sicher sie sich ist, dass niemand sie liebt und sie verlassen werden wird. Ich streiche über mein helles, blondes Haar und flüstere: »Ich, ich werde dich nicht verlassen, weißt du? Alle anderen Verluste können wir überleben, auch wenn es sich nicht so anfühlt. Wir beide haben uns. Du und ich. Ich liebe dich!«

Bevor ich sie aus meinen Armen freigebe, lasse ich sie wissen: »Ich komme zurück«, und allen, die da sind, rufe ich zu: »Ich werde für euch sorgen. Ich bin immer da!«

Warum kann diese Übung aus meiner Sicht viel für uns beitragen?

- In der Gestalt eines kleinen Kindes nehmen wir unsere Verletzbarkeit deutlicher wahr und es wird leichter, sich ihr liebevoll und mitfühlend zuzuwenden.

- Wir können genau den Teil in uns liebevoll ansehen, der unsere Zuwendung am meisten braucht, weil sich dieser ganz intuitiv zeigen wird.
- Im Rahmen dieser Übung wird es möglich, mit unseren heutigen Ressourcen jenen Anteil zu umsorgen, der sich einstmals nicht selbst schützen konnte.
- Wir können etwas über einen Teil unseres Selbst erfahren, zu dem wir sonst vielleicht niemals einen Zugang erhalten, weil er sich hinter Wut und Ärger verbirgt.
- Wir müssen nicht mehr ganz und gar das Gefühl sein und uns von ihm überwältigt fühlen, sondern können aus ihm heraustreten und eine zweite Perspektive einnehmen.
- Die Strategie ist gänzlich unabhängig vom »Außen« – wir müssen nicht länger darauf warten, dass ein anderer Mensch uns seine Liebe zeigt und uns ein Pflaster anbietet.
- Die Übung ist jederzeit und ohne größere Vorbereitung möglich.

Alles, was du bisher über Einfühlung und bedingungslose Liebe erfahren hast, kannst du fortan auch deinem inneren Kind zukommen lassen: »Du darfst sein. Du bist mir willkommen, genau wie du bist. Ich werde hier bei dir sein. Damals war ich hilflos, doch heute kann ich dich halten und gut für dich sorgen!«

Wenn ich das nächste Mal Wut und Ärger, Hilflosigkeit und Schmerz spüre, will ich daran denken, dass sich in diesen Augenblicken das kleine Mädchen in mir zeigt, welches liebevoll gehalten und mir willkommen sein möchte. Heute kann ich fragen: »Was brauchst du?« und mir dann selbst geben, was fehlt.

Einladung zum Üben: *Wenn du möchtest, dann kannst du die Übung nun selbst durchführen oder einen späteren Zeitpunkt festlegen, an dem du sie ausprobieren willst. Wenn sich sehr intensive Gefühle zeigen, dann zögere bitte nicht, dir Unterstützung zu suchen. Und bitte vergiss nicht: Heute hast du andere Ressourcen als damals. Die Hilflosigkeit ist im Hier und Jetzt nicht* *mehr real. Jetzt kannst du neue, lebensdienliche Erklärungsmodelle wählen und brauchst nicht mehr zu der Schlussfolgerung gelangen, dass du nicht liebenswert bist!*

Sich selbst geben, was fehlt

»Es ist niemals zu spät für eine glückliche Kindheit.«
– Erich Kästner –

Die Gehirnforschung setzt sich seit Langem mit der Frage auseinander, welche Folgen Traumen, Mangelerfahrungen und Bindungsverletzungen in der Kindheit für unser späteres Erleben haben. In bildgebenden Verfahren lassen sich jene Gehirnstrukturen darstellen, die für unser Fühlen und Denken verantwortlich sind. Menschen, die Missbrauchserfahrungen machen mussten, grundlegend unsichere Bindungen erfuhren oder eine Bezugsperson hatten, die ihre Bedürfnisse nicht wahrnehmen konnte, weisen in ihren Gehirnstrukturen sichtbare Unterschiede zu Menschen auf, die sich von Anfang an geborgen, geliebt und willkommen fühlten.

Doch diese Forschungen konnten nicht nur beweisen, dass unsichere Bindungen, Angst und empfundenes Ungeliebtsein sich auf die Entwicklung einiger Gehirnstrukturen auswirken, sondern auch, dass sie sich wieder normalisieren können. Sie können sich regenerieren – und diese Veränderung können wir selbst durch liebevolle Selbstfürsorge und Achtsamkeit herbeiführen.

Bereits nach wenigen Wochen, in denen wir mit unseren eigenen Bedürfnissen achtsam waren, haben sich so tiefgreifende Veränderungen ergeben, dass selbst die Forscher keinen Unterschied mehr zu einem Menschen ausmachen können, der von Anfang an eine sichere Bindung erfahren hat.

Einladung zur Selbstklärung: *Wonach sehnt sich dein Schattenkind, welche Veränderungen erträumt es sich?*

Der Unterschied zwischen Authentizität und Echtsein

Ich befürworte den authentischen Selbstausdruck und meine damit: Zeig dich mit deiner Verletzbarkeit und all dem, was in dir lebendig ist – auf eine Art und Weise, die niemanden für sie verantwortlich macht und schuldig spricht.

Doch es geht mir auch um einen weiteren Aspekt. Ja, ich möchte mich zeigen. Und gleichzeitig empfinde ich Stimmigkeit mit mir selbst erst dann, wenn ich meine Reaktionen bewusst auswählen kann – sodass sie auch zu meinen Werten und meiner Liebe passen. Die spontanen Impulse, die ich in herausfordernden Situationen habe, entsprechen leider oftmals überhaupt nicht meiner eigentlichen inneren Haltung.

Auf dem Onlinekongress »Beziehung statt Erziehung« sprach der Pädagoge Lienhard Valentin über Einstimmigkeit mit den eigenen Werten und stellte dazu folgendes Bild vor:

Stell dir einen großen Bus mit vielen Sitzreihen vor, in dem alle deine Anteile mitfahren. Sie begleiten dich überall hin. Da gibt es den perfektionistischen Anteil, aus dessen Sicht stets alles noch besser gemacht werden könnte. Es gibt den ängstlichen Anteil, der die Welt als gefährlichen Ort begreift. Den verletzbaren und den großzügigen, den liebevollen und den kleinlichen. Das achtjährige Kind genauso wie den jugendlichen Sechzehnjährigen – mit allen Verletzungen und Freuden, die sie jemals erfahren haben.

Jener Anteil, der gerade am Steuer sitzt, bestimmt die Richtung – also unser Verhalten. Es ist wichtig, die Bewusstheit darüber zu entwickeln, welcher Anteil uns gerade steuert. Denn nur dann können wir diese Spur verlassen, die ansonsten der Autopilot übernimmt.

Wenn ich mein Kind am Arm reiße, dann mag das eine authentische Reaktion sein – der Ausdruck lebendigen Ärgers, die Folge meiner augenblicklichen Gedanken – doch gleichzeitig steht dieses Verhalten auch im Widerspruch mit meinen Werten. Achtsamkeit und Respekt bleiben unbeachtet und damit ein wichtiger Teil meiner selbst. Was fehlt, ist die Gesamtstimmigkeit. Die Gesamtstimmigkeit ist erst dann erreicht, wenn unser Verhalten nicht nur ein Ausdruck des gegenwärtigen Erlebens ist – welches überwiegend von Gefühlen abhängt –, sondern wenn auch unsere tragenden Werte darin berücksichtigt sind und es uns überdies möglich ist, die vorherrschenden Bedürfnisse einzubeziehen.

Übrigens: Mein Sohn kennt das Bild vom Bus ebenfalls. Wenn ich automatisch handle, meine alten Programme abspiele und damit meine Präsenz verliere, bin ich für ihn auf einer Reise. Er weiß, dass das nichts mit ihm zu tun hat. Zehn Minuten später bin ich zurück und kann meiner Liebe wieder das Steuer überlassen.

Einladung zum Üben: *Zeichne die Silhouette eines Busses und zeichne hinein, welche Anteile in ihm mitfahren. Welcher dieser Anteile sitzt typischerweise am Steuer? Aus welchen Erfahrungen mögen diese Anteile entstanden sein und welche Stimmen hätten sie, wenn sie zu Wort kämen?*

Eltern-Trigger, schmerzhaft berührt werden

»Nicht das Kind ist schwierig, sondern es weckt in uns Emotionen, mit denen wir noch nicht gelernt haben, umzugehen.«
– Lienhard Valentin –

Die Gewaltfreie Kommunikation lehrt uns, dass Wut und Ärger immer auf ein hungriges Bedürfnis hinweisen. Entweder ist es uns möglich, die Verbindung zu diesen Bedürfnissen ganz unmittelbar aufzunehmen, oder wir finden sie hinter Urteilen verborgen.

Es gibt noch eine weitere Art von Wut, und auch diese hat etwas mit unerfüllten Bedürfnissen zu tun – sie liegen nur viel weiter in der Vergangenheit und beziehen sich auf das Erleben unseres inneren Kindes.

Kennst du das auch, dass das Verhalten deines Kindes plötzlich ganz starke Gefühle in dir auslöst?

Wenn durch das Verhalten meines Kindes im Bruchteil einer Sekunde Wut ausgelöst wird, dann handelt es sich wahrscheinlich dabei um die Erinnerung an einen alten, tiefliegenden Schmerz. Den Schmerz eines Kindes, dessen Gefühle und Bedürfnisse nicht wahrgenommen wurden, welches Ablehnung, Scham, Schuld oder Kränkung erfahren hat. Dann reagiere ich plötzlich automatisiert und stelle erst viel später erschrocken fest, dass ich die Verbindung zwischen mir und meinem Kind getrennt habe.

In anderen Momenten erlebe ich ganz bewusst, wie ich die Verbindung verliere und innerlich starr werde. Ich höre mich Worte sagen, die ich hinterher bedauern werde, und spüre, wie viel Ablehnung ich zum Ausdruck bringe. Gleichzeitig scheint es mir unmöglich, diese Entwicklung aufzuhalten und mich meinem Kind auf liebevolle Weise zuzuwenden.

Beispiel: Monas Sohn Niklas kommt nach Hause und zeigt ihr mit leuchtenden Augen eine neue Armbrust. »Schau mal, guck doch mal, wie die schießen kann!«, ruft er und eilt in die Mitte des Wohnzimmers. Bereits in diesem Augenblick spürt Mona Ärger und Anspannung in ihrer Brust. Ihr Sohn lädt die Armbrust, doch der Pfeil fällt aus der Halterung, noch ehe er abgeschossen ist. »Warte, jetzt klappt's«, sagt Niklas und lädt erneut. Blitzschnell überkommt Mona der Impuls, Niklas anzuschreien: »Sag mal, bist du denn zu blöd dafür?« und sich dann abzuwenden, um das Zimmer zu verlassen. Damit ihr Sohn sich klein fühlt und spürt, dass sie sich nicht für ihn interessiert, wie ihr etwas später erschrocken bewusst wird.

Im Bruchteil einer Sekunde sind in Mona Gefühle aufgetaucht, die sie kaum aushalten kann – und darum beinahe intuitiv weitergegeben hätte. Mona hat diese Impulse, weil sie selbst einmal das Kind zweier Eltern gewesen ist, die diese Impulse ebenfalls hatten! Zweier Eltern, deren Schattenkinder sehr wahrscheinlich ebenfalls die Botschaft verinnerlicht hatten, dass sich Mutter und Vater nicht für ihre kindlichen Anliegen interessierten, und die ärgerlich und abweisend wurden, wenn sie ihre Aufmerksamkeit suchten. Ohne sich ihrer inneren Stimme bewusst zu sein, haben sie auch ihre eigene Tochter spüren lassen, dass es nicht in Ordnung ist, Erwachsene mit unwichtigen Anliegen von ihren Aufgaben des alltäglichen Lebens abzuhalten. Auf diese Weise werden Glaubenssätze und altes Erleben von Generation zu Generation weitergetragen.

Mona hat nun die Möglichkeit, sich der alten Stimme in ihrem Inneren bewusst zuzuwenden und in Folge dessen Strategien zu finden, die ihr eigenes Kind vor der Überzeugung schützt, dass es falsch sei, sich nach der Aufmerksamkeit anderer zu sehnen. Doch warum hat Monas Schattenkind den Impuls, den Wunsch ihres Kindes, von ihr gesehen und beachtet zu werden, intuitiv abzulehnen – obwohl sie sich als Kind selbst danach gesehnt hat?

Warum schlagen manche Eltern ihre Kinder, obwohl sie selbst erfahren haben, was diese Strategie in ihrer Seele angerichtet hat?

Warum scheint unser kindlicher Anteil so wenig Verständnis für die Sehnsüchte unserer Kinder aufbringen zu können?

Weil unser Schattenkind seine eigene Sehnsucht einmal aufgeben und von sich abspalten musste. Dieser Sehnsucht in Gestalt des eigenen Kindes wieder zu begegnen, stellt eine große Herausforderung dar, weil wir etwas, dass wir uns selbst nicht erlauben, besonders schwer in anderen willkommen heißen können.

Reaktionäre Gefühle auf Situationen, in denen wichtige Bedürfnisse ungenährt blieben, prägen sich tief in unser Erfahrungssystem ein. Das sind zum Beispiel Schmerz, Ohnmacht, Enttäuschung oder Wut darüber, mit einer Sehnsucht abgelehnt worden zu sein. Selbst wenn wir uns als Kind nicht trauten, unsere Wut gegenüber unseren Eltern zum Ausdruck zu bringen, sie möglicherweise nicht einmal selbst wahrgenommen haben, weil es ein »verbotenes« Gefühl war, dass den Verlust von Zuwendung bedeutete, kann sie dennoch im Erfahrungspaket abgelegt worden sein und heute mit einem überwältigenden Charakter über uns hereinbrechen, wenn wir an die Ursprungssituation erinnert werden.

Würden wir diesen kindlichen Verletzungen eine Stimme geben, dann würde sie unseren Kindern vielleicht etwas sagen, wie: »Ich durfte das auch nicht, und du bist genauso falsch, wie ich es einmal gewesen bin, wenn du es trotzdem möchtest!«

Einladung zur Selbstklärung: *Kannst du dich an Situationen erinnern, in denen das Verhalten deines Kindes plötzlich starke Gefühle von Wut oder Scham in dir ausgelöst hat? Ist dir bewusst, auf welche Beobachtung sich deine Reaktion in solchen Momenten genau bezieht?*

Impulse und automatische Reaktionen

Mir scheint, in keiner anderen Beziehung als in der zu unseren Kindern werden wir so schmerzhaft und beharrlich mit unseren alten Wunden, Unsicherheiten und Ängsten konfrontiert! Kein anderer Mensch zeigt uns so zuverlässig, wo noch Heilung möglich und notwendig ist, wie unsere Kinder. Und ohne sie würden wir es vermutlich auch niemals herausfinden.

So gab es eine Zeit, in der ich meinen Sohn täglich angeschrien habe. Ich war ungeduldig mit ihm. Ich habe Sätze wiederholt, die ich eigentlich nie selbst sagen wollte, weil sie für mich einmal schmerzhaft gewesen sind. Wenn ich ärgerlich war, hatte ich immer wieder den Impuls, ihn sich klein fühlen zu lassen – so, wie ich selbst mich früher oft klein gefühlt habe.

Manchmal habe ich beschämt und oft habe ich beschuldigt. Und einige Male habe ich recht grob an ihm herumgezogen, ihn gegen seinen Willen in die Jacke gesteckt oder ihm die Zähne geputzt. Vermutlich habe ich ihm oftmals vermittelt: »Du bist nicht okay!«, »Mit dir stimmt etwas nicht!« und »Ich hätte dich gern anders!« Dabei ist mir das subtile Gefühl,

»falsch zu sein«, selbst nur allzu vertraut und eigentlich der Kern all dessen, wovor ich meinen Sohn bewahren möchte.

Ich fühlte mich von der Schuld beinahe erdrückt und hatte den Gedanken, eine schlechte Mutter und eine Gefahr für die Seele meines Kindes zu sein. Immer wieder kam ich zu dem Ergebnis, ich müsse mich noch mehr zusammenreißen, um es beim nächsten Mal »besser« zu machen. Nur, um Sekunden später erneut zu schreien, zu beschuldigen und meinem Kind die Verantwortung für mich zu übertragen.

Als Lukas ungefähr zwei Jahre alt war und nach mir schlug, wenn seine Bedürfnisse unerfüllt blieben, habe ich meine Hände festhalten müssen, um nicht zurückzuschlagen. Ich war entsetzt und verzweifelt, weil ich immer wieder die Kontrolle über mein Verhalten verlor.

Wenn Wut, Ärger und gewaltvolle Impulse in deiner Elternschaft eine Rolle spielen, dann sind dir Schuldgefühle und Selbstabwertung vielleicht vertraut. Dann hast du dir möglicherweise schon hundertfach vorgenommen, anders zu handeln, und bist mittlerweile ganz mutlos, dass du jemals etwas verändern kannst.

Hast du dich schon mal gefragt, was dich so automatisiert reagieren lässt?

Was aktiviert dieses Programm in dir, dessen Handlungsvorschlägen du folgst – obwohl sie mit deinen heutigen Werten nicht übereinstimmen?

Was wir wahrnehmen, vergleicht unser Gehirn in dem Bruchteil einer Sekunde mit allen Erfahrungen, die wir bereits gemacht haben. Entscheidet es, dass die aktuelle Situation einer alten Erfahrung gleicht, präsentiert es uns blitzschnell ein Verhaltensmuster. Das scheinbar passende Gewand zum gegebenen Anlass. Weder die Zuordnung noch das vorgeschlagene Verhaltensmuster stammen aus dem Großhirn – die Reizübertragung erfolgt über die Amygdala. Das ist durchaus sinnvoll, denn der Umweg über das bewusste Denken im Großhirn wäre viel zu lang und damit zeitaufwendig.

Diesem System verdanken wir, dass uns viele automatisierte Vorgänge im Alltag möglich sind, ohne darüber nachdenken zu müssen. Schalten im Auto, Fahrradfahren, die Schuhe binden oder lesen und schreiben. Alle diese Verrichtungen können wir ausführen, ohne darüber nachdenken zu müssen, weil unser Gehirn Vernetzungen gebildet hat, auf die es automatisch zurückgreift. Auch in Gefahrensituationen leistet es unverzichtbare Dienste: So ziehen wir die Hand von der heißen Herdplatte schneller zurück, als wir »zu heiß« denken können, und greifen automatisch nach unserem Kind, bevor es von der Schaukel rutscht.

Leider weiß unsere Amygdala weder etwas von unseren Werten noch von der bedingungslosen Liebe zu unseren Kindern. Sie kennt allein den Auftrag, unser Überleben sicherzustellen. Um dieser Verpflichtung zuverlässig nachkommen zu können, speichert sie jede Gefahrensituation, die wir jemals erlebt haben, genau wie das dazugehörige Verhalten – also unsere Reaktion auf den Reiz –, welches unser Überleben bereits einmal erfolgreich gesichert hat.

Der Abgleich zwischen aktueller Situation und alten Erfahrungen geschieht auf eine Art und Weise, die für unser logisches Denken wenig Sinn ergibt. Die Amygdala sortiert nach Symbolen, Gerüchen, Farben, Stimmungen und anderen Sinneseindrücken.

Der Handlungsvorschlag, den unsere Amygdala bei Gefahr liefert, ist ebenso schnell wie umfassend: Körperhaltung, Gefühle und Atemmuster sind enthalten, so, wie sie auch in der Ursprungssituation vorherrschten. Auch dann, wenn nichts davon für die Erfüllung unserer Bedürfnisse im Hier und Jetzt zuträglich ist.

Ein weiteres Problem: Die Amygdala weiß nicht, wann eine Gefahr reell ist und unser Leben wirklich bedroht. Sie reagiert auf dieselbe Weise, wenn wir emotional in Not geraten oder die körperliche Gefahr nur erwarten. Scham, Schuld und Ablehnung sind potenzielle Anzeiger dafür, dass wichtige Bedürfnisse nach Schutz, Integrität oder Zugehörigkeit unerfüllt sind. Erinnerungen an solche Empfindungen werden, genau wie körperliches Schmerzerleben, tief in unserem Bewusstsein abgelegt.

»Dieses System sortiert einzig und alleine danach, wann Bedürfnisse erfüllt oder unerfüllt waren, wann wir uns geschützt oder gefährdet fühlten. Unser Gehirn stellt uns dieses Handlungsmuster zur Verfügung, damit wir beim nächsten Mal sofort reagieren können.« – Britta Hahn

Einladung zur Selbstklärung: *Wie genau sieht ein typisches Handlungsmuster aus, das dir in herausfordernden Situationen geliefert wird? Wie fühlt sich das in deinem Körper an? Welche Gedanken hast du in solchen Momenten?*

Impulse mitfühlend annehmen

Vielleicht kannst du jetzt sehen, dass es keine Veränderung herbeiführen kann, wenn du dich anklagst und verurteilst. Wir haben zwei Möglichkeiten:

- Uns für diese Impulse weiterhin anzuklagen, schuldig zu fühlen oder gar zu verachten. Das führt dazu, dass die Schmerzverknüpfung weiter wächst und unsere Impulse an Kraft zunehmen. Schon einmal hast du erfahren, dass es keine Heilung herbeiführen kann, wenn du einen Teil von dir ablehnst – sonst gäbe es heute keine gewaltvollen Impulse in dir. Damals hattest du keine Wahl, heute kannst du dich bewusst dafür entscheiden, auch das mitfühlend anzunehmen und in dein Selbstbild zu integrieren, was aufgrund deiner gemachten Erfahrungen seine Daseinsberechtigung hat.
- Oder wir unterstellen uns selbst liebevoll, dass wir für unsere heftige Reaktion gute Gründe haben – auch wenn wir keinen bewussten Zugang zu ihnen haben, uns die Ursprungssituation also nicht bewusst ist. In diesem Fall wird es möglich, Mitgefühl mit uns selbst zu empfinden und die Schmerzverknüpfung durch Annahme nach und nach zu reduzieren. Wenn wir lernen, uns unserem inneren Kind liebevoll zuzuwenden, muss sein Erleben nicht wütend über uns hereinbrechen. Stellen wir uns ein hungriges Kätzchen vor, welches nicht mehr schreien und an der Tür kratzen muss, weil warme Milch sein schmerzendes Bäuchlein beruhigt.

»Wenn die Verknüpfung ‚Gefahr' gelöscht ist, dürfen die Erfahrungen in den Teil unseres Gehirnes umziehen, zu dem wir bewussten Zugriff haben und der uns Wahlmöglichkeiten für unser Verhalten ermöglicht.«
– Britta Hahn

Bis dahin ist die wichtigste Strategie, zu entschleunigen. Zeit zwischen Reiz und Reaktion vergehen zu lassen, bis wir wieder im Einklang mit unseren Werten handeln können.

Folgende Techniken können uns dabei unterstützen:

- Sich auf die eigene Körperwahrnehmung zu fokussieren (bewusstes Atmen, den eigenen Herzschlag fühlen, beobachten, wo im Körper sich die starken Gefühle zeigen und wie sie sich anfühlen).
- Die Energie umlenken (festgelegte Bewegungsabläufe durchführen, Hampelmann machen, rennen, klatschen, Treppen steigen).
- Sich mental ablenken (von hundert rückwärts zählen, Rechenaufgaben lösen, Wörter buchstabieren, Mantras aufsagen).

Während du ärgerlich und aufgebracht bist, wirst du wahrscheinlich viele Gedanken haben, die dich von deiner bedingungslosen Liebe trennen. Sie stammen aus einer anderen Zeit und haben nichts mit dem Hier und Jetzt zu tun.

Wenn diese Gedanken besonders drängend sind, kann es helfen, sie aufzuschreiben, damit sie nicht verloren gehen und ihren Raum bekommen. Wir können es uns zur Angewohnheit machen, erst später zu entscheiden, ob wir sie wirklich mitteilen und aussprechen wollen. Wenn die herausfordernde Situation vorüber ist, stellen diese Gedanken eine wertvolle Ressource dar, um mit unseren inneren Anliegen und Glaubenssätzen in Kontakt zu kommen und mit ihnen arbeiten zu können.

Wenn Wut und Ärger mich übermannen:

- Notfallstrategie Körperhaltung: Bei Impulsen zur körperlichen Gewalt die Arme verschränken, ein Kissen fest an die Brust drücken oder die Finger wie zum Gebet falten.
- Mantras: »Gefühle kommen und gehen, wie Ebbe und Flut!«, »Ich muss meine Gedanken nicht glauben. Ich bin nicht meine Gedanken!«

- Anker-Übung: Ich habe mir am Abend Zeit genommen, um ein positives Gefühl zu verankern. Dazu habe ich mich an der rechten Schulter berührt und immer wieder an eine Situation gedacht, in der ich mich entspannt gefühlt habe. Ziel: das entspannte Gefühl mit der Berührung zu verknüpfen und es in herausfordernden Situationen abrufen zu können, anstatt Impulse auszuagieren.
- Bewegung, Bewegung, Bewegung! Hampelmann machen, eine Runde ums Haus joggen. Zwanzig Minuten. Das ist das Zeitfenster, welches unser Körper braucht, um die Hormone abzubauen, die starke Wut in uns auslösen und unser Frontalhirn dabei blockieren.

Wir lernen also nach und nach, alternative Strategien zu integrieren und unser Leid gleichzeitig nicht zu verstärken, indem wir in Selbstanklagen und Verurteilungen verharren. Stattdessen nutzen wir unsere Gedanken, um mit unserem Schattenkind eine Verbindung herzustellen und seine Not mitfühlend anzusehen.

Entspräche diese mitfühlende Haltung nicht auch dem, was wir unseren eigenen Kindern gerne vorleben würden? Wünschen wir ihnen für ihr späteres Leben nicht, dass sie sich selbst einmal liebevoll annehmen können – auch dann, wenn sie rückblickend gerne anders gehandelt hätten –, anstatt sich zu verurteilen und schuldig zu sprechen? Wäre es nicht wunderbar, wenn wir in unseren Kindern eine innere Stimme anlegen könnten, die einer wertschätzenden Selbstannahme entspricht: »Ich liebe mich, auch wenn ich lieber anders gehandelt hätte!«?

***Einladung zur Selbstklärung**: Spüre in dich hinein: Kannst du mitfühlend mit dir sein, wenn du daran denkst, wie sehr du dich in der Vergangenheit vielleicht angestrengt und angeklagt hast, um dieses Reiz-Reaktionsschema zu unterbrechen? Kannst du Trauer fühlen, wenn du dir die Not deines inneren Kindes vorstellst, das sich in solchen Augenblicken gezeigt hat?*

Was ist Gewalt?

»Jede Gewalt ist das Resultat des Glaubens, andere Menschen wären schuld an unserem Schmerz und würden dafür Strafe verdienen.«
– Marshall Rosenberg –

Gewalt ist die Missachtung von Bedürfnissen. Sie geschieht, wenn ich meine eigenen Bedürfnisse übergehe oder sie mir erfülle, ohne die Bedürfnisse meines Gegenübers im Blick zu behalten. Jedes Handeln, mit denen ich andere bestrafen will, sie leiden sehen oder ihnen Schmerz zufügen will, ist Gewalt.

Gewalt gegen mich selbst findet dann statt, wenn ich mich zwinge, etwas zu tun, weil ich überzeugt bin, es tun zu müssen. Wenn ich mich mit Urteilen herabwerte, ohne sie in lebensdienliche Bedürfnisse zu übersetzen.

Für unsere Kinder ist es ungemein wichtig, dass geschehene Gewalt offen benannt wird, damit sie diese Erfahrung in ihr Selbstbild integrieren und ihre Wut über den Schmerz zum Ausdruck bringen können. Wenn Gewalt geschieht, dann möchte ich sie benennen und die Verantwortung dafür übernehmen. Und wenn mir Gewalt widerfährt, will ich mich schützen und mich dann dem einfühlsam zuwenden, was das in mir ausgelöst hat.

Es ist mein Ziel, Gewalt zu reduzieren. Vollkommene Gewaltfreiheit ist aus meiner Sicht ein illusorisches Ziel, welches enormen Druck erzeugen kann. Gewalt geschieht. Insbesondere dann, wenn Eltern viele Verletzungen mit sich tragen. Kinder zu begleiten, bedeutet auch immer, in Berührung mit alten Automatismen und Glaubenssätzen zu geraten.

Meine Lebensrealität lässt nicht zu, jedes Bedürfnis sofort zu erfüllen. Nicht die meines Kindes und nicht meine eigenen. Es wird geschehen, dass ich die Bedürfnisse meines Kindes aus dem Blick verliere. Ich werde immer wieder Dinge tun, die ich hinterher bedaure. Ich habe gewaltvolle Impulse, und es wird geschehen, dass ich sie ausagiere. Ich werde hin und wieder keine Ressourcen haben, mein Kind einfühlsam zu hören oder mich mir selbst mitfühlend zuzuwenden. Doch ich will den Gedanken der Gewaltfreiheit als Leitstern nutzen.

Übrigens: Hast du bei deinem Kind schon einmal den Impuls beobachtet, Schmerz zurückgeben zu wollen? Es kann passieren, dass sie uns kneifen, hauen oder beleidigen, weil ihnen zuvor etwas wehgetan hat.

Dieser Impuls sagt dann: »Schau her, so fühlt sich das an, und ich will, dass du verstehst, wie das für mich ist!«. Die meisten von uns kennen diesen Impuls auch dann noch, wenn sie längst erwachsen sind und ihr altes, kindliches Erleben berührt wird. Ich habe oft beobachten können, wie diese Schmerzrückzahlung gleich einem Pingpongball zwischen Kindern und Erwachsenen hin und her gespielt wird. Wenn es dem Erwachsenen nicht gelingt, diese Dynamik zu unterbrechen und den Schmerz seines Kindes wahrzunehmen – anstatt die Art des Ausdruckes zu bewerten –, erfahren Kinder große Ohnmacht.

Einladung zum Üben*: Bitte formuliere deine eigene Interpretation von Gewalt. Wenn du möchtest kannst du hinterher schauen, welchen Aspekten dieser Gewalt deinem Schattenkind begegnet sind und in welcher Form diese Gewalt vielleicht in der Beziehung zu deinem eigenen Kind lebt.*

Kinder vor unseren gewaltvollen Impulsen schützen

Wenn wir an den Schutz unserer Kinder denken, dann haben wir viele Gefahren im Sinn: die Straße, fremde Menschen oder das Erklettern hoher Bäume. Ich möchte nicht selbstverständlich von mir auf andere schließen, doch wovor Kinder aus meiner Sicht am meisten Schutz brauchen, sind die Urteile und automatischen Reaktionen ihrer Bezugspersonen.

Es verlangt mir große Bewusstheit ab, Impulse zu halten – also meinem inneren Handlungsvorschlag nicht automatisch zu folgen, meine Gedanken nicht für wahr zu erklären und laut auszusprechen, sondern stattdessen zu entschleunigen, an alternative Strategien zu denken, meine Urteile in Bedürfnisse zu übersetzen und dann den mitfühlenden Kontakt zu mir selbst wiederherzustellen. Es braucht erfahrungsgemäß unheimlich viel Zeit, bis unsere gewaltvollen Impulse an Intensität abnehmen.

Wie können wir unsere Kinder bis dahin also vor ihnen schützen?

Britta Hahn gab ihren Kindern Kopfhörer, die sie immer dann aufsetzen sollten, wenn sie schrie, verletzend wurde oder etwas sagte, dass den Eindruck vermittelte, ihre Kinder wären mit ihrem Verhalten falsch. Sinngemäß ließ sie ihre Kinder wissen: »Wenn du ihn trägst, dann erinnere dich bitte an meine Liebe für dich, auch wenn mein Handeln gerade gar nicht danach aussieht!«

Weitere Strategien, die für meinen Sohn beitrugen, damit er sich trotz meines Ärgers geschützt fühlen konnte:

- »Stopp« sagen! »Wenn ich schreie oder an dir herumziehe, dann schütze dich bitte. Rufe laut »Stopp« oder gehe in dein Zimmer!« (Wichtig ist, dass diese Absprache deutlich macht, dass es sich nicht um eine Strafe handelt, sondern um eine Möglichkeit, vor dem gegenwärtigen Ausdruck der Eltern geschützt zu sein!)
- Abgesprochenes Schweigen: »Vielleicht werde ich plötzlich schweigen oder den Raum verlassen. Das hat nichts damit zu tun, dass du etwas falsch gemacht hast oder etwas hättest anders tun sollen. Es hat nur mit mir zu tun und damit, dass ich nichts sagen möchte, was für dich schmerzhaft ist und das ich später bedaure. Es geht mir um deinen Schutz, es ist keine Strafe!«
- Giraffenstab überreichen: »Wenn du dich danach sehnst, einfühlsam gehört zu werden, oder in Not gerätst, dann kannst du mir den Giraffenstab geben. Ich werde mich dann daran erinnern, dass es mir wichtig ist zu verstehen, was du gerade brauchst!« (Dabei kann es sich um einen Stiel mit Giraffenmuster oder um einen beliebigen anderen Gegenstand handeln, der uns Eltern daran erinnert, das Erleben unseres Kindes einfühlsam hören zu wollen.)
- Herzschlüssel anwenden: »Lass uns ein Zeichen vereinbaren, dass du mir geben kannst, wenn es dir nicht gut geht mit dem, was ich tue oder sage. Damit kannst du mir helfen, mehr so zu sein, wie ich gern

sein will. Du musst das nicht tun, denn ich bin selbst für mich verantwortlich!« (z. B. Hand auf die Brust legen, »Mama, atme!«)

- Tassilos Mantra im Stillen: »Du darfst anders sein, als ich dich gern hätte!« Tassilo Peters ist ein GFK-Trainer, dessen Mantra mich dabei unterstützt, in meine liebevolle Annahme zurückzukehren.
- Klarstellen: »Ich will, dass du weißt, dass es nichts mit dir zu tun hat, wie ich gerade bin! Du bist genau richtig, so wie du bist!«
- Erklären: »Als ich klein war, da habe ich mich manchmal auch hilflos gefühlt. Und wenn ich mich daran erinnere, dann bekomme ich plötzlich eine Riesenwut im Bauch!« Symbol von Wolf und Giraffe: »Wenn ich an alte Verletzungen erinnert werde, dann heult mein Wolf – das hat nichts mit dir zu tun! Ich will dann lernen, in meine Giraffenkraft zurückzukehren/mein Herz wieder zu öffnen!« und »Jeder hat einen Wolfsanteil in sich. Es ist in Ordnung, dass er da ist, weil er zu uns gehört. Er darf da sein. Ich möchte nur lernen, ihn so heulen zu lassen, dass er anderen Menschen nicht wehtut!«
- Verantwortung übernehmen: »Das ist mein Thema – ich bin alleine verantwortlich! Ich kümmere mich jetzt darum und werde etwas Zeit brauchen! So lange will ich, dass du gut für dich sorgst und dich schützt!«
- Einbeziehen: »Was könnte dir gut tun, während Mama so bei sich ist? Was kannst du in diesen Momenten für dich tun?«
- Plakat malen: »Lass uns alle Strategien aufmalen, die dich unterstützen, damit du dich in diesen Momenten daran erinnerst!«
- Verantwortung übernehmen, ohne sich zu verurteilen: »Ich bedaure, dass ich gerade so laut geworden bin und gesagt habe: Das nervt mich! Räum endlich dein Zeug weg!« … Oder auch: »Ich bedaure, dass ich gerade an deinem Arm gerissen habe! Das war Gewalt!«
- Betrauern, ohne sich schuldig zu sprechen, Selbsteinfühlung: (Still) Ich hätte das so gern anders gemacht. Ich bin traurig, dass es mir nicht gelungen ist. Ich wäre so gern gelassener. Ich sehne mich danach, sanft bleiben zu können und die Verbindung zu meinem Kind nicht zu verlieren.

- Einfühlsame Verbindung herstellen: »Wie ging es dir gerade damit? Warst du erschrocken? Hat dir das Angst gemacht?« Giraffenschrei: »Ich brauche Ordnung! Entspannung! Ruhe! Ich bin so wütend!« Anstatt: »Du hast wieder nicht aufgeräumt!«

***Einladung zum Üben**: Bitte lege ein Handlungsmuster fest, an dem du dich orientieren willst, wenn du das nächste Mal einen gewaltvollen Impuls hast.*

***Einladung zur Selbstklärung**: Bitte nimm dir ein Foto, das dich in deinen ersten Lebensjahren zeigt. Erinnerst du dich an Situationen, in denen du dich besonders hilflos, ängstlich oder abgelehnt gefühlt hast? Versuche dieses alte Erleben in dir aufsteigen zu lassen und einige Augenblicke freundlich zugewandt bei den Empfindungen zu bleiben.*

Wut als Hinweisgeber nutzen

»Wenn wir unseren Ärger voll ausdrücken wollen, ist der erste Schritt, die andere Person von jeglicher Verantwortung für unseren Ärger zu trennen.«
– Marshall Rosenberg –

In der Gewaltfreien Kommunikation dient Ärger als Hinweisgeber für ein unerfülltes Bedürfnis. Gleichzeitig macht er uns auch darauf aufmerksam, dass wir auf eine Art und Weise denken, die es unwahrscheinlich macht, dass wir bekommen, was wir brauchen. Das ist dann der Fall, wenn unsere Gedanken Urteile und Bewertungen enthalten, die wir als Wahrheit annehmen. Dazu zählt auch das »Muss-Denken«.

»Das sollte er nicht tun!«, »Er müsste rücksichtsvoller sein!«, »Ich muss Henriette von der Schule abholen!«, »Er muss mir doch helfen!« Die Überzeugung, dass ich dieses und jenes tun muss, entfremdet mich von meinen eigenen Bedürfnissen. Sie schneidet uns von der Kraft ab, die entsteht, wenn wir mit unseren Bedürfnissen verbunden sind und uns damit bewusst machen, dass unsere gegenwärtige Handlung einer Sehnsucht in uns dienlich ist.

Welche unterschiedliche Qualität entsteht, wenn wir mit der Absicht verbunden sind – also mit der Sehnsucht oder dem Bedürfnis, welchem unsere Handlung dienen soll –, anstatt aufgrund des »Müssens« kannst du selbst ausprobieren:

- »Ich muss das Pausenbrot vorbereiten!«
- »Ich entscheide mich, das Pausenbrot vorzubereiten, weil mir die Gesundheit meines Kindes wichtig ist und ich will, dass es sich auf diese Form der Fürsorge verlassen kann!«

Welche Resonanz spürst du jeweils, wenn du beide Sätze laut aussprichst?

Bezieht sich das Muss-Denken auf äußere Umstände und andere Menschen, ist dies ein Hinweis darauf, dass ich mein eigenes Richtig und Falsch zu einer allgemeingültigen Wahrheit erkläre und leugne, dass die Ursache meiner Gefühle in mir selbst liegt.

Diese Art zu denken ist erlernt und orientiert sich an der Art und Weise, wie unsere Vorbilder ihre Umwelt interpretierten. Darum sprechen wir in der Gewaltfreien Kommunikation auch von »anerzogenem Ärger«. Ich habe die Erfahrung gemacht, dass sich hinter dieser Art von Ärger oft Hilflosigkeit, Ohnmacht oder Trauer verbergen.

»Wenn ich überzeugt bin, dass ein anderer durch falsches Verhalten für meinen Ärger verantwortlich ist, werde ich höchstwahrscheinlich nicht zu den wichtigen Botschaften meines Ärgers vordringen!« – Marshall Rosenberg

Rosenberg empfahl, bei jedem Ärger die eigenen Gedanken zu identifizieren und so in Verbindung mit dem Bedürfnis zu kommen, welches sich hinter ihm verbirgt, und damit die Wut als Zeichen zu nutzen, dass es sinnvoll ist, sich genau jetzt selbst zu beobachten.

Unser Bestreben, Beobachtungen zu bewerten und andere Menschen zu verurteilen, beruht nicht allein auf Bedürfnissen nach Leichtigkeit und

Klarheit oder folgt lediglich einer alten Gewohnheit. Vielmehr liegt ihr die tief verwurzelte Angst zugrunde, es entspräche nicht der menschlichen Natur, für andere beitragen zu wollen und achtsam mit dem zu sein, was andere fühlen und brauchen.

Die Annahme, dass unser natürliches Wesen nicht mitfühlend und liebevoll ist, stellt ängstlich infrage, wie unser Miteinander aussähe, wenn Menschen sich nicht länger »schuldig« und »falsch« fühlen, nachdem sie auf eine Weise gehandelt haben, die für andere schmerzhaft ist. Welchen Grund gibt es, ohne Schuld und Strafe noch rücksichtsvoll miteinander zu sein, füreinander beitragen zu wollen und unsere Mitmenschen nicht zu verletzen?

Wer kein Vertrauen in Antworten hat, die Schuld und Strafe entbehren, der kann diese Form des Schutzes gar nicht aufgeben, denn in seiner inneren Wirklichkeit ist die Welt ein gefährlicher Ort.

Überzeugungen und Formulierungen wie »Du machst mich wütend« verschleiern jedoch einerseits die Verantwortung für uns selbst, und andererseits trennen sie die Verbindung.

Beispiel: Johannes fährt seinen Sohn zum nächstgelegenen Kino. Bevor dieser aus dem Auto aussteigt, will er wissen: »Holst du mich um zehn wieder ab?« Die Wut, die schon eine ganze Weile in Johannes kocht, bricht sich Bahn, und er ruft erzürnt: »Du hast wirklich gar keine Hemmungen, meinen freien Tag zu verplanen. Die ganze Woche reiß ich mir den Hintern auf, und jetzt komme ich nicht dazu, auch mal was für mich zu machen, und darf stattdessen meinen Sohn herumkutschieren!«

Welche Gedanken Johannes in diesem Augenblick glaubt, hören wir. Über seine Bedürfnisse, zu denen er gerade wenig Zugang hat, können wir Vermutungen anstellen: Wahrscheinlich sehnt sich Johannes danach, seine freie Zeit selbstbestimmt zu gestalten und sich zu erholen. Gleichzeitig hat er der Bitte seines Sohnes vielleicht gegen einen inneren Widerstand zugestimmt, weil er grundsätzlich auch etwas beitragen möchte, damit sein Sohn seine Freizeit genießen und Kontakte zu seinen Freunden haben kann. Johannes' Gedanken drehen sich nicht nur darum, dass sein Sohn rücksichtslos und maßlos ist – »Da fahre ich ihn schon hin und er hat sich nicht mal um eine Abholmöglichkeit gekümmert. Jetzt bleibt mir ja wieder nichts anderes übrig, als ihn nach Hause zu kutschieren!« –, sie zeigen auch an, dass er die Verantwortung für seine Bedürfnisse abgibt und den Kontakt zu ihnen schon über eine längere Zeit verloren hat.

Damit wir die Verantwortung für uns übernehmen können und Strategien finden, die mehrere Bedürfnisse im Blick haben, ist es wichtig, Ärger rechtzeitig als Hinweisgeber zu nutzen und nicht einfach zu übergehen.

Einladung zum Üben*: Wie hätte ein authentischer Dialog aussehen können, in dem Johannes zu einem früheren Moment ausdrückt, was in ihm lebendig ist? Mit welcher Strategie hätte sich Johannes sowohl das Bedürfnis nach Ruhe und Erholung als auch nach Beitragen für seinen Sohn erfüllen können? (Einen Lösungsvorschlag findest du im Kapitel »Übersichten« auf Seite 310.)*

Einladung zur Selbstklärung*: Welche Gründe haben Menschen, füreinander beizutragen und gegenseitig ihre Bedürfnisse zu berücksichtigen, wenn sie keine Schuld und Strafe befürchten müssen? Was nährt grundsätzlich dein Vertrauen ins Leben und in die Güte der Menschen, die dich umgeben? Welche Resonanz spürst du persönlich in Bezug auf die Aussage »die Welt ist ein gefährlicher Ort«? Eine meiner Freundinnen nährt beispielsweise ihr Vertrauen, indem sie Geschenke an das Leben macht. Sie bietet fremden Menschen ihre Hilfe an, handelt oftmals aus der Sehnsucht, etwas beitragen zu wollen, und vertraut vollkommen in die Idee, dass sie das, was sie sendet, zu irgendeiner Zeit wieder erfährt.*

Trennende Gedanken

»Das Glück deines Lebens hängt von der Beschaffenheit deiner Gedanken ab.«
– Marc Aurel –

Wenn ich von mir selbst ausgehe, fürchte ich, dass die meisten Menschen eine Menge Urteile über andere Menschen, sich selbst und ihre Kinder haben. Es ist wichtig, zu wissen, dass einige davon uns von der bedingungslosen Liebe zu unseren Kindern trennen, ebenso von der Liebe zu uns selbst.

> **Beispiel:** »Meine Tochter hat sich seit Kurzem angewöhnt, wie eine ihrer Freundinnen zu sprechen, wenn es Konflikte gibt. Sie hat dann so eine jammervolle, weinerliche Tonlage. Ich mag diese Freundin meiner Tochter sehr, daran liegt es nicht. Aber es macht mich wahnsinnig, wenn ich meine Tochter so reden höre. Ich habe versucht, herauszufinden, was genau daran mein Problem ist, aber ich komme einfach nicht darauf.«

Nachdem diese Mutter sich intensiver mit ihrem inneren Erleben auseinandergesetzt hatte, erkannte sie Folgendes: »Ich habe dem noch einmal nachgespürt und herausgefunden, welche Interpretation diese Beobachtung bei mir auslöst: Die Sprechweise von anderen zu übernehmen, ist ein Anzeichen dafür, sich zu verbiegen und zu verstellen, damit man dazugehört. Das sollte man nicht tun, denn dann verliert man sich selbst. Abgesehen davon, dass diese Interpretation zu mir gehört, genauso wie der Glaubenssatz dahinter, kann ich die Schönheit jetzt besser sehen: Meine Tochter besitzt die Fähigkeit, die Sprachmelodie anderer zu übernehmen – das erfüllt vermutlich ihr Bedürfnis nach Verbundenheit. Ich glaube, dass ich in Zukunft deutlich gelassener mit diesem Auslöser umgehen kann!«

Ich denke sehr oft, dass mein Kind dieses oder jenes nicht tun sollte, verurteile das Verhalten anderer oder auch direkt die ganze Person. Zum Beispiel denke ich mir: »Du bist ein kleiner, rücksichtsloser Tyrann! Vielleicht solltest du tatsächlich mal einen Arsch voll bekommen, damit du merkst, wie gut du es eigentlich hast!«

»So ein Gedanke ist die Folge eines alten Programms, das wir, wie einen Dialekt, automatisch übernommen haben. Es öffnet sich in unserem Inneren, wie das Fenster eines Computers. Und das tut es, weil mein Kind etwas gesagt oder getan hat, was mich an eine ähnliche, schmerzhafte Situation erinnert, in der ich mich beschämt, verletzt, hilflos oder schuldig fühlte.« – Britta Hahn

Wie du bereits erfahren konntest, geschieht dies alles blitzschnell und ohne, dass wir uns vorher überlegen können, ob wir damit einverstanden sind. Oft ist mir nicht einmal bewusst, welche alte Situation da reaktiviert wurde. Mein Unterbewusstsein weiß es hingegen sehr genau. Wichtig ist nicht, dass ich mir der Ursprungssituation bewusst werde. Wichtig ist nur, dass ich mich mit meinen Gefühlen, Gedanken und automatischen Reaktionen im Hier und Jetzt annehme und davon ausgehe, dass ich gute Gründe für mein Verhalten habe.

Für unsere Kinder ist es ungemein wichtig, dass wir diese Programmfenster, welche sich vor unserem inneren Auge öffnen, nicht unzensiert vorlesen oder den Anweisungen Folge leisten, zu denen sie uns auffordern. Naomi Aldort schreibt darüber: »Es ist ein altes Programm, das in die jetzige Situation nicht passt und dir zu keinen liebevollen Handlungsimpulsen raten kann!«

Was immer da auftaucht, ist ein Teil von uns, und wir können ihn mitfühlend ansehen und bejahen, ohne automatisiert danach zu handeln! Diese Sätze und Bilder gehören zu uns, aber wir sind nicht diese Worte und Gefühle.

»Es sind deine inneren Dramen, die mit deinem Kind nichts zu tun haben, und darum gehören sie auch nicht in die Ohren deines Kindes – sondern zu dir!« – Naomi Aldort

Ich kann nicht vermeiden, dass diese Fenster auftauchen. Doch ich kann mir bewusst machen, dass ich sie nicht als Wahrheit anerkennen muss! Dann habe ich die Wahl, andere Handlungsweisen wählen zu können. Wir können den Inhalt dieser Fenster in der stillen Wolfsshow durchspielen und unsere Aufmerksamkeit zurück auf unser Kind richten.

Ich will mich entschleunigen und mir Zeit geben, bevor ich reagiere und meinen Impulsen nachgebe. Ich will »atmen«, zu meinem Herzen spüren und erst dann – im Einklang mit meinen Werten – handeln.

Beispiel: Miriam entdeckt, dass ihr dreijähriger Sohn Liam alle Setzlinge aus den Anzuchttöpfen gezogen hat, die beide noch gestern mühsam miteinander eingepflanzt haben. Beim Anblick der vertrockneten Keimlinge verspürt Miriam eine unbändige Wut. Die Worte »was für ein achtloses, gemeines Kind« steigen in ihrem Kopf auf. Der dazugehörige Handlungsvorschlag weist sie an, ihren Sohn am Arm zu packen, zu den Pflanzen zerren und dort zu zwingen, das Chaos zu beseitigen. Dabei würde sie schreien: »Siehst du, was du angerichtet hast? Nun sind die Pflänzchen alle tot. Und das ist deine Schuld!«

Doch noch ehe ein Wort davon über ihre Lippen kommt, erinnert sie sich daran, was sie sich vorgenommen hat, und beginnt, sich auf ihren Atem zu konzentrieren. Ein und aus, ein und aus, ein und aus … Noch kann sie nicht glauben, dass sie ihren Handlungsvorschlag wirklich aufgeben will, denn ihre Urteile über ihren Sohn erscheinen ihr wahr und berechtigt. Sie schaut auf die Uhr und nimmt sich vor, fünf Minuten vollkommen bei sich zu bleiben. Erst danach will sie auf die ausgerissenen Pflänzchen reagieren.

Während sie atmet, mischen sich weitere Gefühle in ihren Ärger, und Miriam beginnt sie in einem stillen, inneren Dialog für sich zu benennen: »Wir hatten die Pflänzchen doch so liebevoll in die Töpfe gesetzt, damit sie wachsen und gedeihen können. Sie jetzt so vertrocknet und leblos zu sehen, macht mich traurig. Ich merke, dass ich auch besorgt bin, weil ich den Gedanken habe, Liam könnte vielleicht mit anderen Menschen genauso umgehen wie mit diesen Pflanzen. Ja, irgendwie geht es da für mich um Achtung vor dem Leben. Was ist, wenn ich ihm nicht vermitteln kann, wie wichtig gegenseitige Rücksichtnahme ist? Die Vorstellung macht mir Angst. Gleichzeitig wird mir bewusst, dass dieses Bild zu mir gehört. Ich sehe die Pflanzen durch eine Brille der Angst und deute sie als Beweis dafür, dass Liam nicht genug Achtung vor dem Leben hat. Dabei kann ich mich auch noch erinnern, wie er letzte Woche der Nachbarskatze Milch vor die Tür gestellt hat, weil sie so dünn aussieht ...«

Nach einigen weiteren Atemzügen fühlt Liams Mutter, dass sie keinen unbedingten Handlungsimpuls mehr hat. Das ist für sie das sichere Zeichen, dass sie nun bereit ist, sich wieder ihrem Sohn zuzuwenden.

***Einladung zur Selbstklärung**: Welche trennenden Gedanken kennst du in Beziehung zu deinem Kind von dir? Welche Inhalte sind typisch für deine inneren Fenster?*

Glaubenssätze

In meinen Fenstern stehen nicht nur Urteile und bewertende Gedanken. Sie sind oft auch voller ungeprüfter Glaubenssätze – die unwahrscheinlich machtvoll sind, weil viele von ihnen uralt sind. Ich verstehe unter Glaubenssätzen zum Teil uralte, tragende Überzeugungen, von denen viele für mein Hier und Jetzt nicht mehr dienlich sind.

Wenn ich sie nicht überprüfe und mein Handeln unbewusst nach ihnen ausrichte, haben sie eine gewaltige Zerstörungskraft.

- Ich glaube, bestimmte Dinge nicht zu verdienen.
- Ich glaube, dass ich viele Ziele niemals erreichen werde.
- Ich glaube, dass ich eine schlechte Mutter bin.
- Ich glaube, ich bin nicht liebenswert. ...

Glaubenssätze, die wir nicht hinterfragen, wirken oftmals auf verheerende Weise ein ganzes Leben lang in uns. In der Regel versuchen wir unbewusst entweder, sie zu entkräften, oder wir suchen und finden überall Beweise dafür, dass unsere Annahmen zutreffen. In Bezug auf die Überzeugung, nicht liebenswert zu sein, kann das entweder bedeuten, dass wir den Menschen, die uns am Herzen liegen, ständig beweisen wollen, dass wir ihre Liebe verdienen, und dabei unsere eigenen Bedürfnisse zurückstellen. Oder wir nehmen an, dass dieser Glaubenssatz der Wahrheit entspricht und verhalten uns so, wie wir uns einen Menschen vorstellen, der es nicht wert ist, geliebt zu werden.

Doch auch in Bezug auf unsere Kinder haben einige von uns eine Menge Glaubenssätze:

- Man haut nicht.
- Man spielt nicht mit dem Essen.
- Man macht zu Ende, was man begonnen hat.
- Man darf Erwachsene nicht unterbrechen.
- Man muss Regeln befolgen.
- Man darf nicht wütend sein.
- Man muss Gutes tun, um ein guter Mensch zu sein.

Ein Junge, der zu der Überzeugung gelangt ist, dass er ein egoistischer, selbstsüchtiger Mensch ist, wird folglich sein Leben lang versuchen, es anderen Menschen recht zu machen und sich selbst zu beweisen, dass er besonders rücksichtsvoll ist. Oder er wird die Überzeugung weiterhin für wahr erklären, immer wieder resignieren und sich so verhalten, wie es seine Eltern von ihm zu erwarten scheinen.

Wenn wir unsere eigenen Urteile und Glaubenssätze für wahr erklären und sie glauben, ohne sie zu hinterfragen, ziehen wir unsere Kinder hierhin und dorthin, manipulieren, verletzen, übertragen unsere eigene Geschichte und fügen uns selbst großes Leid zu.

***Einladung zur Selbstklärung**: Gibt es Glaubenssätze, die du in Bezug auf dein Kind und seine Begleitung hast?*

Übertragung

Während ihrer Entwicklung, auf dem Weg zu sich selbst, können wir unsere Kinder nicht vor allem Schmerz bewahren, weil er Teil des Lebens ist. Doch wir können ganz erheblich dazu beitragen, dass unsere Kinder Herausforderungen selbstvertrauend, selbstwirksam und selbstfürsorglich begegnen – indem wir unsere Last nicht zu ihrer machen.

> **Beispiel:** Filou wählt eine Mütze mit mehreren bunten Bommeln und einem Drachengesicht. Einer Intuition folgend, ruft sein Vater: »Nein, die kannst du nicht aufsetzen! Die anderen Kinder werden dich auslachen!«

Dem Vater geht es darum, seinen Sohn vor schmerzhaften Erfahrungen zu schützen. Beim Anblick der Mütze erinnert er sich schlagartig an Scham und Zurückweisung sowie schmerzhaft unerfüllte Bedürfnisse nach Zugehörigkeit und Angenommensein. Die Überzeugung: »Wenn ich bunte Mützen mit Gesichtern darauf trage, lachen mich andere aus und lehnen mich ab!« gehört zu Filous Papa. In einem weit zurückliegenden Moment seiner Geschichte hat sie einmal Sinn ergeben – mit seinem Sohn hat sie jedoch nichts zu tun.

Wenn Filous Vater diese Überzeugung nicht überprüft, sondern darauf besteht, dass sein Sohn die Mütze nicht tragen sollte, wird Filou keine Möglichkeit haben, eigene, andere Erfahrungen machen zu können. Er wird vielleicht annehmen, dass sein Vater recht hat, und selbst denken: »Die Mütze ist albern. Alle hätten über mich gelacht, wenn ich damit in den Kindergarten gegangen wäre.«

Einladung zur Selbstklärung: *Hat dich die Erinnerung an eine eigene schmerzhafte Erfahrung aus deiner Kindheit schon einmal dazu veranlasst, in den Raum deines Kindes einzugreifen, wie der Vater aus dem obigen Beispiel? Kannst du dir vorstellen, dich mit deinen guten Absichten und deiner Sehnsucht dahinter zu verbinden – ohne deswegen deinem Handlungsimpuls nachzugeben?*

Im Kontakt mit den eigenen Glaubenssätzen

»Wenn ein Gedanke schmerzt, dann ist dies das Zeichen dafür, dass er nicht wahr ist.«
– Byron Katie –

Unsere Gedanken schweigen selten. Beinahe unablässig kommentieren sie unser Handeln und Erleben. Ob diese Gedanken eine freundliche, wertschätzende oder kritische und verurteilende Qualität haben, hängt entscheidend davon ab, wie unsere Eltern sich uns einstmals zugewandt haben. Die Art und Weise, wie sie mit uns sprachen und wie sie unsere Anliegen beantworteten, wird eines Tages zu unserer inneren Stimme.

Byron Katie weist uns darauf hin, wie viel Leid wir uns selbst mit unseren Gedanken zufügen, wenn wir entweder mit der Realität im Widerstand sind und glauben, das, was geschieht, dürfte nicht sein, oder uns in andere Einflussbereiche mischen. Sie unterscheidet zwischen dem eigenen Einflussbereich, deinem Einflussbereich und dem der Realität – sobald wir außerhalb unseres eigenen Bereiches denken, also dort, wo wir keinen Einfluss nehmen können und uns mit Anliegen auseinandersetzen, die nicht unsere eigenen sind, wird es in der Regel leidvoll.

Glaubenssätze zu erkennen, ist oftmals gar nicht so einfach, weil sie durch eine Vielzahl anderer Gedanken überlagert sein können oder uns möglicherweise schon so vertraut sind, dass wir sie gar nicht mehr bewusst wahrnehmen. Im Unterschied zu einfachen Gedanken, die kommen und gehen, zeichnen Glaubenssätze aus, dass sie sich ständig wiederholen und starke Gefühle auslösen, weil sie eine tiefe innere Wahrheit für uns darstellen.

Einen Glaubenssatz entdeckt zu haben, verdient Wertschätzung. Denn das gibt uns die Möglichkeit, ihn auf seine Kostbarkeit für unser heutiges Leben zu überprüfen. Folgende Fragen können dabei hilfreich sein:

- Wie fühlt es sich in meinem Körper an, wenn ich diesen Gedanken glaube, welche Empfindungen löst er dort aus? Erhöht dieser Gedanke meine innere Anspannung oder lässt er mich friedlicher werden?

- Füge ich mir mit diesem Gedanken Leid zu?
- Bezieht sich dieser Gedanke auf meinen eigenen Einflussbereich?
- Welche Sehnsucht drückt dieser Gedanke aus?
- Welches Bedürfnis drückt dieser Gedanke aus? Welches Bedürfnis erfüllt es, wenn ich diesen Gedanken nicht glaube?
- Bringt mich diese Überzeugung dem Menschen näher, der ich gerne sein möchte – trägt er dazu bei, dass ich die Mutter, oder der Vater sein kann, die oder der ich sein will? Erlaubt mir dieser Glaubenssatz, im Einklang mit meiner Liebe und meinen Werten zu handeln?
- Wie würde ich mich jetzt ohne diesen Gedanken fühlen? Wie würde ich mich ohne diesen Gedanken meinem Kind zuwenden?

Wenn wir feststellen, dass eine Überzeugung für uns nicht mehr dienlich ist und Stress in uns auslöst, ohne dass sie uns dabei unseren Werten näherbringt, wollen wir diese Überzeugung oftmals schnellstmöglich und konsequent von uns abschneiden. Mir einen Glaubenssatz zu verbieten und ihm gegenüber Widerstand zu entwickeln, würde jedoch dem Versuch gleichen, einen Teil von uns selbst abzuschneiden, denn jeder Glaubenssatz ist ein Teil unserer inneren Wirklichkeit, eine Schlussfolgerung über das Leben, die in unserer ehemaligen Lebensrealität einmal sinnvoll war und darum ihre Berechtigung hatte.

Dies zu verneinen würde wahrscheinlich viel Kraftaufwand bedeuten und gleichzeitig würde er unbewusst weiterhin in uns wirken. Auch, wenn es paradox klingen mag: Einen schädlichen Glaubenssatz zu hinterfragen und zu klären, bedeutet auch, ihn anzunehmen. Wir können würdigen, was ein Glaubenssatz einstmals zu unserem Schutz beigetragen hat und welche Sehnsucht sich in ihm verbirgt.

Einstmals bewahrten uns unsere Überzeugungen vor dem Schmerz erneuter Enttäuschung und entlastete uns, indem sie Erklärungsmodelle boten, welche es uns ermöglichten, die Welt zu verstehen. So stellt ein Kind beispielsweise seine Eltern nicht infrage, weil die Schlussfolgerung »ich bin nicht liebenswert« gleichzeitig die Hoffnung ermöglicht, dass sie es eines Tages tun werden – wenn es sich nur noch mehr darum bemüht, ein noch besserer Mensch wird.

Heute, als Erwachsene, haben wir die Möglichkeit, neue, lebensdienlichere Erklärungsmodelle zu wählen, und sind außerdem fähig, uns dem Schmerz über Enttäuschungen einfühlsam zuzuwenden – ohne dafür einen anderen Menschen zu brauchen. Gleichzeitig können wir die heutigen Folgen für uns betrauern, ohne dass wir dem Glaubenssatz deswegen untersagen müssen, sich zu zeigen. Wenn wir ihn in eine Sehnsucht übersetzen, kann er uns auch heute noch dienlich sein.

Glaube ich also, dass ich nicht liebenswert bin, dann kann ich mich mitfühlend der Sehnsucht zuwenden: Ich würde mich gerne willkommen fühlen und darauf vertrauen, dass meine Schönheit gesehen wird. Wenn ich glauben könnte, dass ich wertvoll bin, dann würde sich diese friedliche, wohlige Wärme in mir ausbreiten.

Das ist es, was unser Schattenkind gebraucht hätte, als dieser Glaubenssatz entstand, und das ist es auch, was wir auch heute noch brauchen, wenn diese Überzeugung sich zeigt.

Byron Katie gibt uns mit ihrem Prozess »The Work« eine Strategie, um Glaubenssätze zu klären. Sie lädt dazu ein, folgende Fragen zu beantworten:

1. Ist das wahr?
2. Kannst du absolut sicher sein, dass dieser Gedanke wahr ist?
3. Wie bist du, wenn du diesen Gedanken glaubst? Wer wärst du, wenn du diesen Gedanken nicht hättest – was würdest du fühlen? Wie würdest du auf dein Kind zugehen, auf welche Weise würdest du mit ihm sprechen?
4. Finde drei Umkehrungen.

Beispiel: (Im Folgenden teile ich eine alte Aufzeichnung aus dem Jahr 2011, in der ich mich dem Glaubenssatz »Man darf nicht schlagen« zugewendet habe):

1. *Man schlägt nicht. Ist das wahr? Ja – denn Schlagen ist Gewalt. Gewalt führt zu noch mehr Gewalt.*
2. *Kann ich wirklich absolut sicher sein, dass das wahr ist? Hier werde ich unsicher. Was kann man schon ganz sicher wissen? Aber ich sage ja. Ja, man schlägt nicht, sondern findet andere Möglichkeiten, um Konflikte zu klären. Das ist mir wichtig.*
3. *Wie bin ich, wenn ich diesen Gedanken glaube? Ich erinnere mich an das Spielturnen letzte Woche. Nachdem Lukas den Steffen gehauen hat, bin ich laut geworden und habe geschimpft. Ich fand, dass er etwas falsch gemacht hat, und wollte, dass er das merkt: Man schlägt nicht und wenn du es doch tust, bist du nicht richtig. Und »dann kann ich dich hier auch nicht aus den Augen lassen, sondern du musst eben bei mir bleiben.«, »Halt, lass das!«, »Lukas, jetzt kommst du aber her …« Während ich so vor mich hin schimpfe, werfe ich allen anderen Eltern entschuldigende Blicke zu und fühle mich ganz klein. Die Gedankenkette reißt gar nicht ab. Ob die denken, ich sei eine schlechte Mutter? Ob die glauben, mein Kind sei unerzogen? Jedenfalls bin ich angespannt und wütend und beim Umziehen zerre ich in dieser Energie auch an Lukas' Turnschuhen. Darauf, mit ihm noch etwas zu entdecken, will ich mich nicht einlassen. Nach dem Motto »Wer sich so verhält, der geht gleich nach Hause« setze ich ihn unter Protest ins Auto und bin nicht frei dafür, mich für ihn zu interessieren. Ich kann mich auch nicht einfühlsam mit dem verbinden, worum es ihm in dem Augenblick ging, als er Steffen gehauen hat. Und das unerfüllte Bedürfnis, das diese Beobachtung in mir ausgelöst hat, ist mir auch nicht klar. Wie wäre ich ohne diesen Gedanken? Zunächst hätte ich mir eine Menge Stress erspart und hätte sehr wahrscheinlich im besseren Kontakt mit den Bedürfnissen bleiben können – meinen eigenen und dem, was Lukas braucht. Ich hätte sagen können »Halt, Stopp«, als Lukas Steffen gehauen hat, und mich vielleicht beiden zuwenden können. Es hätte mir mehr Freude gemacht, den Kindern zuzuschauen, anstatt ängstlich zu sein und überall einzugreifen und zu begrenzen. Ich hätte sanft bleiben können, als*

ich Lukas angezogen habe, und sicherlich wäre ich offen gewesen, noch den alten Traktor anzuschauen, für den Lukas sich interessiert hat. Ja, ohne diesen Gedanken wäre ich leichter, entspannter, friedlicher und liebevoller. Und trotzdem spüre ich noch Resonanz – man schlägt nicht. Das sitzt tief.

4. *Finde Umkehrungen. Nun, die erste wäre, dass man sehr wohl schlägt. Wann schlägt man? Wenn Lukas angegriffen wird und sich verteidigen muss. Ja klar, dann will ich nicht, dass er mit gesenktem Kopf da steht und versucht zu reden. Ich schlage mich, wäre die zweite Umkehrung. Puh. Das ist anstrengend. Ich sitze nicht da und schlage mich. Aber ich bin nicht gut zu mir. Wenn ich mir sage, dass ich eine schlechte Mutter bin, oder zu anderen »Ja« sage, obwohl ich das eigentlich nicht will, dann tut das ähnlich weh wie ein Schlag. Eine weitere Umkehrung ist: Ich schlage Lukas. Ich habe ihn noch nie geschlagen, aber ich habe an ihm gezerrt, gegen seinen Willen die Zähne geputzt und ihm den Eindruck vermittelt, er sei falsch. Gerade dann, wenn ich solche Gedanken glaube … Das einzugestehen, tut weh. Ich denke daran, dass Gewalt gegen mich – mich selbst schlagen – letztlich immer bei Lukas landet. Fazit: Die Resonanz zu diesem Glaubenssatz ist nicht vollständig aufgelöst, aber aufgeweicht. Ich spüre eine wohltuende Veränderung und habe Aspekte entdeckt, die mir andernfalls wohl verborgen geblieben wären.*

Um herauszufinden, ob Glaubenssätze für unser Leben beitragen, sind Information und Inspiration unverzichtbare Strategien. Wenn dich ein Glaubenssatz in Bezug auf dein Kind ängstigt, dann sammle alle Informationen, die du zum Thema finden kannst, und lass dich von anderen Menschen inspirieren, um dein Vertrauen zu nähren.

Ich habe beispielsweise lange geglaubt, dass man »immer zu Ende bringen sollte, was man begonnen hat«. Im Folgenden möchte ich eine Inspirationsquelle mit euch teilen, die mich in Bezug auf diesen Glaubenssatz sehr berührt hat. Prof. Dr. Peter Gray schrieb in einem Artikel über die grundlegendste Freiheit, etwas aufgeben und weggehen zu dürfen:

»Die Begriffe abbrechen und aufgeben sind in unserer Gesellschaft negativ behaftet. Die meisten von uns kennen aus ihrer Kindheit Sätze wie: »Niemals aufgeben« oder »Wer aufgibt, verliert.« Dahinter stand sicherlich der elterliche Wunsch, Kinder widerstandsfähig für das kommende Leben zu machen. Also vermittelten sie, dass es wichtig ist, Dinge durchzustehen, egal, wie es sich anfühlt und wie schwierig es ist.

Aber wenn es nun gar nicht darum geht, besser zu sein, und wir stattdessen möchten, dass unsere Kinder einfach glücklich sind, dass Verletzungen heilen, dass sie ihre Integrität achten und sich mit Menschen umgeben, die ihnen ein gutes Gefühl geben, und Situationen verlassen, die ihnen nicht gut tun, dann ist die Freiheit, etwas abzubrechen und wegzugehen, enorm wichtig.

Denken wir einmal an die Naturvölker. In ihren Gemeinschaften geht es um Gleichwertigkeit. Es gibt keinen Machthaber und keinen Unterdrückten. Ressourcen werden gleichmäßig verteilt und Entscheidungen werden im Konsens getroffen. All dies lässt sich auf die Freiheit, weggehen zu können, zurückführen. Die einzelnen Mitglieder dieser Gemeinschaften sind beweglich. Wenn sie sich nicht wertgeschätzt fühlen, sich nicht mit dem ernst genommen fühlen, was ihnen am Herzen liegt, ziehen sie weiter und finden ihren Platz in einer neuen Gemeinschaft. Da man innerhalb dieser Gemeinschaften aber aufeinander angewiesen ist und die Gruppe zum Überleben braucht, ist es nötig, andere gut zu behandeln, um nicht verlassen zu werden.«

Einladung zum Üben: *Wenn du möchtest, kannst du den Prozess von Byron Katie mit einem deiner Glaubenssätze selbst ausprobieren. Wähle aus dem Strauß folgender Fragen: Bringt der Gedanke Stress oder Frieden? Bringt er dich dem Menschen näher, der du gerne sein möchtest, steht er im Einklang mit deinen heutigen Werten? Bezieht er sich auf deinen Einflussbereich? Wie bist du, wenn du diesen Gedanken glaubst, was fühlst du in deinem Körper?*

Wie wärst du, wenn du diesen Gedanken nicht glauben würdest – zu dir selbst und zu den Menschen, die dich umgeben? Nährt dieser Gedanke Angst oder Frieden?

Wenn Glaubenssätze zu schmerzhaft sind, um sie zu klären

Manche Glaubenssätze lösen so viel Schmerz aus, wenn wir sie berühren, dass es scheint, als würden uns die Gefühle überwältigen, und wir beginnen zu befürchten, dass wir dem, was dort ausgelöst wird, nicht gewachsen sein könnten.

Für mich war beispielsweise lange Zeit die Überzeugung, den Menschen, die mir am Herzen liegen, und der ganzen Welt nicht willkommen zu sein, überwältigend schmerzhaft. Als ich dem nachspürte, was durch diesen Glaubenssatz in mir ausgelöst wird, war ich lange Zeit nicht in der Lage, länger als einen Atemzug mit meiner Aufmerksamkeit bei diesen Empfindungen zu bleiben. Es war, als würde mich eine Welle aus Angst und Trauer mit sich reißen.

Bei besonders starken Glaubenssätzen kann es deswegen hilfreich sein, einen Entstärker vorwegzunehmen:

- »Ich erzähle mir die Geschichte, dass ich nicht willkommen bin!«
- »Ich sage mir selbst, ich sei nicht willkommen auf dieser Welt!«
- »Ein Teil von mir fürchtet noch immer, ich sei nicht willkommen!«

Andere Glaubenssätze sind so stark, dass wir sie weder annehmen noch ablegen können. Wir ahnen, dass ihre Auswirkungen auf uns nicht lebensdienlich sind, und gleichzeitig können wir uns nicht dazu durchringen, diese Ahnung für wahr zu erklären.

Was wir jedoch immer tun können, ist, den Kampf gegen einen Glaubenssatz aufzugeben und keine weitere Kraft mehr darauf zu verwenden, ihn wegzudrücken. Wir können akzeptieren, dass ein Teil von uns noch immer denkt, wir verdienen keine Liebe, und diesen Gedanken als Hintergrundmusik annehmen, ohne ihn ganz und gar zu glauben.

***Einladung zur Selbstklärung**: Leben in dir Glaubenssätze, die dich besonders ängstigen und mit viel Schmerz verbunden sind? Dann mach dir bitte bewusst, dass du sie nicht alle zur gleichen Zeit klären kannst und schon gar nicht musst. Du darfst dir Unterstützung suchen und du darfst sie auch auf ein Blatt Papier schreiben und in dem Vertrauen in die Schublade legen, dass ihre Klärung zu einer anderen Zeit möglich sein wird.*

Von der Angst, Bedürfnisse zu erfüllen

Schlafe, mein Kindlein

»Du hast es ihm so beigebracht,
Nun musst du bei ihm bleiben.
Du musst bei ihm sein, jede Nacht,
Und ihm die Zeit vertreiben.«
So sprach die gute Freundin laut
Und rang mit ihren Händen.
»Du hast dein Unglück selbst gebaut
Und musst es selbst beenden!
Leg ihn doch einfach wach ins Bett,
Dann geh und lass ihn schreien!
Ihr seid zu ihm doch viel zu nett,
Das bringt euch nichts, euch dreien!
Gib ihm drei Tage, du wirst sehn,
Dann schläft er viele Stunden,
Er wird um acht ins Bettchen gehn,
Das Schreien ist verschwunden.
So lernt er schlafen, lies das Buch,
Es hilft bei allen Kindern,
Und niemand stört mehr den Besuch,
Nichts wird dich mehr behindern.«
Ich brachte sie dann schnell zur Tür

Und sagte artig »Danke«,
Und meinen Teil, den dacht‹ ich mir,
Ich wollte kein Gezanke.
Dann schaute ich mein Baby an
Und küsste seine Wangen:
Dass dieses Kind schon schlafen kann,
Das ist ihr wohl entgangen …
Und stillend schlief mein Baby ein
An meiner Brust, der warmen,
Und lächelte im Sternenschein
Vor Glück in meinen Armen.
Denn ich kann, wenn es bei mir ist,
Ihm all die Liebe geben,
Die meine Freundin so vermisst,
In ihrem ganzen Leben.
Margarete Schebesch

Als mein Kind geboren wurde, waren mir Haltungen, wie die Gewaltfreie Kommunikation, unerzogen oder die »bindungsorientierte Elternschaft« (Attachment Parenting) noch vollkommen fremd. So verursachte mir der Rat meiner Hebamme, mein Kind nicht öfter als alle zwei Stunden zu stillen, zwar intuitives Unbehagen, doch das konnte ich nicht begründen und so folgte ich ihm dennoch.

Bald wanderte auch der Ratgeber »Jedes Kind kann schlafen lernen« in mein Regal. Nachdem ich dieses Buch gelesen hatte, setzte ich mich neben das Bettchen meines Kindes und rückte jeden Tag ein bisschen weiter mit meinem Stuhl aus dem Zimmer heraus, bis ich im Flur angekommen war.

Ich versuchte, mich davon zu überzeugen, dass ich Lukas damit etwas Gutes tue, schließlich stand in dem Buch, dass es für Kinder eine wichtige Kompetenz sei, alleine einschlafen zu können. Und selbstverständlich wollte ich ihm diese nicht vorenthalten. Anfangs beäugte mich mein

Sohn nur skeptisch aus seinem Bettchen heraus. Später weinte er verzweifelt, und ich weinte still vor seiner Tür!

Es blieb nicht bei diesen Ratschlägen:

»Du musst ihn auch mal schreien lassen!«

»Du darfst nicht immer auf deinen Sohn eingehen, wenn er so wütet!«

»Er muss lernen, dass nein auch nein bleibt!«

»Damit willst du ihn doch wohl nicht durchkommen lassen?«

»Er wird den Brei schon essen, wenn er den ganzen Tag nichts anderes bekommt!«

Dieser Wahnsinn hat meine tiefsitzende Angst berührt und genährt, ich könnte einen verwöhnten Tyrannen erschaffen.

Menschen, die uns gut gemeinte Ratschläge geben, wollen in der Regel etwas für uns beitragen. Es ist ihre Art, uns zu unterstützen, an unserer Situation Anteil zu nehmen und ihre Liebe zum Ausdruck zu bringen. So war es auch bei meiner Familie und meinen Freunden. Und wir alle gemeinsam wollten, dass mein Sohn einmal das hat, was er braucht, um ein glückliches Leben zu führen. Vor allem aber haben wir wiederholt, was wir selbst so oft gehört hatten. Es war diese alte, subtile Angst der Erziehenden, in der wir uns zusammenfanden.

Das Tragikomische daran ist, dass wir gleichzeitig der beste Beweis dafür waren, dass es »nicht funktioniert« hat: In jedem unserer Herzen waren Angst, Selbstzweifel und auch die Unfähigkeit eingepflanzt worden, uns annehmen, ernst nehmen und lieben zu können. Da saßen wir nun und schmiedeten Pläne – in bester Absicht und in Unwissenheit darüber, dass wir dabei waren, dieselben Samen noch einmal zu säen.

Wenn mir heute Menschen begegnen, die diese Art von Ratschlägen geben, dann macht es mich längst nicht mehr unsicher. Und nicht mehr wütend. Es macht mich mitfühlend, weil ich ahne, was sich dahinter verbirgt. Ich stehe nicht nur Erwachsenen gegenüber, sondern Kindern, die ihre eigenen Eltern lieben – und die deren Art und Weise, Liebe zu geben, nicht infrage stellen möchten, weil das ungemein schmerzhaft ist. Ich stehe nicht nur Erwachsenen gegenüber, sondern auch Eltern, für die es vielleicht viel zu schmerzhaft wäre, ihre eigene Art, Liebe zu zeigen, zu hinterfragen. Und die selbst entscheiden wollen, wann und ob sie dazu bereit sind.

***Einladung zur Selbstklärung**: Hast du zu Beginn deiner Elternschaft Ratschläge erhalten? Was haben sie in dir ausgelöst – kannst du unterscheiden, ob sie dein Vertrauen oder deine Angst genährt haben?*

Entwicklungstrauma und Bindungsverletzungen

Dami Charf, eine Psychotherapeutin, die sich auf Traumaheilung spezialisiert hat, lehrt uns, dass die Quelle eines Traumas nicht immer auf akute Belastungen wie Unfälle, Naturkatastrophen oder Gewalterfahrungen zurückzuführen ist, sondern wesentlich häufiger durch Bindungsverletzungen in den ersten drei Lebensjahren verursacht wird – also in einer Zeit unseres Lebens, an die wir keine bewussten Erinnerungen haben – und die dennoch unser gesamtes weiteres Leben prägen.

Diese ersten Lebensjahre entscheiden darüber, welche Resilienz wir einmal gegenüber Belastungen entwickeln werden und wie balanciert unser Nervensystem seiner regulativen Aufgabe zwischen Anspannung und Entspannung nachkommen kann.

Das Nervensystem eines Neugeborenen ist noch nicht in der Lage, sich autonom zu regulieren, sondern ist auf die ausgewogene Anregung und Beruhigung durch eine Bezugsperson angewiesen. Die Voraussetzung für eine balancierte Selbstregulationsfähigkeit ist eine sichere Bindung. Eine Beziehung, in der sich die Bezugsperson auf das Kind einstimmen, seine Bedürfnisse empathisch wahrnehmen und ihm das Vertrauen vermitteln kann, dass es auf dieser Welt willkommen ist. Von diesen ersten Bindungserfahrungen wird auch das spätere Selbstverständnis und die Bindungsfähigkeit abhängen.

Diese wiederum basieren auf den Überzeugungen, die wir in den ersten Lebensjahren unbewusst entwickeln:

- Betrachte ich die Welt als einen sicheren Ort oder muss ich ständig auf der Hut vor Gefahren sein?

- Bin ich in dieser Welt willkommen und verstehe mich als Bereicherung oder zweifle ich ständig an meinem eigenen Wert?
- Darf ich andere um Hilfe bitten oder muss ich meine Probleme alleine lösen, um mir meine Unabhängigkeit zu bewahren?
- Kann ich tiefe Beziehungen genießen oder fürchte ich Verletzungen?
- Darf ich mich zeigen, wie ich bin, oder versuche ich, anderen zu gefallen und bestimmte Anteile meiner selbst zu verbergen?
- Gestehe ich mir eine gute Selbstfürsorge und den Schutz meiner Grenzen zu oder verdiene ich es zu leiden?

Eine Beziehung, die konstant unsicher ist und in der wiederholt Bindungsverletzungen geschehen, führt zu Entwicklungstraumen.

Wenn wir an Trauma denken, dann assoziieren wir damit in der Regel einschneidende und zeitlich begrenzte Erlebnisse. Dabei vergessen wir leicht, dass von Neugeborenen und Kleinkindern andere Dinge als existentiell bedrohlich erlebt werden als von uns Erwachsenen. Ein Kind, dessen stundenlanges Schreien nicht beantwortet wird, erfährt Todesangst.

Nehmen wir einmal an, dass die Bezugsperson des Kindes nicht über die Fähigkeit verfügt, sich auf das Kind einzustimmen und seine Bedürfnisse wahrzunehmen. Denken wir an Babys, die gleich nach der Geburt von ihren Müttern getrennt werden und mit denen darum niemand tiefergehend in Resonanz treten kann. Stellen wir uns eine Mutter vor, die die Signale ihres Kindes, seine Gefühle nicht wahrnehmen kann, etwa, weil sie aufgrund besonderer Umstände zu erschöpft ist oder aufgrund einer Erkrankung mit sich selbst beschäftigt ist.

Malen wir uns eine Bezugsperson aus, die keinen Körperkontakt zulassen kann, weil es in ihrer Beziehung zu ihren eigenen Eltern keine gab oder sie Missbrauch erlebt hat. Denken wir an all die alten Glaubenssätze, die den Eltern in vielen Generationen verboten, sich ihren Kindern überhaupt liebevoll zuzuwenden und ihre Bedürfnisse zu erfüllen.

Ursächlich für Entwicklungstraumen sind nicht nur Gewalterlebnisse, sondern insbesondere unsichere Beziehungserfahrungen in den ersten Lebensjahren, während das Überleben von der Zuwendung der Eltern abhängt.

Die körperliche Folge einer nicht umfassend ausgebildeten Regulationsfähigkeit ist Dysregulation. Ein ständiges Pendeln zwischen Übererregung oder Unterregulation. Eine dauerhafte Entgleisung des sympathischen und parasympathischen Gleichgewichts. Eine ständige Alarmbereitschaft, in der die tieferen Strukturen unseres Gehirns die Kontrolle übernehmen. Wir sind unfähig, uns zu entspannen, und stattdessen damit beschäftigt, unsere Umwelt unbewusst auf Gefahren zu überprüfen. Wir suchen nach der Ursache unserer Erregung im Außen und finden sie, was unsere Anspannung noch erhöht.

Ich greife Dami Charfs wissenschaftlich hinterlegte Erkenntnisse auf, weil ich davon ausgehe, dass viele Leser meines Buches Entwicklungstraumen erfahren haben. Ich möchte dazu beitragen, dass diese Betroffenen ihre eigenen Verletzungen anerkennen und infolgedessen hoffentlich Heilung erfahren können. Ich weiß, dass gerade diese Eltern so viel mehr ringen und sich anstrengen müssen, damit ihre Liebe fließen kann.

Einladung zur Selbstklärung: *Hast du deine Eltern jemals gefragt, wie sie dich als Baby mit deinem Schreien beantwortet haben, welche Überzeugungen sie damals hatten und wie leicht es ihnen gefallen ist, dir körperliche Nähe zu geben?*

Auf der Bedürfnisebene gibt es keine »Verwöhnung«

»Ich halte deine Hand, du schläfst ein und ich lass nicht los!«
– Janine Dürrmann –

Ich will gar nicht bestreiten, dass es das Phänomen der Verwöhnung gibt: Dort, wo alle Wünsche erfüllt werden, Harmonie nicht in Gefahr geraten darf und keine Fähigkeit entwickelt werden kann, mit abgelehnten, unerfüllten Wünschen oder Wut und Frustration umzugehen. Denken wir jedoch daran, dass Wünsche Strategien sind, keine Bedürfnisse. Dann geht es um Süßigkeiten, Medienkonsum oder Regelfreiheit.

Kinder, die auf der Strategie-Ebene Überfluss erfahren und denen alle Wünsche erfüllt werden, zahlen auf anderer Ebene oft einen hohen Preis. Denn Verwöhnung ist, nach meiner Erfahrung, eine Strategie, die ein Ungleichgewicht, einen Bedürfniskonflikt der Eltern kompensieren soll. Mit ihrer Hilfe soll wieder gutgemacht werden, dass wenig Zeit für die Kinder zur Verfügung steht, die Liebe aufgrund eigener Verletzungen nicht anders zum Ausdruck gebracht werden kann oder dass die Eltern Gefühle wie Wut, Trauer und Frustration nicht aushalten können. Wenn meine eigene Integrität nicht geachtet wurde, dann weiß ich als Mutter oder Vater möglicherweise gar nicht, wie ich meine eigenen Grenzen wahren und mit denen meines Kindes achtsam sein kann. Dann kann ich meinem Kind gegenüber ein »Nein« vielleicht gar nicht ausdrücken, ohne zu befürchten, dabei seine Integrität genauso zu verletzen, wie meine eigene verletzt wurde. Auch das sind tragische Aspekte in Bezug auf Grenzenlosigkeit und Verwöhnung.

Ich wünschte jedenfalls, ich könnte in der Zeit zurückreisen und mir selbst, der jungen, unsicheren Mama Hanna, zurufen: Kinder, die darauf vertrauen können, dass ihre Bedürfnisse erfüllt werden, fühlen sich sicher und geborgen. Sie sind eines Tages selbst einfühlsam genug, auch die Bedürfnisse anderer wahrzunehmen. Da Zeitreisen noch nicht erfunden wurden, kann ich meine Erfahrungen festhalten und versuchen, das Vertrauen anderer Eltern zu nähren.

Ich versichere euch, dass Bedürfnisse nicht übererfüllbar sind. Es gibt keinen Grund, sich zu fürchten. Menschen, die in der Fülle leben statt im Mangel, müssen anderen keinen Schaden zufügen – aus Angst, selbst nicht genug zu bekommen. Menschen, die darauf vertrauen, dass sie mit ihren eigenen Bedürfnissen wichtig und willkommen sind, die gelernt haben, dass sie selbst gut für sich sorgen dürfen, können auch die Bedürfnisse anderer berücksichtigen.

Katzen sind übrigens ein eindrucksvolles Beispiel dafür, wie Bedürfnisse funktionieren: Streichel deine Katze und sie wird es genießen, solange das ihre Bedürfnisse erfüllt. Sie wird aber nicht liegen bleiben und sich ins Fäustchen lachen bei dem Gedanken, dass sie dich damit jetzt schön weiter von der Arbeit abhält. Wenn sie genug hat, wird sie aufstehen und sich trollen.

Echte Bedürfnisse können nicht im Übermaß erfüllt werden. Es liegt in der Natur des Brauchens, dass wir etwas nicht mehr brauchen, sobald wir erfüllt und genährt sind. Kein Mensch isst, obwohl er satt ist. Und wenn er es doch tut, dann erfüllt er sich damit ein wichtiges Bedürfnis. Erst wenn dieses Bedürfnis wahrgenommen wird, können alternative Strategien entwickelt werden, die mit keinem anderen wichtigen Bedürfnis kollidieren – etwa dem nach Gesundheit. Ein Kind, welches nach seinen Eltern ruft, tut dies einzig und allein, weil es ein Bedürfnis hat. Sobald dieses Bedürfnis genährt ist, wird es aufhören zu rufen!

***Einladung zur Selbstklärung**: Was löst die Idee, dass es auf der Bedürfnisebene keine Verwöhnung gibt, in dir aus? Welche Gedanken und Gefühle werden in dir lebendig, wenn du an dein Schattenkind denkst, an die Beziehung zu deinem eigenen Kind oder deine Selbstfürsorge?*

Entfremdeter Bedürfnisausdruck

»Kevin ruft mich zu sich ins Zimmer, wenn Schlafenszeit ist. Er behauptet, Hunger und Durst zu haben, aber das sind nur Vorwände!«

Es ist sehr wahrscheinlich, dass Kevin ruft, weil er ein Bedürfnis nach Aufmerksamkeit, Nähe oder Sicherheit hat. Vielleicht benötigt er auch Unterstützung dabei, den Tag loszulassen und sich zu beruhigen. Dass er nach Essen und Trinken verlangt, obwohl er nicht hungrig oder durstig ist, entspricht dem Versuch, auf vermeintlich akzeptierte Weise auf sein Bedürfnis aufmerksam zu machen.

Wenn er riefe: »Mama, ich brauche deine Nähe« (was er auf seine Weise sicherlich wiederholt getan hat), und seine Mutter darüber Urteile zum Ausdruck bringt oder sich aufgrund von Gedanken wie: »Dann wird er Morgen wieder rufen« nicht traut, die Bedürfnisse ihres Sohnes zu erfüllen, muss Kevin andere Möglichkeiten finden, für sich zu sorgen.

Kindern bleibt häufig nichts anderes übrig, als ihren authentischen Bedürfnisausdruck zu kaschieren, wenn die effektivste Strategie zur Erfüllung wiederkehrend abgelehnt wird. Sie tun das sehr bereitwillig und intuitiv, weil sie von der Zugewandtheit und dem Wohlwollen ihrer Eltern abhängig sind. Auf diese Weise entfremden sie sich immer mehr von ihren eigenen Bedürfnissen und verlieren ihre Anliegen zunehmend selbst aus den Augen.

Hinzu kommt, dass eine Vielzahl von Kindern Bedürfnisse nach Selbstbestimmung oder Integrität gar nicht kennt, keine Beziehung dazu aufbauen kann – weil ihr Umfeld diese nicht benennt und ihnen keine Verbindung dazu ermöglicht. Sie spüren ein subtiles Unwohlsein, ohne zu wissen, wie sie für sich sorgen können. Das führt nicht nur zu starken Konflikten mit den Eltern, sondern erschwert die Selbstfürsorge und das seelische Gleichgewicht enorm. Manche Eltern bringen ihre Kinder deshalb nicht mit diesen Bedürfnissen in Kontakt, weil sie diese selbst nicht kennen, sondern weil sie sich vor ihnen fürchten. Ein Vater, der eine erziehende Instanz darstellen möchte, hat vielleicht gar kein Interesse daran, dass sein Kind sein natürliches Streben nach Autonomie auslebt. Einer Mutter, der körperliche Nähe schwer fällt, unterdrückt die Strategie ihres Kindes, sich auf diese Weise geborgen zu fühlen, vielleicht ganz unbewusst.

Tragisch ist, dass Eltern auf den verfremdeten und kaschierten Bedürfnisausdruck erfahrungsgemäß mit noch mehr Urteilen und Wut reagieren, weil sie einstmals selbst damit abgelehnt wurden.

Wenn sie nicht hinterfragen, was den authentischen Bedürfnisausdruck für ihr Kind erschwert, und es dabei unterstützen, mit dem, was es eigentlich braucht, in Kontakt zu kommen, sind Kinder hilflos!

Wenn sie den kaschierten Bedürfnisausdruck nun auch noch ablehnen, ihrem Kind Vorwürfe machen und es verurteilen, dann wird die innere Not unermesslich groß. Das Kind wird mit seiner guten Absicht, eine passende Strategie für sich selbst und die Eltern zu finden, nicht nur übersehen, sondern auch noch bestraft. Es entsteht eine Dynamik, die kein Kind unterbrechen oder aufheben kann.

Beispiele für den entfremdeten Bedürfnisausdruck:

- Ein Kind lässt sich immer wieder auf Absprachen ein, den Fernseher nach einer bestimmten Zeit auszustellen, weigert sich dann aber. Es geht dabei nicht wirklich um die Lieblingsstrategie Fernsehen, sondern um ein Bedürfnis nach Freiheit und Selbstbestimmung. Ein Kindergartenkind gibt vor, Zahnschmerzen oder Bauchweh zu haben, und sagt, es müsse deswegen zu Hause bleiben. Dabei geht es ihm um Geborgenheit und Schutz, die sich erfüllen, wenn es nah bei seiner Mutter und in der vertrauten Umgebung sein kann.
- Ein Kind steckt sich im Supermarkt heimlich eine Tafel Schokolade in die Tasche, um sich sein Bedürfnis nach Wahlfreiheit und Genuss zu erfüllen.
- Ein Kind steht immer wieder aus dem Bett auf und geht auf Toilette, holt sich etwas zu trinken oder bittet um Essen, obwohl die Eltern ihm mehrfach gesagt haben, dass nun Elternzeit ist. Das tut es, weil es sich nach der Nähe seiner Eltern sehnt.

Jedes dieser Kinder kann nicht um das bitten, was es wirklich braucht, weil es erfahren hat, verurteilt und abgelehnt zu werden. Seine Eltern mögen es wissen lassen:

- »Jetzt ist aber Schluss. Wir hatten eine Absprache und du hast ja gesagt. Jetzt habe ich schon zehn Minuten mehr Zeit gegeben und du bist immer noch nicht zufrieden. Wenn es nie genug ist, dann schaffen wir den Fernseher ganz ab!«
- »Ich muss arbeiten. Warum willst du denn schon wieder nicht in den Kindergarten gehen? Alle Kinder gehen dorthin. Ich muss arbeiten und Geld verdienen, das musst du doch einsehen. Jetzt mach mir keine Schwierigkeiten!«
- »Nein, du kannst nicht bei jedem Einkauf etwas haben! Morgen ist Süßigkeitentag, da kannst du dir wieder etwas aus der Schale aussuchen. Bis dahin musst du dich schon noch gedulden, du kleiner Nimmersatt!«

- »Jetzt ist es aber genug. Mama und Papa brauchen Zeit für sich. Wir haben uns den ganzen Tag mit dir beschäftigt, und jetzt gehst du zu Bett und schläfst!«

Eltern, die den authentischen Bedürfnisausdruck ihrer Kinder schwer annehmen können und den Impuls haben, ihn zu verneinen, tun dies in der Regel aufgrund vieler alter Glaubenssätze und Überzeugungen. Auf den kaschierten Bedürfnisausdruck reagieren sie heftig, weil er ihre Angst vor dem Tyrannen weiter nährt und ihre eigenen Interpretationen sie noch weiter von ihrer bedingungslosen Liebe entfernen. Sie glauben dann, dass:

- ihre Kinder lügen und unaufrichtig sind,
- ihre Kinder nur ihren Willen durchsetzen wollen,
- ihre Kinder ihnen auf der Nase herumtanzen und sie manipulieren wollen,
- ihre Kinder ein Verhalten entwickeln, welches unterbunden werden muss, bevor es sich noch weiter festigt,
- es in einer Katastrophe endet, wenn sie nicht durchgreifen und sich behaupten.

Unsere Kinder sind darauf angewiesen, dass wir diese Gedanken nicht glauben, sondern in Bedürfnisse übersetzen. Ebenso sind sie darauf angewiesen, dass wir ihre Not wahrnehmen, anstatt den Fokus auf unsere Urteile zu legen. Und, dass wir ihnen helfen, zu den wirklichen Bedürfnissen vorzudringen.

***Einladung zur Selbstklärung**: Wie frei konntest du dich als Kind fühlen, auf deine Bedürfnisse aufmerksam zu machen? Gibt es einen Bedürfnisausdruck, der gegenüber deinem eigenen Kind viel Wut oder Angst in dir auslöst?*

Bedürfnisse zu achten ist anstrengend

»Aber wenn ich mich jetzt zu meinem Sohn ins Bett lege, weil ich sein Bedürfnis nach Nähe wahrgenommen habe, dann wird er mich morgen wieder zu sich rufen!«

Wenn Kinder sich frei fühlen können, um die Erfüllung ihrer Bedürfnisse ganz unverschleiert zu bitten, ohne sich dabei schuldig und abgelehnt zu fühlen, werden sie es auch tun. Das ist wahr! Ja, möglicherweise wird er am nächsten Abend wieder rufen, weil diese Strategie (die Nähe seiner Mutter) wichtige Bedürfnisse nährt und er Vertrauen hat, dass ihm diese erfüllt werden.

Ist das nicht das, was wir uns alle für unsere Kinder wünschen? Dass sie alles bekommen, was sie brauchen, um ein gesundes und glückliches Leben führen zu können? Dass wir ihnen vermitteln, wie sie einmal auf eine Weise für sich selbst sorgen können, die ihnen innere Freiheit, Stärke und Vertrauen in das Leben ermöglicht?

Ja, um ehrlich zu sein ist es anfangs anstrengend, Bedürfnisse zu achten. Und es wird leichter, sobald wir es uns zur Gewohnheit machen, herauszufinden, was wir brauchen. Und noch viel leichter, sobald wir Vertrauen in die Strategienvielfalt gefunden und unsere alte Angst vor Verwöhnung abgelegt haben. Viel weiter bringt uns aber manchmal die Frage nach einer lebensdienlichen Alternative. Gibt es diese? Ich kenne sie nicht. Ich bin überzeugt, dass es keine gibt.

Dazu mag ich noch einmal einen guten Lehrmeister heranziehen, die Katze. Wenn sie sich ihr Bedürfnis nach Erholung, Ruhe und Schutz erfüllen möchte, wird sie an der Tür kratzen und dort durch lautes Miauen auf sich aufmerksam machen. Du kannst sie von der Haustür verscheuchen, aber sie wird wiederkommen und weiterhin beharrlich auf sich aufmerksam machen oder um das Haus herumlaufen und sich vor dem Fenster niederlassen.

Genauso ist es mit unseren unerfüllten Bedürfnissen. Sie werden hartnäckig auf sich aufmerksam machen, bis sie geachtet werden. Das muss nicht immer die Erfüllung bedeuten, doch sie streben danach, wahrgenommen zu werden.

Folge dem Rat deiner Schwiegermutter oder eines anderen erziehenden Angehörigen und antworte nicht auf dein Kind, dann wird es vermutlich tatsächlich bald aufgeben und nicht mehr nach dir rufen. Was dadurch nicht verschwindet, ist das missachtete Bedürfnis. Es wird nur zu einem hohen Preis schweigen und im Inneren ihres Kindes auf vielfältige Weise wirken. Was verloren geht, ist das Vertrauen. Das Vertrauen darin, mit den eigenen Bedürfnissen wichtig zu sein. Das Vertrauen, den Eltern willkommen zu sein. Das Vertrauen darin, dass das Leben für uns sorgen kann. Und die Chance darauf, zielgerichtet für die Erfüllung der eigenen Bedürfnisse sorgen zu können.

Im späteren Leben wird es sein, als wüssten wir nicht, welches Benzin unser Auto braucht. Ob wir ihm den richtigen Treibstoff zuführen, bleibt dem Zufall überlassen.

Eigene Bedürfnisse achten

Ich liebe mich, und von jetzt an werde ich mich auch so verhalten!

An dieser Stelle möchte ich daran erinnern, dass deine Selbstfürsorge genauso wichtig ist wie die Fürsorge für dein Kind. Wer sich für andere aufreibt, bemüht ist, die Bedürfnisse aller Familienangehörigen im Blick zu haben – aber selbst ständig im Mangel ist –, kann seine Herzenskraft auf Dauer nicht erhalten.

Wenn wir funktionieren, spielen wir mit unseren Kindern, versorgen sie mit Nahrung, greifen ein, um vor Gefahren zu schützen – aber wir können nicht voll und ganz präsent sein und im Einklang mit unserer bedingungslosen Liebe handeln.

***Einladung zum Üben**: Überleg dir jetzt gleich einige Strategien, mit denen du deine wichtigsten Bedürfnisse jeden Tag achten und erfüllen kannst.*

Mit dem Schmerz hinter der Trauer verbinden

Weil Wut und Ärger in meinem Leben sehr präsente Gefühle sind, war es für mich eine wichtige Inspiration, zu erfahren, dass sich dahinter oft Trauer und Schmerz verbergen. Ich habe erfahren: Es ist leichter, wütend zu sein, als traurig.

In der Transformationspraxis nach Robert Gonzales, Psychologe und GFK-Trainer, geht es darum, all das anzunehmen, was in uns lebendig ist. Das Leben wertzuschätzen und sich auch dem Schmerz nicht zu verschließen, sondern ihn mitfühlend anzunehmen, ist eine Frage der inneren Haltung. Eine Grundannahme dieser Haltung ist: Alles Leid entsteht durch Widerstand und den Impuls, etwas, das in uns lebt, wegschieben und nicht haben zu wollen.

Dann muss dieser weggeschobene, abgelehnte Anteil stärker werden, um auf sich aufmerksam zu machen, woraufhin auch die Energie, mit der wir es wegschieben wollen, erhöht werden muss. So entsteht auf tragische Weise ein großer Energieverlust. Das Ziel ist deswegen, alles, was in uns auftaucht, liebevoll halten zu lernen und willkommen zu heißen.

Beispiel: Ich habe gerade die Küche aufgeräumt und abgewaschen. Lukas kommt herein, will nach den Gummibären greifen und kippt dabei den Milchreis aus, den ich in einer großen Schüssel zubereitet habe. Der Brei ergießt sich über den Boden, tropft an den Schränken herunter, und ein Teil fließt auch in die Besteckschublade. Ich brülle: »Nein, verdammt noch mal! Ich habe gerade aufgeräumt.« Lukas erschreckt sich und sagt betreten: »Tut mir leid!« Ich bin zu sehr bei mir, um mitfühlend zu sein. Mein Kopf wird heiß, in meiner Brust pocht es, ich fühle mich wie nach oben gezogen. Ich habe den Impuls, Lukas zum Aufwischen zu zwingen, und einen Moment lang ziehe ich sogar in Betracht, in seinem Zimmer auch etwas umzukippen … Lukas hat sich mittlerweile (verständlicherweise) getrollt, ohne ein Angebot zu hinterlassen. Das steigert meinen Ärger so sehr, dass es in meinen Ohren rauscht, ich die Zähne aufeinander beiße und die Fäuste balle. Dunkel erinnere ich mich an die Worte meines Lehrers: »Spür mal in den Körper hinein: Wo sitzt die Wut? Wie fühlt sie sich an? Wie sieht sie aus?« Wie ein stacheliger, leuchtender, brennender Ball … Ich denke daran, genau dieses Empfinden einfach nur zu halten. Und plötzlich schießen mir Tränen in die Augen! Sie laufen meine Wangen hinunter und ich hocke mich heulend auf den Boden. Ich gestehe mir zu, da zu sitzen – den Fokus ganz auf mich und das, was ich spüre. Etwas später lässt die Anspannung nach. Die Wut ist verflogen, die Trauer nur noch ein ganz kleines Echo. Ich bin entspannt. Und wende mich meiner Aufgabe zu.

Trauern ist eine Form, der Liebe zum Leben Ausdruck zu verleihen und »Ja« zu ihm zu sagen, auch wenn es sich in großen Herausforderungen zeigt. Wenn wir den Schmerz zulassen und aushalten, dass gerade etwas anders ist, als wir es gern hätten, dann können wir nicht nur bald wieder loslassen und frei dafür sein, erfüllte Bedürfnisse zu genießen – wir kommen auch mit unserer eigenen Sehnsucht in Kontakt, die immer Hand in Hand mit der Trauer geht. Eine Verbindung zu der eigenen Sehnsucht herzustellen, ist eine ebensolche Kraftquelle, wie mit dem lebendigen Bedürfnis verbunden zu sein.

Einladung zum Üben: *Erinnere dich an einen zurückliegenden Augenblick, in dem du sehr traurig gewesen bist – es kann sich dabei auch um eine Situation aus deiner Kindheit handeln. Lasse die Trauer in dir aufsteigen und versuche nichts weiter zu tun, als sie zu beobachten. Nimm einige tiefe Atemzüge und versuche eine Qualität in deinem Körper herzustellen, die diese Empfindungen willkommen heißt, anstatt sich zu verschließen. Vielleicht gelingt es dir sogar, die Schönheit in dieser Art des Trauerns zu entdecken und dich mit der dahinterliegenden Sehnsucht zu verbinden: Was würde der Trauer gut tun? Was hätte sie so gern?*

Mit der Schönheit des erfüllten Bedürfnisses verbinden

In der Transformationspraxis geht es nicht nur darum, Trauer und Wut bewusst zu erleben, sondern ebenso Freude und Glück auszukosten und erfüllte Bedürfnisse zu genießen und zu feiern. Alles, was in dem Prozess des achtsamen Hinspürens auftaucht, darf gefühlt werden und ist willkommen – es wird liebevoll gehalten, bis eine Entspannung einsetzt. Das geschieht, wenn sich etwas zeigen darf und ohne Widerstand wahrgenommen wurde.

Besonders im Alltag mit meinem Sohn sehe ich nicht immer eine Möglichkeit, meine Bedürfnisse direkt zu erfüllen. Weil ich bereits über die Fähigkeit verfüge, meine Bedürfnisse und Gefühle über einen gewissen Zeitraum im Blick zu behalten, wende ich mich in den meisten Fällen zuerst denen meines Kindes zu. Ich kann meinem Bedürfnis dann sagen: »Ich habe dich erkannt und wahrgenommen, es ist gut, dass du da bist. Ich werde mich um dich kümmern, sobald ich kann.« Oder ich kann mich mit der Schönheit des erfüllten Bedürfnisses verbinden und daraus neue Kraft schöpfen, indem ich mich an eine Situation erinnere, in der es vollkommen genährt und satt war.

Ein Lehrer der Transformationspraxis hat mir einmal erzählt, auf welche Weise diese Übung für ihn beigetragen hat: Er war mit seinem Auto unterwegs und hatte noch eine lange Fahrt vor sich. Er war schon bereits ein ganze Weile gefahren und fühlte sich erschöpft und müde. Weil es ihm wichtig war, keine längere Pause einzulegen, parkte er sein Auto und nahm sich zehn Minuten Zeit, um sich mit der Schönheit des erfüllten Bedürfnisses zu verbinden. Dafür erinnerte er sich an einen Moment, in dem seine Bedürfnisse nach Entspannung und Erholung ganz erfüllt waren. Er stellte sich vor, wie sich dies in seinem Körper angefühlt hat: Die Beine ausstrecken, eine warme Decke über sich ausbreiten, eine ruhige Wärme in der Brust, im Hintergrund das Knacken des Kamins, die Augenlider ganz schwer, der Atem langsam … Nachdem er diese Übung gemacht hatte, konnte er wahrnehmen, dass ein Teil der Anspannung sich gelöst hatte und sich sein Bedürfnis – allein durch die Vorstellung – genährter fühlte als zuvor.

***Einladung zur Selbstklärung**: Erinnere dich an eine Situation, in der ein Bedürfnis von dir vollkommen genährt gewesen ist, und stell dir so genau wie möglich vor, wie sich das in deinem Körper angefühlt hat.*

Das eigene Verhalten – unser Einflussbereich

Weil wir uns sehr viel Leid und Hilflosigkeit sparen können, wenn wir in unserem eigenen Gestaltungsbereich bleiben, will ich an dieser Stelle noch einmal dazu einladen, ihn zu nutzen und eine Erfahrung teilen: Bedauernd und frustriert stellte ich fest, dass mein Sohn mittlerweile nicht mehr an den gemeinsamen Mahlzeiten teilnehmen wollte. Stattdessen zog er sich mit seinem Essen gern in sein Zimmer zurück und wollte nicht gestört werden. Da das gemeinsame Essen eine meiner Lieblingsstrategien für Gemeinschaft und Austausch war, überlegte ich lange, wie ich meinen Sohn dazu bringen könnte, wieder bei uns am Tisch zu essen. Ich machte ihm einige Vorschläge, die alle abgelehnt wurden, und wir Eltern blieben alleine am Tisch zurück. Zwingen oder überreden wollte ich meinen Sohn nicht, der sich durch das Zurückziehen ja ebenfalls wichtige Bedürfnisse erfüllte. Also überlegte ich stattdessen, was ich tun kann, um mir meine Bedürfnisse unabhängig von ihm zu erfüllen. Ich begann, die Mahlzeiten wieder mehr zu zelebrieren: Ich deckte den Tisch schön ein, richtete das Essen appetitlich an, entzündete Kerzen und legte stimmungsvolle Musik auf. Mein Mann und ich erzählten einander nun wieder mehr von unserem Tag und lachten dabei viel. Ich genoss das sehr und stellte fest, dass mich diese Strategien gut nährten. Kaum war mir das bewusst geworden, setzte sich Lukas wie selbstverständlich mit an den Tisch und entdeckte seine Freude, mit uns auf diesem Wege in Kontakt zu sein, neu.

Einladung zum Üben: *Denke an eine herausfordernde Situation, in Bezug auf den Alltag mit deinem Kind. Finde möglichst viele Strategien, die unabhängig von anderen sind und allein in deinen Einflussbereich fallen.*

Ich mag nicht, aber ich muss!

Wenn ich ein »Ich muss das tun« in ein »Ich entscheide mich, das zu tun, weil es mir dieses Bedürfnis erfüllt« übersetze, erfüllt mich das mit neuer Kraft.

Eines meiner Lieblingswörter war das »Muss«. »Ich muss …«, »Du musst …«, »Wir alle müssen …!« Als mir bewusst wurde, wie radikal mich dieses Wort von der Lebensenergie – der Bedürfnisebene – abschneidet, habe ich begonnen, es zu ersetzen.

Wenn ich mit anderen Menschen über diese Strategie zu mehr Selbstbestimmung und Lebensfreude spreche, regt sich fast immer Widerstand: »Es gibt aber Dinge, die muss man einfach tun!« Spürst du da Resonanz?

Ich möchte gleich deutlich machen, dass ich dieses Wort niemandem wegnehmen möchte. Jeder hat das höchstpersönliche Recht, dieses Wort in seinem Leben zu behalten. Meine Wahrheit ist, dass es absolut nichts gibt, was ich auf dieser Welt tun muss – außer zu sterben.

All mein Handeln dient dem Leben: Jede Handlung soll ein Bedürfnis erfüllen. Ich kann das bewusst tun und die Energie genießen oder mich von dieser abschneiden, weil das »Muss« und das, was es in mir auslöst, jedes dahinterliegende Bedürfnis verschleiert. Wenn ich keine Verbindung zu meinem Bedürfnis habe, kann ich auch nicht aus der Fülle der Strategienvielfalt schöpfen. Wenn ich in der Muss-Energie handle, dann schneide ich mich von der kraftvollsten Lebensenergie ab, aus der wir schöpfen können!

Jenseits des »Muss« arbeite ich, weil ich Sicherheit, Zugehörigkeit und Anerkennung will. Ich beginne zum verabredeten Zeitpunkt mit meiner Arbeit, weil mir Zuverlässigkeit, Vertrauen und Harmonie wichtig sind. Ich koche das Mittagessen, weil ich etwas zur Gesundheit meines Kindes beitragen will. Ich »muss« das nicht tun. Ich könnte im Bett liegen bleiben und keinen Finger rühren – sofern ich bereit bin, die Konsequenzen zu tragen. Wenn ich nicht bereit bin, diese Konsequenzen zu tragen, ist das dahinterliegende Bedürfnis stark genug, mich mit seiner Energie zu tragen. Bin ich hingegen bereit, die Konsequenzen anzunehmen, kann mich wiederum das dazugehörige Bedürfnis tragen.

Auch die Muss-Energie kann stark genug sein, uns zum Handeln zu bewegen, und dies unter Umständen auch ein Leben lang. Aber sie wird uns niemals mit derselben Freude und Kraft erfüllen wie die Verbundenheit mit unseren Bedürfnissen.

Beispiel: Vor einigen Jahren hatte ich Kontakt mit der Mutter einer elfjährigen Tochter. Sie fühlte sich verzweifelt und hatte den Gedanken, ausgeliefert zu sein, weil sie alleine für ihre Tochter sorgte und dabei kaum Unterstützung erhielt. Eigene Pläne und Träume hatte sie seit Langem zurückgestellt. Insbesondere dann, wenn ihre Tochter aus der Schule nach Hause kam, geriet sie immer wieder in Not. »Ich kann meinen Unmut kaum verbergen, wenn ich den Schlüssel in der Tür höre und meinen Stift aus der Hand legen muss!« Auf die Frage, warum sie alle Tätigkeiten unterbrechen müsse, erklärte sie voller Überzeugung: »Na, weil mein Kind hungrig ist. Damit sie sich nicht nur von Pizza ernährt, muss ich ihr etwas kochen. Dann muss ich mir auch Zeit nehmen, zu hören, wie es in der Schule war!« Als wir das »Muss« hinterfragten, fanden wir also Bedürfnisse wie »Gesundheit«, »Beitragen«, »Gemeinschaft«. Gleichzeitig war sie ratlos, wie sie ihr weiteres Bedürfnis nach »Selbstbestimmung« integrieren könnte. Ihre Tochter hatte ganz ähnliche Bedürfnisse: Sie wollte gern einen Augenblick von ihrem Tag erzählen, doch dann ebenfalls Raum und Ruhe für sich selbst. Frisch zubereitetes Essen war für sie au-

> ßerdem keine wichtige Strategie, um die Liebe ihrer Mama wahrnehmen zu können. Was ihr stattdessen großen Kummer bereitete, war der latente Ärger, der für sie – allen Bemühungen zum Trotz – ganz deutlich spürbar war. Die beiden hatten keine Schwierigkeiten, aus der Strategienvielfalt zu schöpfen, und vereinbarten unter anderem: Dass sie am Wochenende gemeinsam Essen zubereiten und einfrieren, sodass es unter der Woche leicht zubereitet werden konnte. Dass beide gemeinsam zu Abend essen. Die Tochter jederzeit an der Bürotür ihrer Mutter klopfen könnte, wenn sie etwas Wichtiges erzählen wollte. Ein Tag in der Woche ist »Omatag«, an dem die Mutter vollkommen selbstbestimmt sein kann. Freitags findet eine gemeinsame Aktivität statt.

Ein »Muss« hat seinen Preis. Es entzieht uns und den Menschen, die uns umgeben, Lebendigkeit. Doch davon abgesehen birgt es auch eine große Gefahr, denn es suggeriert, keine Wahl zu haben, und katapultiert uns blitzschnell aus unserer Verantwortung. Sicher ist dir bekannt, was viele Soldaten des zweiten Weltkrieges auf die Frage antworteten, wie sie es verantworten konnten, solch unfassbare Gewalttaten zu begehen: »Wir mussten das tun. Wir hatten keine andere Wahl.«

Ich will meine Verantwortung übernehmen. Ich will, dass mein Kind sich seiner Wahlfreiheit bewusst ist. Ich wünsche mir, dass es in Verbindung mit seinen Bedürfnissen handelt, anstatt einem »Muss« zu folgen.

***Einladung zum Üben**: Wenn du möchtest, dann kannst du dir vornehmen, für die nächsten drei Tage auf Formulierungen wie »muss« und »sollte« zu verzichten und schauen, wie sich das anfühlt.*

***Einladung zur Selbstklärung**: Welche Dinge muss man tun, was ist hier für dich wahr? Kannst du die dahinterliegenden Bedürfnisse herausfinden?*

Verantwortung anstelle von Schuld

»Wissen Sie, Schuldgefühle führen dazu, dass die Menschen denken, sie seien nicht in Ordnung, so, wie sie sind – und das hilft niemandem!«
– Marshall Rosenberg –

Gern möchte ich dich dazu ermutigen, die Verantwortung für dich und alles, was in dir lebendig ist, zu übernehmen. Und gleichzeitig möchte ich dich wissen lassen: Schuld und Verantwortung sind aus meiner Sicht nicht dasselbe. Wenn es um Schuld geht, macht das immer auf einen Schmerz aufmerksam: Etwas, das ich getan habe, hätte ich rückblickend lieber anders gemacht, oder andere Menschen haben auf eine Art und Weise gehandelt, die in mir etwas Schmerzhaftes ausgelöst hat.

Gewalt wird in der Gewaltfreien Kommunikation als tragischer Ausdruck unerfüllter Bedürfnisse betrachtet. Richtet sich die Aufmerksamkeit auf den Gedanken, dass Menschen Strafe verdienen, fehlt sie für zentrale Fragen: Welches Bedürfnis wollte genährt werden? Welche anderen Strategien kann es geben, die niemandem Schmerz zufügen?

Beispiel: Eine Lehrerin berichtet: »Vor zwei Wochen haben einige Neuntklässler einen Zweitklässler zusammengetreten. Einen kleinen Jungen. Ausgerechnet die Schüler, die eigentlich für seinen Schutz zuständig waren. Ich habe mich dafür ausgesprochen, dass sie der Schule verwiesen werden. Sie sollen ganz deutlich spüren, welche Abscheulichkeit sie begangen haben. Ich dulde so etwas nicht. Das übersteigt jegliche Grenzen. Die anderen Kollegen haben sich gegen einen Schulverweis geeinigt. Ich kann es nicht verstehen. Die brauchen harte Konsequenzen. Ich bete, dass die Eltern ihnen den Arsch versohlen, damit sie wissen, wie sich das anfühlt!«

Der Schmerz dieser Lehrerin ist grenzenlos. Das steckt hinter ihren Worten. Was aber passiert mit den Schülern, wenn sie tatsächlich der Schule verwiesen werden oder Eltern haben, die glauben, sie verdienen es zu leiden und bestraft zu werden? Keiner dieser Schüler wird sich fragen, welche Bedürfnisse sie sich mit dieser Strategie erfüllen wollten. Höchstwahrscheinlich wird auch niemand in ihrer Umgebung sie dazu ermutigen, sich mit ihren Bedürfnissen auseinanderzusetzen, weil alle in ihren Urteilen verstrickt sind: »Für so ein Verhalten gibt es keine Rechtfertigung!«, »Mich interessiert nicht, warum du das getan hast! Ich will nur, dass du verstehst, dass du es nie wieder tun darfst!«, »Mit dir stimmt etwas nicht, dass du solche Dinge tust!«, »Gewalttäter!«, »Die gehören eingesperrt!« etc.

Welches Bedürfnis sollen solche tragischen, gewaltvollen Strategien erfüllen? Zum Beispiel:

- Heilung: Ich trage einen Schmerz in mir, der aus mir herausfließen muss. In einem Impuls gebe ich ihn an das Außen ab und fühle mich selbst einen Augenblick erleichtert.
- Zugehörigkeit oder Akzeptanz: Während mehrere Schüler auf einen Jungen eintreten, fühlen sie sich verbunden und gemeinsam stark.
- Ermächtigung: sich machtvoll erleben, nachdem man lange machtlos war.

Warum ist es nicht nur für die Schüler, sondern auch für ihre Umgebung so wichtig, dass die Jungen ihre Bedürfnisse erkennen? Weil sie nur dann Strategien finden, die ihre Bedürfnisse auf eine Weise erfüllen können, die niemandem Schmerzen zufügt. Und weil sie nur auf dieser Grundlage fähig sind, auch die Bedürfnisse anderer zu achten – nur dann, wenn sie sich selbst gesehen und mit dem, was ihnen wichtig ist, berücksichtigt fühlen. Menschen zu bestrafen und zu hoffen, dass es schmerzhaft genug ist, damit sie nie wieder auf diese Weise handeln, funktioniert in den seltensten Fällen.

Vielleicht gelingt es, dass einer der Schüler Schuld empfindet – die ihn wiederum noch mehr von seinen eigenen Bedürfnissen abschneidet. Ein anderer wird umso wütender werden, sich ungerecht behandelt fühlen und sich vornehmen, zu bestrafen, sobald er selbst die Macht dazu hat. Beide werden keinen Augenblick Empathie für den Jungen empfinden, der von ihnen getreten wurde, weil sie damit beschäftigt sind, sich zu wehren oder die Last der Schuld zu tragen. Vielleicht wird niemand die Not sehen, die hinter einem solchen Verhalten steckt. Dann werden sie tragischerweise keine Unterstützung dabei erfahren, die Verantwortung für sich zu übernehmen.

***Einladung zur Selbstklärung**: Welche Aspekte von Strafen hast du als Kind kennengelernt und was haben sie in dir ausgelöst?*

Ent-schuldigen

»Du hast noch nie etwas falsch gemacht, wirst auch nie etwas falsch machen. Du wirst dich höchstens aufgrund dessen, was du jetzt gerade lernst, das nächste Mal für etwas anderes entscheiden.«
– Marshall Rosenberg –

Ich glaube: Wenn ich um Ent-schuldigung oder Verzeihung bitte, dann gebe ich Verantwortung ab (und spiele sie meinem Kind zu). Ich möchte mich einer Last entledigen. Ich bin abhängig davon, ob mir diese Schuld genommen wird. Das ist nicht das, was ich meinem Sohn für sein späteres Leben wünsche.

»Entschuldigung« ist schnell gesagt, ohne auch nur einen Gedanken darin zu investieren, was genau ich zu diesem Konflikt beigetragen habe und in Zukunft anders machen möchte. Der Wert des Bedauerns geht verloren. Statt mich zu ent-schuldigen, übernehme ich die Verantwortung und benenne, welches Verhalten ich bedaure: »Dass ich gerade so laut geworden bin und dann so grob an deinem Gummistiefel gezogen hab, tut mir leid! Ich hätte das gern anders gemacht. Das war nicht okay!«

Schuld ist eine schlechte Währung, die nicht mit bedingungsloser Liebe zu vereinbaren ist. Auch nicht mit der Liebe zu mir selbst. Wenn wir annehmen, dass jeder Mensch zu jedem Zeitpunkt das Beste tut, was er tun kann – dann gibt es keine Schuld.

Ich übernehme also Selbstverantwortung, weil es mir dabei hilft, mit mir in Verbindung zu sein, und weil ich mir wünsche, dass auch mein Kind die Verantwortung für sich übernehmen kann – ohne sich vor anderen zu entschuldigen oder um Verzeihung bitten zu müssen.

Ich kann mein Bedauern ausdrücken und mich danach einfühlsam verbinden: »Es tut mir leid, dass ich gerade so geschrien habe. Ich hätte gern in einem ruhigen Tonfall gesagt, worum es mir geht. Warst du erschrocken, als ich auf einmal losgebrüllt habe? Hast du dich hilflos gefühlt, als ich deinen Arm so fest gepackt habe?«

***Einladung zur Selbstklärung**: Für welche Handlungen fühlst du dich schuldig? Ist es dir möglich, die Bedürfnisse zu finden, die du dir durch dein Handeln erfüllen wolltest? Welche Bedürfnisse deines Gegenübers wurden dabei möglicherweise nicht berücksichtigt? Was denkst du über »Verantwortung anstelle von Schuld«, welche Resonanz löst diese Inspiration in dir aus?*

Überforderung

Über die Geduld

Man muss den Dingen die eigene,
stille ungestörte Entwicklung lassen,
die tief von innen kommt und durch nichts gedrängt
oder beschleunigt werden kann,
alles ist austragen – und dann gebären …
Reifen wie der Baum, der seine Säfte nicht drängt
und getrost in den Stürmen des Frühlings steht, ohne Angst,
dass dahinter kein Sommer kommen könnte.
Er kommt doch! Aber er kommt nur zu den Geduldigen,
die da sind, als ob die Ewigkeit vor ihnen läge,
so sorglos, still und weit …
Man muss Geduld haben

Mit dem Ungelösten im Herzen, und versuchen,
die Fragen selber lieb zu haben,
wie verschlossene Stuben, und wie Bücher,
die in einer sehr fremden Sprache geschrieben sind.
Es handelt sich darum, alles zu leben.
Wenn man die Fragen lebt, lebt man vielleicht allmählich,
ohne es zu merken, eines fremden Tages
in die Antworten hinein.
Rainer Maria Rilke

Aufzubrechen und sein Ziel im Blick zu haben, ist eine wunderbare Sache. Inspirationen und Ideen auszuwählen und in das Miteinander zu integrieren, bedeutet für mich Lebendigkeit und Wachstum.

Als ich mich auf die Suche nach der Mutter machte, die ich meinem Sohn sein möchte, hatte ich bald eine neue Bewusstheit entwickelt. Ich entdeckte vieles, das ich einstmals für richtig gehalten und nun unwiederbringlich als falsch für meinen persönlichen Weg erkannt hatte. Doch die Klarheit, mit der ich begriff, welche Verletzungen ich meinem Sohn bereits zugefügt hatte, war schmerzhaft. Und plötzlich war ich vollkommen überfordert. Ich hatte alte Strategien verworfen, ohne sie durch neue ersetzt zu haben. Ich fühlte mich nahezu handlungsunfähig und wie gelähmt. In meiner Überforderung tat ich wieder das, was ich immer getan hatte: Ich verletzte, ich schrie, ich schimpfte.

Darum möchte ich dich bitten, achtsam mit deiner Haltung zu sein und dir für Veränderungen Zeit zu nehmen. Verharre nicht in Schuldgefühlen oder Selbstanklage, wenn es dir einmal nicht gelingt, so zu handeln, wie du gerne handeln wolltest. Bei allen Bemühungen, für dein Kind eine liebevolle Mutter oder ein liebevoller Vater zu sein, vergiss niemals dein inneres Kind – alles beginnt mit liebevoller Selbstfürsorge …

Ich werde jedes Mal ärgerlich, wenn ich erlebe, dass sich Eltern hilfe- und ratsuchend zeigen und dann mit Vorwürfen und Anklagen beantwortet werden! Sicherlich in bester Absicht, die etwas für Kinder und deren Wohlbefinden beitragen möchte. Doch was geschieht, wenn sich eine Mutter schuldig fühlt und über sich selbst das Urteil »schlechte Mutter« fällt? Sie wird alles tun, um sich noch mehr zusammenzureißen, doch das bietet nur kurzfristigen Frieden, bis alte Impulse und angestauter Schmerz wieder aus ihr herausbrechen. Eine Überforderung, für die am Ende immer unsere Kinder einen Preis zahlen.

Wer dieses Buch liest und dabei denkt, er habe Fehler begangen, dem möchte ich aufrichtige Liebe senden. Ich will ihn daran erinnern, dass wir alle auf bestmögliche Weise handeln, und ihn ermutigen, sich seinem eigenen Schmerz einfühlsam zuzuwenden. Niemand soll nach diesem Buch glauben, dass es mir stets gelingt, all das zu berücksichtigen, worüber ich schreibe. Lass dir versichern, dass ich selbst zu vielen anderen Müttern aufschaue und sehnsuchtsvoll wünschte, ich wäre mehr wie sie.

Wir sind gemeinsam auf dem Weg. Dieser Weg ist das Ziel.

Stufen

Wie jede Blüte welkt und jede Jugend
Dem Alter weicht, blüht jede Lebensstufe,
Blüht jede Weisheit auch und jede Tugend
Zu ihrer Zeit und darf nicht ewig dauern.
Es muss das Herz bei jedem Lebensrufe
Bereit zum Abschied sein und Neubeginne,
Um sich in Tapferkeit und ohne Trauern
In andre, neue Bindungen zu geben.
Und jedem Anfang wohnt ein Zauber inne,
Der uns beschützt und der uns hilft, zu leben.
Wir sollen heiter Raum um Raum durchschreiten,
An keinem wie an einer Heimat hängen,
Der Weltgeist will nicht fesseln uns und engen,
Er will uns Stufe um Stufe heben, weiten.
Kaum sind wir heimisch einem Lebenskreise
Und traulich eingewohnt, so droht Erschlaffen,

Nur wer bereit zu Aufbruch ist und Reise,
Mag lähmender Gewöhnung sich entraffen.
Es wird vielleicht auch noch die Todesstunde
Uns neuen Räumen jung entgegen senden,
Des Lebens Ruf an uns wird niemals enden …
Wohlan denn, Herz, nimm Abschied und gesunde!
Hermann Hesse

Es gibt Zeiten, in denen fühle ich mich – wie durch eine schwarze Mauer – von meinem Kind getrennt. Dann gelingt es mir kaum, eine Verbindung zwischen uns aufzubauen – ich finde einfach nicht in meine Herzenskraft. Ich bin angespannt, ungeduldig, ärgerlich, und all das zeigt sich in meinen Worten. Ich erlebe das jedes Mal wie einen Falltraum: Ich nehme wahr, was geschieht, bin aber unfähig, die Richtung zu wechseln. Kurzum: Meine Liebe fühlt sich an, als sei sie blockiert. Sie ist nicht spürbar und es will nicht gelingen, sie für meinen Sohn spürbar zu machen. Kennst du das auch?

Was sich für mich in solchen Momenten immer wieder als größte Kraftquelle erweist, sind Inspirationen. All das, was mein Herz berührt und weit macht. Für mich sind das zum Beispiel Lieder von Reinhard Mey, der Austausch mit anderen Herz-Eltern, das Lesen von Büchern, einfühlsame Gespräche mit Freunden, leckeres Essen, alte Fotoalben oder ein Spaziergang in der Natur. Dann kann es wie Aufwachen sein.

Ich denke daran, wie ich gestern in derselben Situation noch ärgerlich geworden wäre, und kann befreit darüber lächeln. Alles tut sich ganz weit vor meinem Herzen auf. Ich kann hören, was mein Kind braucht, und ich nehme die unendliche Vielfalt an Strategien wahr, aus der wir schöpfen können. Ich bin voller Liebe. Ich kann mich ganz einlassen. Das ist herrlich.

Es ist wie eine Leuchtkraft von innen. Doch diese innere Leuchtkraft braucht Nahrung. Gerade dann und immer wieder, wenn wir viele alte Verletzungen mit uns tragen. Eine einfühlsame Haltung entsteht nicht und ist dann für immer verfügbar – sie muss genährt werden. Wir dürfen uns Quellen schaffen, die wir im Alltag anzapfen können, bevor wir so leer sind, dass wir in alte Verhaltensweisen zurückfallen.

Nach dem Aufstehen können wir uns jeden Tag eine Viertelstunde Zeit nehmen, um uns mit dem Menschen zu verbinden, der wir sein möchten. Wir können ein Tagebuch der Freude führen und alle Momente festhalten, in denen es uns gelungen ist, unsere Bedürfnisse zu achten. Und wir können Konflikte schriftlich klären, ehe sie jene Energie bekommen, die sich auf schädliche Weise im Umfeld entlädt.

Mein innerer Garten

Bevor wir uns dem Kapitel »Beziehung statt Erziehung« zuwenden, würde ich dir gerne noch eine Inspiration hinterlassen.

Ich selbst neige dazu, mir mit belastenden Gedanken Leid zuzufügen und auch die Worte anderer ganz ungefiltert in mich aufzunehmen oder sie durch die Brille meiner vermeintlichen Unzulänglichkeit umzudeuten. Dann stelle ich mich Herausforderungen, denen ich mich im Grunde nicht gewachsen fühle, oder nicke freundlich über Worte, die mich eigentlich zutiefst verletzen.

Ein Bild, das mich dabei bei meiner Selbstfürsorge sehr unterstützt, ist der innere Garten. Ich stelle mir meine Seele als einen bunten Blumengarten vor, auf den die Sonne hinabscheint und der von einem Holzzaun umgeben ist. Wer diesen Garten betritt und auf welche Weise dort gewirkt wird, entscheide ich!

Ich muss nicht jedem Menschen Zutritt zu meinem Garten gewähren. Ich muss nicht jedem Gedanken, jedem Vorwurf die Tür öffnen. Ich muss nicht jeden Ratschlag ausprobieren. Und wenn ich merke, dass meine Blumen beginnen, zu welken, weil mir nicht gut tut, was geschieht, dann kümmere ich mich um sie.

***Einladung zur Selbstklärung**: Wie sieht dein innerer Garten aus? Welche Blumen brauchen dort gerade besondere Aufmerksamkeit?*

Fünfter Teil

Beziehung statt Erziehung

»Vom Erziehen habe ich niemals sehr viel gehalten,
das heißt, ich habe stets starke Zweifel daran gehabt,
ob der Mensch durch Erziehung irgendwie geändert, verbessert werden könnte!«
– Hermann Hesse –

Die Wunden unserer Eltern

»Das geschlagene Kind ist einsam und getrennt von seinem Selbst.
Es kann keinen Ort für seine Trauer geben, und es kann nicht anders überleben,
als zu glauben, das alles geschehe zu seinem Besten.«
– Alice Miller –

Die sogenannte »schwarze Pädagogik« war für die meisten unserer Eltern ebenso schmerzhafte wie selbstverständliche Lebensrealität. Viele unserer Mütter und Väter wurden mit jeder erdenklichen Form von Gewalt zu Gehorsam gezwungen und wuchsen in der Überzeugung heran, dass man sich Liebe durch Pflichtbewusstsein verdienen muss. Die Allmacht ihrer Eltern wurde als unantastbar erlebt.

In der Annahme, dass Kinder sich ohne diese strenge Einflussnahme zu schlechten Menschen entwickeln, und in der ständigen Angst, an Macht zu verlieren, wurde jedes Streben nach Unabhängigkeit unterdrückt.

Um ein gewünschtes Verhalten herbeizuführen oder ein unerwünschtes abzustellen, galten rohe Gewalt, Demütigung oder Kränkung als schlichte Notwendigkeit. Die Gewalt, denen die Kinderseelen tagtäglich schutzlos ausgeliefert waren, stützte sich auf ein moralisches System, welches mehr und mehr von eigenen Bedürfnissen und echter Empathie entfremdete.

Dort, wo vorgespielte Dankbarkeit stets wertvoller als echte Undankbarkeit war, das Recht der Eltern niemals infrage gestellt werden durfte und das Verhalten der Kinder nach Belieben geformt wurde, konnte selten ein moralischer innerer Kompass entstehen und noch seltener ein stabiles »Selbst« ausgebildet werden.

Am grausamsten aber muss sich auf die Seele der Kinder ausgewirkt haben, dass Gefühle wie Wut, Frustration und Trauer – die eine natürliche Reaktion auf Gewalt, Missbrauch und Unterdrückung gewesen wären – nicht gefühlt, geschweige denn ausgedrückt werden durften. Die Kinder früherer Generationen mussten häufig glauben, dass der Schmerz, den man ihnen immer wieder zufügte, zu ihrem eigenen Besten sei.

In ihrem Buch »Am Anfang war Erziehung« beschreibt die amerikanische Psychologin Alice Miller, wie infolge dieser Erziehung nicht nur Generationen von Menschen traumatisiert wurden, sondern auch, wie ihre Verletzungen in die damalige Gesellschaft hineinwirkten und wie sie auch heute noch in Beziehungen zwischen Eltern und Kindern lebendig ist.

Am Anfang war Erziehung

»Wenn es vor allem darum geht, Kinder so zu erziehen,
dass sie nicht merken, was man ihnen nimmt, was sie dabei verlieren,
wer sie sonst gewesen wären, wer sie überhaupt sind,
wird der Erwachsene später den Willen des anderen
als den eigenen erleben.«
– Alice Miller–

Alice Miller beschreibt, welche Überzeugungen das damalige Fundament der Erziehung häufig bildeten.

Die Eltern:
- verstehen sich als Herrscher über das Kind,
- entscheiden, was Recht und Unrecht ist,
- vermitteln, dass Pflichtgefühl und Gehorsam Liebe erzeugen,
- unterteilen Verhalten in Richtig und Falsch, Gut und Böse, und sind überzeugt, falsches und böses Verhalten könnte mit Verboten und Härte beseitigt werden,
- erziehen ihre Kinder in dem Glauben, dass erfüllte Bedürfnisse, gelebte Gefühle und Zuneigung schwach machen,
- sind sicher, dass Gehorsam, Unterwerfung und entstandene Verletzungen stark machen und die Kinder angemessen auf das kommende Leben vorbereiten,
- haben eine schützenswerte, nahezu heilige Position und dürfen nicht gekränkt werden, während die Kinder keine Achtung erfahren und in der Regel keine Rechte haben,
- empfinden lebendige Gefühle und Streben nach Selbstständigkeit als Gefahr für ihre elterliche Allmacht und unterdrücken diese mit aller erdenkbaren Härte,
- verhindern, dass Gewalt benannt, entstandene Verletzungen beklagt werden, stattdessen müssen die Kinder glauben, ihr Handeln sei ein Akt der Liebe,
- übertragen ihren Kindern Verantwortung für ihre eigenen Gefühle, indem sie ihr Handeln auf das Verhalten des Kindes zurückführen und jede Gewalt damit begründen,
- vertreten die Auffassung, dass die Erziehung so früh wie möglich einsetzen müsse, damit unerwünschtes Benehmen sich nicht festigen, sich der Egoismus eines Kindes nicht ausbreiten kann.

Es sind jedoch nicht nur die Prügelstrafen, die verheerende Wunden hinterlassen, sondern vor allem jene Art der Einflussnahme, die für das Kind nicht durchschaubar ist. Erpressung, Negieren der Gefühle, Liebesentzug oder das Übertragen der Verantwortung für die Gefühle der Eltern sind Strategien, die das Kind nicht als Bestrafungen wahrnimmt. Das Kind fühlt sich schuldig und kann nur zu der Schlussfolgerung gelangen, dass es keine Liebe verdient, bis es sich auf gewünschte Weise verhält.

Dass seine Wut und Frustration nicht erwünscht ist, erfährt ein Kind oftmals bereits im Säuglingsalter, noch bevor sich ein »Selbst« ausbilden kann. Es lernt, stumm zu sein, weil seine Eltern glauben, seine höchstpersönliche Ausdrucksweise nicht ertragen zu können, oder in ihr etwas Schlechtes sehen.

Das Kind bräuchte Bezugspersonen, die ihm ermöglichen, alle seine Gefühle zu erfahren und zu begreifen, damit es sie in sein »Selbst« integrieren kann – doch stattdessen wird das Lebendige unterdrückt und Gefühle wie Trauer, Wut oder Hilflosigkeit erfahren spürbare Verachtung, während gewünschtes Verhalten mit der ohnehin spärlichen Zuneigung der Eltern belohnt wird. So lernen viele Kinder bereits in der Wiege, dass sie auf ihre Eltern nicht wütend sein, ihrem Schmerz keinen Ausdruck verleihen und kein Verhalten zeigen dürfen, das die Eltern als störend empfinden. Die Fähigkeit, Gefühle, die von den Eltern abgelehnt werden, wahrzunehmen und mit ihnen umzugehen, kann nicht entwickelt werden, und zunehmend wird sich das Kind selbst verbieten, sie zu fühlen.

Doch diese Gefühle verschwinden nicht einfach, egal, wie nachhaltig sie unterdrückt werden. Trauer, Ohnmacht und Wut werden nicht mehr dort ausgelebt, wo sie gefährlich für die überlebenswichtige Beziehung zwischen Eltern und Kindern sind, doch sie finden dort Ausdruck, wo sich eine sichere Gelegenheit dazu bietet. Hierbei handelt es sich um Situationen, in denen sich die Kinder einem schwächeren Menschen gegenüber stark fühlen können, ohne sich vor Strafen oder entzogener Liebe fürchten zu müssen.

Für weitergetragene Gewalt, kann es mehrere Gründe geben:

- unterdrückte Gefühle nehmen an Intensität zu,
- während gleichzeitig Gelegenheit fehlt, einen sicheren, angemessenen Umgang mit ihnen zu üben,
- es gibt keine Vorbilder, von denen die Kinder hätten lernen können, wie Bedürfnisse in gegenseitiger Achtsamkeit erfüllt werden

und eigene Interessen durchgesetzt werden können, ohne andere zu verletzen,
- Schmerz über Demütigung, Kränkung und Schuld brauchen ein Ventil, um ein Mindestmaß an innerem Gleichgewicht erhalten zu können,
- das ständige »Sich-klein-Fühlen« schürt die Sehnsucht, sich endlich als machtvoll, stark und wirksam zu erleben.

Die Quelle des Impulses, anderen Schmerz zuzufügen, ist die innere Not. Es handelt sich um eine Überlebensstrategie, die es dem Kind ermöglicht, weiterhin zu funktionieren, den gewünschten Gehorsam zu leisten und dennoch glauben zu können, dass ihre Eltern aus Liebe handeln.

> *»Wenn Kinder nicht erzählen können, was ihnen angetan wurde, wählen sie eine andere Sprache: Sie tun anderen das an, was ihnen selbst zugefügt wurde. (…) Das Streben, in sich selbst das kindliche, schwache, hilflose, abhängige Wesen so schnell wie möglich loszuwerden, um endlich das starke, unabhängige Wesen zu werden, das Achtung und Liebe verdient, bleibt oftmals ein Leben lang erhalten.« – Alice Miller*

***Einladung zur Selbstklärung**: Vielleicht laden dich die beiden vorangegangenen Kapitel dazu ein, den Austausch mit deinen Eltern oder anderen Familienangehörigen zu suchen. Bitte leg den Fokus darauf, ihrer inneren Wirklichkeit zu lauschen, und suche nicht nach den »Wunden«, wenn sich dein Gegenüber nicht verletzbar zeigen möchte.*

Die Tragik der Erziehung

Im Zentrum der erziehenden Einflussnahme stand die Idee, Kindern jene moralischen Werte beizubringen, die sie in den Augen der Eltern einmal zu »guten« Menschen machen sollten. Die Kinder sollten mit allen Mitteln zu respektvollen, ehrlichen und starken Menschen geformt werden.

Dabei übersahen Generationen von Eltern, dass das Ziel der Erziehung auf ihrem Wege gar nicht erreicht werden kann! Es ist unmöglich, immer die Wahrheit zu sagen, ohne jemanden zu verletzen. Es ist unmöglich, dankbar zu sein, wenn man keine Dankbarkeit empfindet, ohne dabei zu lügen. Indem Eltern ihre Kinder formten und für sie entschieden, was richtig und falsch ist, verhinderten sie, dass sie sich zu selbstbestimmten – also starken, hinterfragenden – Menschen entwickeln konnten.

Jene Werte, die von den Eltern vorgegeben wurden und in vorbestimmter Weise gelebt werden mussten, dienten nur dem Zweck, Strafen zu vermeiden oder Zuneigung zu erreichen. Darüber hinaus blieben die Werte für viele Kinder bedeutungslos und wurden später zu austauschbaren Zweckdienlichkeiten, die sich danach richteten, was andere von ihnen verlangten und welche Vorteile sie erbringen konnten.

Wie der Versuch einer Heilung zum Generationsschmerz wurde

»Wurde diese Behandlung konsequent und früh genug durchgeführt,
so sind alle Voraussetzungen geschaffen, dass ein Bürger
in einer Diktatur leben kann, ohne darunter zu leiden,
dass er sich sogar euphorisch mit ihr identifizieren kann,
wie zu Hitlers Zeiten.«
– Alice Miller –

Wenn wir begreifen, welche Wunden und Verletzungen unsere Eltern und Großeltern mit sich tragen, können wir ein neues Verständnis darüber entwickeln, wie dieser Schmerz weitergegeben wird.

Ist es möglich, dass Kinder, die überzeugt von der Notwendigkeit der Strafe waren und sie als legitime Maßnahme gegen Schlechtes begriffen, zu Erwachsenen wurden, die ebenfalls straften und Gehorsam schützen wollten?

Ist es möglich, dass aus Kindern, die keine Achtung erfuhren und denen der Zugang zu ihren wahren Gefühlen verwehrt wurde (und damit auch zu ihrem aufrichtigen Mitgefühl für andere), zu Erwachsenen wurden, die keine Hemmungen hatten, im Strafsystem mitzuhelfen?

Ist es möglich, dass aus Kindern, von denen blinder Gehorsam erwartet wurde, Erwachsene wurden, die Ideologien anderer ungefragt übernahmen?

Ist es möglich, dass Kinder, die kein Mitgefühl erfuhren und für deren Eltern Härte und Kälte als notwendige Lebensvorbereitung angesehen wurde, als Erwachsene selbst bestrafen und foltern konnten?

Ist es möglich, dass aus einem abhängigen Kind, welches die Grausamkeiten seiner Eltern übersehen musste, kaum ein autonomer, kritikfähiger Erwachsener werden kann?

Ist es möglich, dass aus einem Kind, für das stets andere beurteilten, was Recht und Unrecht ist, ein Erwachsener werden kann, dem die Maßstäbe fehlen, um Werte für sich als richtig oder falsch zu bestimmen?

Ist es möglich, dass aus Kindern, die an die Unfehlbarkeit und Allmacht ihrer Eltern glauben mussten, Erwachsene wurden, die einen Mann wie Adolf Hitler wie den eigenen Vater verehrten?

Ist es möglich, dass aus Kindern, deren Eltern ihre Gefühle ablehnten und unterdrückten, Erwachsene wurden, die den schwachen, ohnmächtigen Anteil ihrer selbst nun auf Feindbilder übertrugen und dort bekämpften?

Kinder, die auf eine solche Weise Verletzungen erfahren haben, schlagen eines Tages möglicherweise ihre eigenen Kinder, um nicht mit der eigenen Ohnmacht und Hilflosigkeit in Berührung zu kommen. Dabei geht es nicht um den anderen Menschen, sondern um das Wegschieben der eigenen Hilflosigkeit und Trauer.

Ich möchte diesen Abschnitt nicht abschließen, ohne einen Absatz zu zitieren, der mir aus dem Buch von Alice Miller am bewegendsten in Erinnerung blieb:

»Was geschieht aber, wenn von diesem Leben keine Spur mehr geblieben ist, weil die Erziehung restlos und perfekt und gelungen war, wie es z. B. bei einem Menschen wie Adolf Eichmann oder Rudolf Hess der Fall war?

Man hat sie so früh und so erfolgreich zum Gehorsam erzogen, dass die Erziehung nie versagt hat, dass dieses Gebäude nirgends Löcher aufwies, an keinem Ort Wasser eingedrungen ist, kein Gefühl es erschüttert hat. Diese Menschen haben bis zu ihrem Lebensende die Befehle ausgeführt, die ihnen gegeben wurden, ohne je ihren Inhalt infrage zu stellen.

Deswegen konnte Eichmann während seines Prozesses die erschütterndsten Berichte der Zeugen ohne Gemütsbewegungen über sich ergehen lassen; aber als er vergaß, bei der Urteilsverkündung aufzustehen, errötete er verlegen, nachdem er darauf aufmerksam gemacht wurde.«

***Einladung zur Selbstklärung**: Gibt es beschriebene Aspekte, die in deiner eigenen Kindheit eine Rolle spielten? Entdeckst du vielleicht Fragmente, die in der Beziehung zu deinen eigenen Kindern noch eine Rolle spielen?*

Verstehen und schützen statt verurteilen und strafen

Bei aller Gewalt, die ich in Bezug auf das Thema Erziehung als solche benannt habe, kann ich unmöglich fortschreiten, ohne gleichzeitig deutlich zu machen, was mir ebenso wichtig ist: Ich bin zutiefst überzeugt davon, dass Gewalt immer ein Ausdruck von Schmerz ist, die tragischste Strategie eine lebensdienliche Absicht enthält und Eltern, damals wie heute, gute Gründe für ihr Handeln haben.

Wenn ich meine Sicht über Erziehung mit anderen Menschen teile, dann, um zu einem neuen Verständnis beizutragen und unsere Kinder zu schützen. Es ist nicht meine Absicht, erziehende Menschen zu verurteilen oder Pädagogik im Allgemeinen anzuklagen. Ich bin überzeugt, dass alle Eltern das Beste für ihre Kinder wollen – damals wie heute – und die gute Absicht verfolgen, sie auf die bestmögliche Weise auf das kommende Leben vorzubereiten, die ihnen bekannt ist.

Mittlerweile ist das Schlagen von Kindern verboten und steht gesetzlich unter Strafe. Bedauerlicherweise zeigt sich darin noch immer genau jenes alte System, das schon Zeit seines Lebens für so viel Leid gesorgt hat: Die

Annahme, Menschen könnten durch Bestrafung dazu gebracht werden, ein Verhalten aufzugeben. Diese Idee mag auch kurzfristig funktionieren. Doch wenn wir annehmen, dass Gewalt der Ausdruck einer inneren Not ist, wird sich diese durch Angst vor Strafe nicht auflösen lassen. Vielmehr braucht es einerseits mitfühlendes Verständnis für die inneren Wunden und andererseits neue Ressourcen, um programmiertes Verhalten überwinden zu können.

Ich wünschte, wir würden einen Weg finden, Kinder zu schützen und Eltern gleichzeitig die Hilfe zukommen zu lassen, die sie brauchen, um neue Wege gehen zu können.

***Einladung zur Selbstklärung**: Mit diesem Kapitel wende ich mich einem Thema zu, welches erfahrungsgemäß viele Gedanken und Gefühle auslöst. Dabei mag es sich um Empörung, Schmerz oder Ohnmacht handeln. Vielleicht werden Urteile über mich lebendig oder Schuldgefühle in Bezug auf die eigene Elternrolle berührt. Leider ist es mir nicht möglich, mit jedem Leser einen direkten Kontakt herzustellen. Doch sollte dich dieses Thema im Besonderen berühren, dann bitte ich dich, deinen Gefühlen, Gedanken und Bedürfnissen Raum zu geben – ganz gleich, wie sie aussehen mögen. Gestatte dir eine Pause, wenn sie dir notwendig erscheint, und wenn du möchtest, dann nutze bitte die vorgestellten Ressourcen, um mit dir selbst in Kontakt zu kommen. Das können die fünf Schritte sein oder auch die Arbeit mit den Glaubenssätzen nach Byron Katie.*

Erziehung damals und heute

Wenn ich mein Kind »richtig« und »gut« erziehen will, entspricht das im Grunde dem Versuch, selbst ein »gutes« Kind zu sein.

Obwohl sich viele Erwachsene von alten Strategien distanzieren und die Begrifflichkeit »Erziehung« vielfach neu definiert wurde, stellen die wenigsten Eltern infrage, dass Erziehung an sich geschehen müsse. Ich persönlich kenne niemanden, der auf die Idee kommt, erziehen zu müssen, ohne selbst erzogen worden zu sein. Ich frage mich, ob die Absicht, eine gute Mutter, ein guter Vater zu sein und sein Kind »richtig« zu erziehen, nicht dem unbewussten Impuls entspringt, immer noch selbst ein gutes Kind sein zu wollen.

Es geht mir nicht darum, in diesem Kapitel eine Begrifflichkeit in den Fokus zu stellen. Ich weiß, dass die meisten Eltern unter Erziehung heute etwas anderes verstehen als damals. Ich gehe von folgender Definition aus: Im Wesentlichen ist Erziehung die Einflussnahme auf ein anderes Lebewesen, in der Überzeugung, es bedürfe der Formung. Die zugrundeliegende Denkweise ist, dass der Erziehende besser weiß, was gut und schlecht für ein Kind ist, und ihm durch Belohnung und Strafe beigebracht werden müsse, was richtig und falsch ist.

Noch immer legen Eltern und Lehrer Erziehungsziele fest, die durch bestimmte Maßnahmen erreicht werden sollen. Auch wenn die meisten Eltern heute für körperliche Gewalt sensibilisiert sind, werden tagtäglich unzählige Kinder erpresst, bedroht, geängstigt, erfahren künstliche Konsequenzen und werden für die Gefühle ihrer Eltern verantwortlich gemacht. Niemand wählt diese Strategien, weil er sein Kind nicht aufrichtig liebt. Viel eher glaube ich an folgende Gründe:

- Eltern ist nicht bewusst, dass sie auf diese Weise handeln.
- Eltern haben niemals eine andere Möglichkeit kennengelernt, ihre Kinder zu begleiten.
- Eltern fehlt es an Inspirationen, um neue Strategien zu entwickeln.
- Eltern übernehmen alte Programmierungen und wissen nicht, wie sie diese überwinden können.
- Eltern handeln aus Angst, weil ihnen das Vertrauen fehlt, neue Strategien auszuprobieren.
- Eltern fehlt es an Kraft, sich selbst zu hinterfragen.

Fest steht: Wir alle beeinflussen uns gegenseitig.

Eltern ihre Kinder.

Kinder ihre Eltern.

Mensch und Mensch.

Eine wertschätzende Beziehung setzt voraus, dass ich mein Kind als gleichwürdig betrachte – was es sehnt, fühlt und braucht, ist grundsätzlich genauso wichtig wie das, was ich fühle und brauche. Die Frage »Wie möchte ich mein Kind gerne haben?« stellt sich nicht. Stattdessen geht es immer wieder darum, zu erfahren, was Eltern und Kinder brauchen – womit wir die Beziehungserfahrungen in den Vordergrund stellen.

Um zu beschreiben, wie sich die Qualität der Begegnung voneinander unterscheidet, möchte ich eine Geschichte aus zwei Perspektiven erzählen. Hierin soll auch deutlich werden, dass es bei diesem Perspektivwechsel keinesfalls darum geht, die elterlichen Bedürfnisse weniger wichtig zu nehmen – vielmehr geht es um Gleichwertigkeit.

Beispiel: Beate und Sebastian wollen mit ihrem Sohn Benjamin (9 Jahre) die Geburtstagsfeier einer Bekannten besuchen.

Aus der erziehenden Perspektive:
Benjamins Eltern haben eine sehr genaue Vorstellung davon, was sie von ihrem Sohn erwarten – der Schwerpunkt dabei liegt auf einem angemessenen Verhalten. Die Vorstellung, Benjamin könnte durch schlechtes Benehmen auffallen, bereitet ihnen Unbehagen, welches sie mit genauen Anweisungen zum Ausdruck bringen: »Gib deiner Tante die Hand und sieh ihr dabei in die Augen. Vergiss nicht, ihr zu gratulieren, das wäre unhöflich. Iss mit Messer und Gabel und antworte den Erwachsenen, wenn sie dich etwas fragen.« Nachdem sie Benjamin aus der Schule abgeholt haben, stellt seine Mutter eine Belohnung in Aussicht: »Wenn du dich gut benimmst, gehen wir am Wochenende in den Tierpark!« Sebastian ergänzt drohend: »Ich warne dich, veranstalte nicht dasselbe Theater wie beim letzten Mal. Du weißt ganz genau, wie wichtig uns diese Feier ist. Wenn du dich nicht zusammennimmst, dann kannst du dir deine Serie heute Abend abschminken!«
In dieser Perspektive liegt der Fokus eindeutig auf Richtig und Falsch – die Grundlage ist eine ständige Angst, nicht nur beim Kind.

Aus der Beziehungs-Perspektive:
Sebastian und Beate sind mit ihrem Bedürfnis nach Gemeinschaft und Feiern verbunden. Gleichzeitig haben sie auch die Bedürfnisse ihres Sohnes von Anfang an im Blick: Wenn Benjamin aus der Schule kommt, wird ihm vermutlich Bewegung guttun, und möglicherweise braucht er auch erst einmal Raum, um sich vom Unterricht zu erholen. Sie entscheiden darum gemeinsam, vor dem Restaurant an einem Spielplatz zu halten. Alle zeigen sich mit dem, was ihnen wichtig ist – miteinander werden Strategien besprochen, damit sich die Bedürfnisse aller erfüllen. Benjamin möchte seine Malsachen mitnehmen und auskundschaften, ob es vor dem Restaurant einen Spielplatz gibt. Sebastian will die Gelegenheit nutzen, sich ungestört mit seinem Bruder zu unterhalten, und darum bittet er seinen Sohn, sich in der ersten Stunde an seine Mutter zu wenden. Beate informiert darüber, dass es mehrere Gänge geben wird, und bittet Benjamin darum, Messer und Gabel zu benutzen.
Hier ist das Miteinander von Vertrauen darin getragen, dass gemeinsam Lösungen gefunden werden, damit es allen gut gehen kann.

Mir ist bewusst, dass Kinder über weniger Lebenserfahrung verfügen als wir. Darum tragen wir auch nicht dieselbe Verantwortung – was einer Gleichberechtigung entspräche. Für mich heißt mit Kindern in Beziehung zu sein, sie zu unterstützen, indem wir unsere eigene Lebenserfahrung zur Verfügung stellen – um zu schützen und Orientierung zu bieten.

Damit aufzuhören, das Verhalten unserer Kinder zu bewerten, auf Belohnungen und Strafen zu verzichten und stattdessen eine gleichwürdige Beziehung in den Vordergrund zu stellen, hat nichts mit Gleichgültigkeit oder Alleinlassen zu tun.

Wir weisen auf mögliche Folgen hin und erklären Zusammenhänge. Wir lassen Kinder unsere Grenzen spüren und sind achtsam mit ihren. Wir leben unsere Werte vor und laden unsere Kinder ein, sie zu übernehmen. Wir vermuten einfühlsam, was unsere Kinder brauchen, und machen sie darauf aufmerksam, was die Menschen um uns herum brauchen – dort, wo es notwendig ist, greifen wir schützend ein. Für mich als Mensch, der selbst erzogen wurde, bedeutet das, meine eigene Erziehung immer wieder neu abzulegen.

***Einladung zur Selbstklärung**: Welchen Bezug hast du zu der Begrifflichkeit »Erziehung« und wie definierst du sie?*

Sich von der Erwartung eines gewünschten Verhaltens befreien

Wenn unsere Bitten erfüllt werden, unsere Wünsche mit denen unserer Kinder übereinstimmen und ihre gewählten Strategien mit unseren harmonieren, erfüllen sich unsere Bedürfnisse nach Leichtigkeit und Verbindung. Doch erst dann, wenn wir uns von der vertrauten und uralten Erwartung befreien, unsere Kinder müssten uns zustimmen, unsere guten Gründe einsehen und unseren sinnvollen Aufforderungen folgen, sind wir wirklich dafür frei, miteinander in Beziehung zu sein.

Viele Eltern suchen in dem Verhalten ihres Kindes unbewusst den ganzen Tag lang nach Beweisen dafür, dass sie es als Eltern »richtig« machen, und finden diese dort, wo sich ihre Erwartungen erfüllen:

- ein Kind, das sein Spiel unterbricht, weil die Eltern es rufen,
- ein Kind, das einsieht, dass es in der Nähe der Fensterscheibe nicht mit dem Fußball spielen sollte,
- ein Kind, das bereit ist, die Hand seiner Mutter an der Straße festzuhalten,
- ein Kind, das bereit ist, den Fernseher auszuschalten, wenn die vorgegebene Zeit aufgebraucht ist,
- ein Kind, das den Hund streichelt, nachdem die Eltern es darauf hingewiesen haben, dass ihm Am-Schwanz-Ziehen weh tut.

Ich möchte an dieser Stelle nicht darüber sprechen, warum Folgsamkeit und Gehorsam immer eine Gefahr für die Integrität darstellen und keine Ziele sein sollten, die wir für unsere Kinder anstreben. Ich möchte darauf hinweisen, dass viele Eltern das gewünschte Verhalten ihrer Kinder unbewusst selbst dann noch als Erfolg und Beweis für ihre gelungene

Beziehung betrachten, wenn sie sich längst vorgenommen haben, ihre Selbstbestimmung und Integrität zu achten.

Weil es uns so vertraut ist, zielorientiert zu denken.

Weil wir Einigkeit so intuitiv als Zeichen einer guten Beziehung werten.

Weil wir es so gewohnt sind, Liebe vor allem dann miteinander zu teilen, wenn es keine Unstimmigkeit auszuhalten gibt.

Weil in vielen von uns die unbewusste Vorstellung fest verwurzelt ist, die Folgsamkeit unserer Kinder würde etwas über unsere Qualität als guter Vater oder gute Mutter aussagen.

Lasst uns lernen, auszuhalten, wenn unsere Kinder anderer Meinung sind.

Lasst uns akzeptieren, dass sie nicht immer bereit sind, unsere guten Gründe zu verstehen.

Lasst uns Anderswürdigkeit, unterschiedliche Meinungen und Unstimmigkeit als Parameter einer lebendigen Beziehung verstehen und aufhören, sie als Beweis für unsere Unzulänglichkeit als Mutter oder Vater zu werten.

Befreien wir uns von der Vorstellung, dass es unsere Aufgabe sei, bestimmte Ziele zu erreichen, und widmen uns stattdessen dem Beziehungsprozess.

***Einladung zur Selbstklärung**: Hast du bestimmte »Erziehungsziele«? Ist es dir vertraut, nach Beweisen dafür zu suchen, dass du eine »gute« Mutter bist oder einem Vater entsprichst, der alles »richtig« macht? Wie fühlt sich die Vorstellung in deinem Körper an, eine »gute« Mutter oder ein »guter« Vater zu sein? Was bedeuten »gut« und »richtig« für dich persönlich, wie verhält sich jemand, der es »richtig« und »gut« macht? Welche Bedürfnisse erfüllt es dir, wenn du glaubst, dass du es »gut« machst?*

Haben erziehende Eltern keine Beziehung zu ihren Kindern?

»Beziehung statt Erziehung« ist mittlerweile zu einer gängigen Formulierung geworden, und sie impliziert, dass das eine das andere ausschließe. Ich möchte keinen einzigen Leser in der Annahme zurücklassen, ich würde ihm die Beziehung zu seinem Kind absprechen, weil er erziehende Strategien gebraucht. Selbstverständlich haben auch erziehende Eltern eine Beziehung zu ihren Kindern, und selbstverständlich lieben sie ihre Kinder genauso innig, wie es Eltern tun, die eine Abwesenheit von Erziehung anstreben. Ich maße mir nicht an, dies infrage zu stellen!

Erziehung und Beziehung schließen einander nicht aus. Erziehende Strategien verhindern Gleichwürdigkeit. Gleichwürdigkeit ist das tragende Element einer wertschätzenden, bedürfnisorientierten Beziehung zueinander – ebenso wie für eine liebevolle, selbstfürsorgliche Beziehung zu sich selbst und den eigenen Bedürfnissen.

Einladung zur Selbstklärung: *Wie definierst du »Gleichwürdigkeit«? Welche Strategien tragen im Alltag ganz konkret dazu bei, dass sich alle Familienmitglieder mit ihren Bedürfnissen geachtet fühlen?*

Die Integrität unserer Kinder schützen

Gehorche mir nicht, mein Kind

Hör mir zu und öffne Dein Herz,
wenn ich mein Herz öffne,
wenn ich mich Dir zeige!

Belehre ich Dich
so sag mir,
wenn Du es nicht hören möchtest!

Sage ich »Du musst!«
So glaube mir nicht, mein Kind –
hab Nachsicht mit mir,
wo ich andere Wege noch nicht kenne.

Wenn ich meine, ich wüsste besser,
was Dir gut tut –
so glaube mir nicht –
hab Nachsicht mit mir,
wo ich noch kein Vertrauen habe.

Hör mir zu und öffne Dein Herz,
wenn ich mein Herz öffne,
wenn ich mich Dir zeige,
mit meinem mangelnden Vertrauen,
mit meinem Schmerz,
mit meiner Orientierungslosigkeit.

Niemals, mein Kind,
gehorche mir!

Folge mir, wenn es Dein Herz erlaubt!
Isabell Peters

Möglicherweise benötigt kein anderes kindliches Bedürfnis so sehr unsere Unterstützung und Achtsamkeit wie das nach Integrität. Während andere Bedürfnisse aus vielen unterschiedlichen Quellen gespeist werden, hängt der Schutz von kindlicher Integrität maßgeblich davon ab, ob nahe Bezugspersonen bereit sind, diese zu achten.

Die Integrität eines Kindes gerät dann in Gefahr:

- wenn aus einem »Nein« immer wieder ein »Ja« wird, weil Kinder es ihren Eltern recht machen wollen,
- wenn kindliche Bedürfnisse grundsätzlich zurückgestellt werden, weil eine Strafe befürchtet wird oder die Liebe der Eltern an Bedingungen geknüpft ist,
- wenn eigene Grenzen aus Angst aufgegeben werden, für die Eltern andernfalls nicht mehr wertvoll zu sein.

Dort, wo Integrität verletzt wird, entsteht Stress in der Seele. Stress bezeichnet in der Physik »die Veränderung eines Materials durch äußere Krafteinwirkung, der Anspannung, Verzerrung und Verbiegung folgen«. Ist die Belastung zu groß, kehrt das Material nicht in seine ursprüngliche Form zurück, sondern zerbricht …

Kinder, die wiederkehrend oder durchgehend seelischen Stress durch verletzte Integrität erleben, sind der Bereitschaft ihrer Bezugspersonen ausgeliefert – der Bereitschaft, Verletzungen wahrzunehmen, anzuerkennen und eine Neugestaltung der Beziehung vorzunehmen, die das Bedürfnis nach Integrität und ihren Schutz im Blick hat.

Haben Eltern kein Gespür für die Integrität ihrer Kinder – weil ihre eigene niemals geachtet wurde –, ist es nur eine Frage der Resilienz, bis die Seele eines Kindes ernsthaften Schaden nimmt und Teile der individuellen Persönlichkeit unter dem Druck zerbrechen. Weil meine Integrität selbst verletzt wurde, kann ich recht deutlich beschreiben, welche Auswirkungen dies teilweise bis heute auf mich hat:

- fehlendes Vertrauen, wertvoll zu sein,
- Entfremdung von eigenen Bedürfnissen und Gefühlen,
- konstante innere Unsicherheit,
- Angst vor Autoritäten,
- »Sich-klein-fühlen«,
- Komplimente nicht glauben, Wertschätzung anderer nicht annehmen können,
- anderen mehr Wert beimessen als mir selbst,
- Überzeugungen, nicht liebenswert zu sein, etwas nicht zu verdienen.

Ich möchte die Psychologin und Autorin Franziska Klinkigt zitieren:

»Ein Kind, dessen Integrität gewahrt wurde und das infolgedessen seine Grenzen schützen kann, klingt vielleicht so: Ich schaffe, was ich schaffe, und mache, was ich kann. Was ich heute nicht lern‹, lerne ich später. Oder erst dann, wenn ich es wirklich brauche. Ich mache lieber das, was mich interessiert, und halte mich an Menschen, die mich inspirie-

ren und ermutigen. Die mir guttun, die ich mag und die mich mögen. Ich weiß, was ich kann und was nicht, und es ist mir nicht wichtig, ob es andere besser können. Ich orientiere mich an den Zielen, die ich selbst gewählt habe und die für mich Sinn ergeben. Ich weiß nicht, was die Zukunft bringt, aber ich tue hier und heute das Beste, was ich tun kann.«

Die Integrität meines Kindes zu wahren, betrachte ich als ebenso entscheidend für seine Entwicklung wie bedingungslose Liebe. Und doch beobachte ich immer wieder, wie ich die Selbstbestimmung meines Kindes ziemlich selbstverständlich übergehe:

- Ich verteile die Soße beim Essen über dem Kartoffelbrei, während ich einen Gast fragen würde, ob er sie lieber über das Fleisch oder getrennt von den übrigen Zutaten möchte.
- Ich fahre achtlos mit dem Taschentuch über die Schniefnase.
- Ich kämme die Haare, ohne vorher die Zustimmung erfragt zu haben.
- Ich lege die Kleidung für den nächsten Tag bereit.

Möglicherweise gibt es Leser, die nun gutwillig anmerken, dass all dies mit den wirklichen Grenzverletzungen der Integrität nichts zu tun habe. Ich meine: Doch! All die kleinen Grenzverletzungen rücken eine Achtsamkeit für die eigene Integrität in weite Ferne. Um ein Verständnis dafür zu entwickeln, brauchen wir uns nur vorzustellen, unser Partner würde auf diese Weise mit uns umgehen.

Stelle dir Folgendes vor: Du kommst von der Arbeit nach Hause. Im Flur begegnet dir dein Partner und nimmt dir – nach einem kleinen Begrüßungskuss – deine Tasche aus der Hand, um darin herumzuwühlen. Er sucht die Brotdose heraus und überprüft, ob du alles aufgegessen hast. Während du die Nachrichten anschauen willst, lässt dein Partner dich wissen: »Na gut, aber danach machst du den Fernseher wieder aus. Und dabei isst du bitte die Gurke auf, die noch in deiner Brotdose war. Dann bereite bitte deine Tasche für die Arbeit morgen vor. Ich kontrolliere später, ob du auch alles eingepackt hast!«

Natürlich weiß ich nicht, ob euer Miteinander diesem Beispiel nahekommt. Eine Situation aufzuschreiben und die Rollen zu wechseln, hat sich für mich jedoch oftmals als wertvolle Strategie erwiesen, um größere Achtsamkeit zu entwickeln.

Ja, ich neige dazu, mich diesem sanften Schlummer der Unachtsamkeit hinzugeben, um erschrocken festzustellen, dass der missachtete Wille meines Kindes ganz plötzlich wie ein Gewitter über uns hereinbricht. Nachdem Lukas lange kooperiert hat, wirkt er oftmals selbst erschrocken über das, was aus ihm herausbricht.

Lasst uns die Selbstbestimmung auch und besonders in der Routine achten. Wir übernehmen so selbstverständlich viele Teilbereiche unserer Kinder – und verhindern damit, dass sie sich selbstbestimmt erfahren dürfen. Für die meisten Kinder entscheiden die Eltern, wann sie aufstehen, zu Bett gehen, essen, spielen, lernen … Eigenverantwortung kann nur entstehen, wenn wir uns ausprobieren und ein Gespür für uns selbst entwickeln können. Verantwortungsvolle Entscheidungen zu treffen gelingt nur, wenn dieser Muskel auch ausgebildet und trainiert wurde.

Der Bereitschaft, Erfahrungsräume für unsere Kinder zu öffnen, stehen meist unzählige Glaubenssätze im Wege, die uns dazu verleiten, die Grenzen unserer Kinder zu übernehmen – und nicht selten wundern wir uns, wenn ein Machtkampf entsteht. Welche Erfahrungsräume du auch immer bereitstellen möchtest, gerne würde ich dir dafür einige Gedanken mit auf den Weg geben:

- Kinder, für die sich neue Erfahrungsräume öffnen, werden ihre neue Freiheit zunächst überprüfen. In dieser Zeit wird ein Kind sehr wahrscheinlich alle Süßigkeiten in sich hineinschlingen – aus Angst, dass ihm der Zugang dazu wieder entzogen wird.
- Erst nachdem eine neue Freiheit ausgekostet wurde, wird es darum gehen können, gewonnene Erfahrungen zu gewichten und zukünftige Entscheidungen daran auszurichten. Im Vertrauen, dass eine Freiheit bestehen bleibt, können Süßigkeiten beiseitegelegt werden, weil der Bauch »genug« hat.

- Es benötigt Zeit und Vertrauen, um ein Gefühl für seinen eigenen Körper entwickeln zu dürfen und zu lernen, auf welche Weise Bedürfnisse bestmöglich selbstbestimmt erfüllt werden können.
- Für Eltern kann es zunächst ungemein schwer sein, die eigene Angst auszuhalten. Dann ist es wohltuend, sich Unterstützung zu suchen: Tausche dich mit Eltern aus, die dein Vertrauen nähren und deine Angst einfühlsam hören.
- Geöffnete Erfahrungsräume, in denen Eltern ein bestimmtes Verhalten sehen wollen und die wieder geschlossen werden, wenn das Kind dieses Verhalten nicht zeigt, stellen keine wirkliche Freiheit dar.

Eltern, die infolge einer Lernerfahrung auf ein bestimmtes Verhalten ihrer Kinder hoffen, können sich fragen: Haben Kinder möglicherweise ebenso ein Recht auf ein Verhalten, welches – in unseren Augen – nicht immer das vernünftigste ist? Wie oft schauen wir einen Film zu Ende, obwohl wir am nächsten Morgen früh aufstehen werden? Wie oft greifen wir in die Chipstüte, obwohl wir eigentlich abnehmen wollten? …

Genau darum, weil wir wissen, wie es sich am nächsten Morgen anfühlen wird, hundemüde aufzustehen, können wir diese Entscheidung auch treffen. Wir entscheiden uns für Genuss und geraten mit dem Bedürfnis nach Gesundheit in Konflikt – auch das ist Lebendigkeit, die unseren Kindern ebenso zusteht wie uns.

***Einladung zum Üben**: Schreibe das Wort »Selbstbestimmung« in die Mitte eines Blattes. Welche Assoziationen und Erfahrungen kommen dir in den Sinn, wenn du an deine Kindheit denkst? Welche Erfahrungsräume standen dir in deiner Herkunftsfamilie zur Verfügung? Wie haben deine Eltern deine Bestrebungen, unabhängig und selbstständig zu sein, beantwortet? Welche Sätze sind dir diesbezüglich vertraut? Wie frei fühltest du dich, deine eigene Meinung zu äußern? Wenn du möchtest, schreibe das Wort »Selbstbestimmung« auch auf die Rückseite des Blattes und notiere, in welchen Bereichen sich dein Kind selbstbestimmt erfahren kann. Was macht es mit dir, wenn dein Kind selbstbestimmt sein möchte, »Nein« sagt, eigene Strategien finden will, nicht deiner Meinung ist?*

***Einladung zur Selbstklärung**: Stell dir vor, dass deine persönliche Integrität ein Gesicht hätte. Welchen Ausdruck hätte es, wenn du an deine Kindheit zurückdenkst? Und welchen Ausdruck hätte dieses Gesicht, wenn du an das hier und jetzt denkst, als erwachsene Person, in deiner heutigen Lebensrealität? Was wünschst du deinem Kind für sein späteres Leben, in Bezug auf seine Selbstbestimmung? Welche Fähigkeiten sind, aus deiner Sicht, besonders wichtig? Passen diese Wünsche zu der Art und Weise, wie du dein Kind im Hier und Jetzt mit seiner Selbstbestimmung achtest?*

Selbstregulation um jeden Preis?

Es ist mir wichtig, die Bedürfnisse meines Kindes zu achten, unser beider Willen grundsätzlich als gleichwertig zu verstehen und ihm mit jener Wertschätzung zu begegnen, die ich mir selbst wünsche.

Ich möchte Lukas die größtmögliche Freiheit lassen, neue Räume zu entdecken. Während er seine Verantwortung erkundet, möchte ich mich von Erwartungen darüber lösen, zu welchem Ergebnis er kommen sollte. Stelle ich fest, dass meine Ängste überhandnehmen und ich mich in angstvollen Zukunftsvisionen verstricke, ist es meine Verantwortung, diese gründlich zu überprüfen:

- Welche Glaubenssätze verbergen sich hinter dieser Angst?
- Sind die befürchteten Konsequenzen real, und können wir sie gemeinsam tragen?
- Mache ich etwas, das zu mir gehört, zum Thema meines Kindes?
- Ist das eine Gelegenheit für uns, zu wachsen, oder werden die Fähigkeiten von einem von uns beiden deutlich überschritten?
- Geht es mir um echte Werte oder um Glaubenssätze, die ich ganz automatisch übernommen habe?

Genauso wenig, wie mir das Konzept der Erziehung gefällt, erscheint mir die prinzipielle Abwesenheit von regulativen Maßnahmen sinnvoll. Wenn Eltern den Gesetzmäßigkeiten einer bestimmten Methode folgen, sind sie

erfahrungsgemäß weniger frei, die Bedürfnisse zu achten und das gemeinsame Miteinander im Blick zu haben.
Das gilt für einen Erziehenden, der machtvoll in den Bereich seines Kindes eingreift, weil er glaubt, dies entspräche »richtiger« Erziehung, ebenso wie für einen Nicht-Erziehenden, der jede Einflussnahme unterlässt, in der Sorge, dass er damit gegen die Prinzipien einer Haltung, wie zum Beispiel »unerzogen«, verstoßen würde.
Ich möchte deswegen empfehlen, die Bedürfnisse aller Beteiligten in den Vordergrund zu stellen und die eigenen Werte zu berücksichtigen. Dann beobachte ich aufmerksam, wie es meinem Kind mit den eroberten Erfahrungsräumen geht und was in mir selbst lebendig ist. Auf diese Weise habe ich viele Strategien ausprobiert. Erfahrungen, die ich gerne mit dir teilen würde.

Süßigkeiten
Zunächst habe ich den Süßigkeitenkonsum meines Kindes umfassend reguliert. Das ging so weit, dass ich selbst Oma und Opa angewiesen habe, Lukas keinen Zucker zu geben, und nachts heimlich an unsere eigenen Vorräte schlich, die ich vor meinem Sohn versteckte. Ich teilte seine Rationen nach einem recht willkürlichen inneren Ermessen ein und war nicht frei dafür, zu hören, welchen Frust und Ärger das in Lukas auslöste – denn das berührte auf unangenehme Weise meine eigenen Zweifel, die ich schnell mit der Floskel beruhigte, das alles geschähe nur zum Besten meines Kindes. Diese Art von Begleitung erfüllte zwar mein eigenes Bedürfnis nach Wirksamkeit, verlor aber jegliche Bedürfnisse meines Kindes aus dem Blick.
Es war eine Bereicherung, dass ich zu jener Zeit mit den Ideen der Haltung unerzogen in Berührung kam, die mich ganz neu für die Integrität meines Kindes wach gemacht haben. Ich begann, meine Entscheidung zu hinterfragen:

- Ist die schützende Anwendung von Macht hier wirklich gerechtfertigt oder rede ich sie mir aufgrund einer alten Angst und Überzeugung ein?

- Stellt es einen wirklichen Schutz dar, meinem Sohn eigene Erfahrungen mit Zucker vorzuenthalten, obwohl Süßigkeiten überall verfügbar und ein Teil unserer Lebensrealität sind?
- Warum sollten meine Bedürfnisse nach Wirksamkeit und Leichtigkeit, mein Wunsch nach Gesundheit für Lukas und zugegeben auch die Sehnsucht, mich als gute Mutter zu fühlen, schwerer wiegen? Warum sollten sie mehr wert sein als Lukas' Bedürfnisse nach Selbstbestimmung, Wahlfreiheit, Entwicklung und Genuss?
- Hat nicht auch mein Kind ein Recht auf die Freiheit, abzuwägen, welchem Bedürfnis Schokoladeessen gerade dienen soll? So, wie auch ich gelegentlich mehr esse, um zu genießen, als ich mit meinem Bedürfnis nach Gesundheit vereinbaren kann?
- Kann Gleichwürdigkeit vorherrschen, wenn ich unbegrenzten Zugriff auf Vorräte habe und sie meinem Kind verwehre? Wenn ich mich heimlich bediene und von Lukas erwarte, er möge sich mit einer von mir gewählten Portion zufriedengeben?

Zugegeben, bis ich meine tief verwurzelten Ängste ablegen konnte, habe ich noch einige Strategien ausprobiert, die Kompromisse darstellen sollten, aber keine waren. So bekam Lukas nun zwar seinen eigenen Vorrat, aber zu meinen Bedingungen. Ich bestimmte, wie viel in seine Kiste kam und wann diese neu befüllt werden würde, wie lange der Vorrat also reichen sollte. Eine Weile habe ich auch gar keine Süßigkeiten mehr eingekauft, um dann umso mehr zuzuschlagen, weil ich selbst nicht darauf verzichten konnte.

Irgendwann beschloss ich, Lukas die Verantwortung für sich selbst zu überlassen und mich darauf zu fokussieren, ihn dabei zu begleiten, indem ich ihm erklärte:

- wie Zucker im Körper wirkt und das Verlangen nach mehr Zucker erhöht,
- warum unser Körper Vitamine, Kohlenhydrate und Mineralien braucht, wie ein Auto das richtige Benzin,
- warum Bewegung und gründliches Zähneputzen wichtig sind,

- wie wichtig aus meiner Sicht eine Balance zwischen Genuss und Gesundheit ist,
- und indem ich mich rückversicherte, dass ich Obst und Gemüse anbieten und Hinweise geben darf.

Ehrlicherweise muss ich gestehen, dass Lukas es mir insgesamt sehr leicht gemacht hat, diesen Weg einzuschlagen. Es gab einige wenige besondere Anlässe, bei denen Lukas mehr Süßes aß, als ihm rückblickend gut getan hat – doch bemerkenswerterweise waren das genau die Erfahrungen, die ihn dazu befähigten, durchdachte eigene Entscheidungen zu treffen: Er wusste nun, wie sich Bauchschmerzen und Übelkeit nach vielen Süßigkeiten anfühlten, und war nicht darauf angewiesen, meinen Warnungen glauben zu müssen.

Ich betone das nicht, um damit zum Ausdruck zu bringen, dass Lukas »seine Lektion gelernt hat«, sondern vielmehr, um darauf aufmerksam zu machen, dass er die Konsequenzen selbst bemessen und einschätzen kann, weil ich diesen Raum geöffnet habe. Bis heute isst er sehr abwechslungsreich und hat ein gutes Gespür für seinen Körper, während ich selbst oft viel mehr Süßes esse, als mir guttut. Er ist schlank, gesund und sehr offen dafür, meine Hinweise zu hören – obwohl er am Ende allein entscheidet.

Fernsehen und Medien

Fernsehen und Videos waren für Lukas schon sehr früh eine wichtige Strategie, weil ich nicht immer kraftvoll genug war, ihm andere Angebote zu machen, und ich ertappte mich recht bald dabei, Lukas das Fernsehen so zu erlauben oder zu verbieten, wie es für mich persönlich gerade am besten passte.

Ich verhandelte über die Fernsehzeit, indem ich meine Macht zu meinem eigenen Vorteil nutzte: So überlegte ich mir im Stillen ein Zeitkontingent, das mir angemessen erschien, setzte aber tiefer an – wohl wissend, dass Lukas ungefähr eine halbe Stunde mehr vorschlagen würde, um wenigstens scheinbar seinen Bereich mitgestalten zu können. Also schlug ich vor: »Eine Stunde, okay?«, und Lukas entgegnete wie zu erwarten:

»Eineinhalb, ja?« Darauf »einigten« wir uns dann, und ich konnte mir vormachen, den Willen meines Kindes berücksichtigt zu haben.

Ich nannte diese vermeintliche Einigung eine Vereinbarung und verstand erst viel später, dass ich damit eigentlich nur eine Entscheidung tarnte, die ich allein getroffen hatte und die Lukas gar keine andere Wahl ließ, als zuzustimmen. Was sollte er auch entgegnen? Er hatte weder die Ressourcen, diese Strategie zu durchschauen, noch um sein eigenes Bedürfnis nach Selbstbestimmung in Worte zu kleiden. Sonst hätte er vielleicht so geklungen: »Mama, ob du mir nun eine Stunde oder zwei Stunden Fernsehen zugestehst, macht eigentlich keinen Unterschied, denn mir geht es darum, dass ich nicht für mich selbst entscheiden darf!«

Was ich rückblickend jedoch am meisten und nicht ohne Scham bedaure, ist, dass ich Lukas auch noch das Recht absprach, frustriert, wütend und enttäuscht zu sein, wenn ich den Fernseher abstellte und an unsere Pseudovereinbarung erinnerte. Ich sagte dann: »Wir hatten eine Vereinbarung, und ich will, dass du dich daran hältst!« oder: »Lukas, jetzt habe ich dir schon eine Viertelstunde länger erlaubt, und noch immer ist es nicht genug.«

Es war Lukas' gelungener Selbstfürsorge zu verdanken, dass ich mich mit diesem Thema weiter auseinandergesetzt und selbst reflektiert habe. Er stellte Fragen wie:

»Mama, warum darf ich beim Fernsehen nicht über mich entscheiden?«

»Warum glaubst du, dass ich nicht weiß, was mir guttut?«

»Warum können wir es nicht ausprobieren, wie mit den Süßigkeiten?«

Ich habe lange mit mir gerungen, ehe ich Lukas seine Verantwortung über Fernsehen und Medienkonsum überlassen habe. Es ist mir sehr viel schwerer gefallen, als seine Selbstregulation bei den Süßigkeiten zu begleiten.

Und ich gestehe nicht gerne, dass ich anfangs mehrfach den Impulsen nachgab, ihm seinen Laptop einfach wegzunehmen und mein Einverständnis zu widerrufen. Das hat Lukas' Vertrauen in mich und seinen neuen Raum ziemlich erschüttert und große Hilflosigkeit in ihm ausgelöst. Es dauerte eine ganze Weile, bis ich mich von meinen Erwartungen lösen und meine Ängste aushalten konnte. Bis dahin spielten vor allem die Gedanken eine Rolle, ich sei eine schlechte Mutter und andere könnten mich für meine Entscheidung verurteilen.

Etwas mehr als ein Jahr haben wir Lukas die Freiheit überlassen, selbst über diesen Lebensbereich zu entscheiden. Das, was ich befürchtet hatte, war nicht eingetroffen: Lukas hatte kein ganzes Jahr vor dem Computer verbracht. Er wurde nicht dick und auch nicht einsam. Stattdessen entdeckte Lukas die große Fähigkeit, über die er hinsichtlich seines räumlichen Vorstellungsvermögens verfügt. Er erfuhr, wie es sich in seinem Körper anfühlt, wenn er sich wenig bewegt hat. Er lernte, für sich selbst Prioritäten festzulegen, und entschied, die Einladungen seiner Freunde anzunehmen, anstatt weiterhin Computer zu spielen. Lukas hieß Ideen willkommen wie Bewegungspausen auf der Hüpfmatte, Tobe-Runden und zwischenzeitliche Spaziergänge im Wald.

Und dennoch entschieden mein Mann und ich, die Verantwortung wieder zu uns zurückzunehmen. Folgende Gründe haben uns dazu bewegt, in aller Klarheit und ohne Unsicherheit neu zu entscheiden:

- Wir hatten uns mehr und mehr dabei ertappt, aus der Beziehung auszusteigen und irgendwelchen eigenen Tätigkeiten nachzugehen, während Lukas am PC saß. So wussten wir bald nicht mehr, ob er Fernsehen schaute, um mit uns zu kooperieren, oder weil er selbst es so wollte.
- Wir haben beobachtet, dass Lukas' Verbindung zu uns durch den umfangreichen Konsum erschwert war. Zum einen, weil er oft ärgerlich und aus dem Gleichgewicht geraten wirkte, nachdem er stundenlang gespielt und sich gleichzeitig wenig bewegt hatte. Das war für uns alle anstrengend und nicht immer einfach anzunehmen. Zum anderen, weil er vor dem Bildschirm wie erstarrt wirkte, kaum ansprechbar war und sich auch allgemein wenig für den Austausch mit uns interessiert hat.
- Für all die Themen, die Lukas unlängst noch sehr begeistert hatten, blieb einfach kein Raum mehr. Basteln, Umweltschutz, Natur, Ge-

dichte, Geschichten und Musik, kaum etwas, das ihm zuvor Freude bereitet hatte, konnte ihn nun noch begeistern. Es schien, als hätten die PC-Spiele einen Großteil seiner gedanklichen Kapazität belegt.
- In der Schule wurde es für Lukas zunehmend schwieriger, Inhalte aufzunehmen und sich zu konzentrieren. Bei einem Test stellte sich heraus, dass er große Schwierigkeiten im Bereich der visuellen Verarbeitung hatte.
- Am meisten Sorge bereitete uns aber, dass er aufhörte, Fragen zu stellen. Er erzählte zwar mit leuchtenden Augen, was er in seinem liebsten Spiel Minecraft gebaut, welche Kämpfe er gewonnen und wie viele Rätsel er gelöst hatte. Doch darüber hinaus gab es kaum noch etwas, das er erfahren, verstehen, lernen wollte. Auch die Geschichten, denen er einmal so fasziniert gelauscht hatte, konnten ihn nun nicht mehr berühren.

Ich wusste auf einmal, dass ich durchaus vertreten konnte, in diesem Bereich meines Kindes allein entschieden zu haben. Was ich hingegen nicht verantworten wollte, war, Lukas eine Entscheidung überlassen zu haben, deren Folgen für uns alle nicht mehr überschaubar und tragbar schienen.

Dies ist kein Plädoyer gegen Selbstregulation. Und ich gelange auch nicht zu dem Fazit, dass Selbstregulation nicht funktioniert. Ich habe viele Familien kennengelernt, in denen Fernsehen und Medienkonsum im Allgemeinen eine Strategie für Freizeit, Freude, Entspannung und Kreativität ist, wie jede andere auch. Ich komme auch nicht zu dem Ergebnis, dass Fernsehen eine schlechte Strategie ist, während es kostbarer ist, ein Buch zu lesen.

Die Entscheidung, Selbstregulation zu ermöglichen, sollte nicht an die Erwartung eines bestimmten Verhaltens geknüpft sein. Wir haben diesen Raum nicht aus der Überzeugung geschlossen, Lukas dürfe nicht unausgeglichen und ärgerlich sein, sondern weil uns die Begleitung insgesamt auf Dauer nicht tragbar erschien. Ich bin überzeugt, dass Selbstregulation eine sichere Umgebung und sehr klare, selbstreflektierte Begleitung erfordert. Beides konnten wir nicht in vollem Umfang ermöglichen.

Heute geben wir die Medienzeit wieder vor und benennen sie als eindeutige Allein-Entscheidung. Lukas konnte diese scheinbar erleichtert annehmen, und seitdem genießen wir wieder eine neue Familienlebendigkeit. Hier wird wieder gemeinsam gesungen, gelacht, gespielt, entdeckt und geforscht. Es ist, als sei Lukas von einer Welle an Wissensdurst und Kreativität erfasst worden, die lange verborgen war und einigen Nachholbedarf hat. Lukas teilt sich seine Zeit mit einem Timer selbst ein und braucht von mir keine Erinnerungen dafür.

Sollte sich das einmal ändern, die Strategie nicht mehr passen, werde ich nicht zögern, unsere Situation neu anzuschauen.

***Einladung zur Selbstklärung**: Welche Erfahrungsräume kannst du deinem Kind vertrauensvoll öffnen und wovon hängt diese Entscheidung für dich persönlich ab? Gibt es Bereiche, in denen du deinem Kind gerne mehr Selbstbestimmung ermöglichen würdest, doch gleichzeitig große Unsicherheit oder sogar Unbehagen bei der Vorstellung empfindest? Kannst du deine Befürchtungen benennen und findest du vielleicht die dahinterliegenden Bedürfnisse?*

Orientierung bieten, Werte anbieten

Die Frage, die Eltern in Bezug auf Beziehung statt Erziehung und die Aufgabe der altvertrauten Einflussnahme erfahrungsgemäß am meisten bewegt, lautet: Was ist, wenn mein Kind etwas nicht tun will, das in meinen Augen notwendig und sinnvoll ist?

Wenn Eltern entschieden haben, die Bedürfnisse ihres Kindes als gleichwertig zu achten, herrscht oft eine große Verunsicherung darüber, welche Möglichkeiten bleiben, um Einfluss zu nehmen und Orientierung zu bieten. Es scheint wenig zu geben, das Erwachsene so verunsichert und ängstigt wie das Nein eines Kindes zu einem ihrer wichtigen Anliegen! Ich möchte im Folgenden einen Dialog zwischen mir und zwei jungen Müttern wiedergeben, die eben diese Fragen bewegten.

Julia: »Mein Sohn weigert sich, seine Haare zu waschen. Natürlich habe ich versucht, zu ergründen, warum er sich so dagegen sträubt, aber es scheint keinen greifbaren Grund zu geben. Ich habe auch viele Angebote gemacht und bin kreativ geworden, um ihn in die Wanne zu locken, er bleibt bei seinem Nein. Und jetzt? Ich kann das doch nicht einfach hinnehmen und zulassen, dass mein Sohn mit dreckigen und stinkenden Haaren herumläuft.«

Hanna: »Wenn du mich fragst, ob du den Willen deines Kindes in der genannten Situation achten sollst, dann bin ich absolut klar: Ja! Bitte respektiere das Nein deines Kindes. Wie geht's dir mit der Antwort?«

Julia: »Du sagst das so einfach … Ja. Und ich denke: Irgendwo hört es doch auf. Klar, ich beziehe ihn mit ein, wo immer es geht, aber irgendwo muss doch mal Schluss sein, oder nicht?«

Hanna: »Möchtest du wissen, wo die Freiheit meines Kindes für mich endet?«

Julia: »Ja, denn so ein Ende muss es ja geben!«

Hanna: »Für mich endet sie dort, wo unmittelbare Gefahr besteht. Für mein Kind, für mich oder Menschen in unserer Umgebung. Macht es das für dich klarer?«

Julia: »Nein. In meinem Kopf tauchen Unmengen riesiger Aber auf. Aber man muss sich doch waschen. Aber was bin ich für eine Mutter, wenn ich mein Kind mit ungewaschenen Haaren herumlaufen lasse. Aber das hat doch auch Nachteile für mein Kind, wenn andere vor ihm zurückweichen, weil es unangenehm riecht, auch für mich ist das unangenehm.«

Hanna: »Bei mir kommt an, dass dich die Vorstellung, dein Kind ist ungewaschen, ganz schön in Not bringt. Da zeigen sich eine Menge Glaubenssätze über das, was man tun sollte. Und eine große Angst, eine schlechte Mutter zu sein und es falsch zu machen, wenn du das zulässt. Stimmt das?«

Julia: »Ja …«

Hanna: »Ich würde dich gern dazu einladen, diese Glaubenssätze anzuschauen und zu überprüfen, doch vorerst halte ich fest, dass du ein Anlie-

gen an dein Kind hast: Sauberkeit und Pflege sind dir aus verschiedenen Gründen wichtig. Und jetzt bist du ratlos, wie du mit dem Nein umgehen kannst. Wenn du sagst, dass es dir nicht behagt, seinen Willen an dieser Stelle zu akzeptieren, an welche Alternative denkst du?«

Julia: »Ich könnte ihm anbieten, ihm diesen Trecker zu kaufen, den er schon so lange will. Oder ich könnte ihn einfach in die Wanne stecken und seinen Frust aushalten.«

Hanna: »Ja, du könntest ihn dazu bringen, das zu tun, was du willst. Entweder, indem du ihm etwas anbietest, das er sich aus eigenen Ressourcen nicht kaufen kann, oder indem du dich körperlich durchsetzt und ihm erklärst, dass das notwendig ist. Wie geht es dir damit, wenn du dir vorstellst, das Eine oder das Andere umzusetzen?«

Julia: »Irgendwie nicht gut! Aber es muss doch irgendwas zwischen Zwang und einfach Hinnehmen geben, oder?«

Hanna: »Oh ja, das gibt es. Vielleicht hat keines davon zur Folge, dass dein Kind sofort in die Wanne steigt und sich bereitwillig die Haare wäscht. Dafür aber wird dein Kind das Vertrauen behalten, dass seine Körpergrenze geachtet wird, es selbst über sich entscheiden darf, und gleichzeitig kannst du dich für das einsetzen, was dir wichtig ist.«

Julia: »Das klingt total gut. Wie kann das gehen?«

Hanna: »Indem du dich mit dem zeigst, was dir wichtig ist, und indem du dich weiterhin für dein Anliegen einsetzt.«

Julia: »Das verstehe ich nicht!«

Hanna: »Sag ihm, warum dir Körperpflege wichtig ist. Lass ihn wissen, warum es für viele Menschen wichtig ist, die Zeit zusammen zu verbringen. Lebe ihm eine gesunde Körperhygiene vor. Lade ihn weiterhin dazu ein, seine Haare zu waschen. Sei weiterhin kreativ und mach Angebote.«

Julia: »Wirklich, das ist alles? Und wenn er sich niemals die Haare waschen will?«

Hanna: »Wie wahrscheinlich ist es, dass ein Kind für immer und ewig etwas ablehnt, das für seine Gesundheit wichtig ist und ihm ermöglicht, sich als Teil einer Gemeinschaft zu fühlen?«

Julia: »Ich muss darüber nachdenken!«

Beate: »Jonathan hat immer wieder Wutanfälle, wenn er nicht bekommt, was er will. Selbst, wenn ich Alternativen anbiete, lehnt er sie ab und tobt und wütet und droht sogar, meine Sachen kaputtzumachen. Er ist acht Jahre alt – da kann man doch langsam Impulskontrolle erwarten.«

Hanna: »Ich kenne ähnliche Situationen. Und ich denke dann: »Mit dir stimmt was nicht!« Dann habe ich den Impuls, es meinen Sohn auch merken zu lassen. Er soll spüren, dass er gerade nicht in Ordnung ist, so wie er ist. Fast unbewusst denke ich: »Das geht zu weit und das musst du merken, zur Not mit aller Härte.« Einmal hat Lukas nach mir getreten und ich war stinkwütend. Beinahe hätte ich zurückgetreten. Die Erkenntnis hat mich hinterher sehr betroffen gemacht. Dann habe ich gemerkt, dass sich hinter meiner Wut eine Menge Angst verbirgt. Erkennst du dich darin irgendwo wieder?«

Beate: »Ja … Letzte Woche war Jonathan krank. Er hatte Fieber und war nicht in der Schule. Wir hatten am Tag zuvor noch den Pool aufgebaut, und als ich sagte, dass wir das Ganze verschieben, da hat er einen derartigen Wutanfall bekommen … Er hat mir gedroht, mein Handy kaputtzumachen. Er hat mich angebrüllt und beschimpft, ich sei eine »Scheiß-Mutter«, und als ich versucht habe, ihm zu erklären, warum ich so entschieden habe, wurde er nur noch wütender. Ich finde das unmöglich. Er ist doch alt genug, zu verstehen, dass man mit Fieber nicht ins kalte Wasser geht. Er muss lernen, seine Wut zu zeigen, ohne sich so aufzuführen, dass was kaputtgehen kann!«

Hanna: »Du hattest gute Gründe für dein Nein und wolltest, dass er das einsieht?«

Beate: »Ja, genau. Das muss er doch verstehen, er ist schließlich kein Kleinkind mehr!«

Hanna: »Wenn du erwartest, dass er deine Gründe versteht, weil sie sinnvoll sind, dann schließt sich der Raum, ihn mitfühlend zu verstehen, oder?«

Beate: »Na ja, ich finde, es gibt Situationen, da geht es um Akzeptanz. Einfach mal hinnehmen, wie es gerade ist. Man kann eben nicht alles haben.«

Hanna: »Man kann nicht alles haben, und das muss Jonathan lernen, weil er dieses Wissen im Leben brauchen wird?«

Beate: »Genau so!«

Hanna: »Ja, mir ist es auch wichtig, dass mein Kind lernt, damit umzugehen, wenn sich Wünsche nicht erfüllen. Und gleichzeitig habe ich Erfahrungen gemacht, die ich gern mit dir teilen würde, magst du sie hören?«

Beate: »Ja.«

Hanna: »Wenn ich Lukas meine Gründe erklären will und seine Einsicht erwarte, dann bringt ihn das in große Not. Es steigert seinen Ärger und nährt bei uns beiden gewaltvolle Impulse. Ich stehe da und denke mir: »Das ist nicht in Ordnung, ich habe recht!«, und Lukas fühlt sich immer hilfloser, bis er auf Strategien wie drohen, körperlich werden oder beschimpfen zurückgreift. Wenn ich noch immer erwarte, dass er mich versteht – ohne die Bereitschaft, sein Erleben zu verstehen –, dann verstricken wir uns in einen Kampf und sind getrennt voneinander. Wir versuchen, unsere Macht auszuspielen und einander mit Gewalt zu überzeugen. Hinterher denke ich mir: »Das ist verrückt. Ich bin die Ältere von uns beiden, ich verfüge über viel mehr Ressourcen und bin innerhalb von Sekunden im Erleben eines wütenden Kindes, das beinahe zurück geschubst hätte!«

Beate: »Und was willst du mir damit sagen? Soll ich verständnisvoll nicken, während mein achtjähriger Sohn mein Handy zerstört oder mich beschimpft?«

Hanna: »Ich will die Idee mit dir teilen, dass der Ärger unserer Kinder sich vor allem dann in gewaltvollen Impulsen zeigt, wenn sie sich unverstanden fühlen und spüren, dass wir ihre Wut für unangemessen halten. Wenn wir Erwartungen an sie haben, denen sie nicht gerecht werden können, und über sie urteilen. Und, dass sich diese Art von Ärger ebenso wie die Bereitschaft potenziert, gewaltvoll zu werden, wenn sich diese Situationen immer wiederholen. Und ich möchte dafür wach machen, dass wir selbst erfahrungsgemäß nicht weit von gewaltvollen Impulsen entfernt sind, aber erstaunt, schockiert und empört sind, wenn unsere Kinder sie anwenden.«

Beate: »Okay … Ich verstehe aber immer noch nicht, wie das anders gehen kann. Ich sehe keine Handlungsalternative!«

Hanna: »Ich möchte gern dein Vertrauen nähren, dass mitfühlendes Verstehen ein wichtiger Schlüssel ist, solche Situationen aufzulösen. Nicht, damit unsere Kinder endlich aufhören, wütend zu sein, sondern um ihnen nahe zu sein und ihr Vertrauen zu stärken, dass sie willkommen sind. Wer dieses Vertrauen hat, kann sich selbst einfühlsam annehmen und braucht keine gewaltvollen Strategien, um seine Gefühle auszudrücken. Lass uns ein Rollenspiel machen. Du bist Jonathan und ich bin du.«

Beate: »Okay!«

Hanna als Beate: »Ich sehe, dass du Fieber hast. Deine Augen sind glasig und dir läuft die Nase. Ich weiß, wie lange du dich auf das Schwimmen im Pool gefreut hast, und ich sage Nein dazu, weil mir deine Gesundheit wichtig ist.«

Beate als Jonathan: »Ey nö. Mir geht's schon wieder viel besser, und ich gehe da auf jeden Fall rein!«

Hanna als Beate: »Du bist ganz sicher, dass dir das guttun würde, oder? Und dass ich gerade einfach bestimme, dass etwas, das dir Freude macht, nicht sein kann, fühlt sich wahrscheinlich richtig blöd für dich an.«

Beate als Jonathan: »Wenn du mir das verbietest, dann werf ich dein Handy ins Wasser!«

Hanna als Beate: »Dir geht es vor allem um Freiheit und darum, selbst über dich zu bestimmen, oder? Wenn ich jetzt einfach allein entscheide, dass du nicht schwimmen kannst, dann geht etwas verloren, was dir ganz viel Freude macht, stimmt das?«

Beate als Jonathan: »Ja …«

Beate: »Puh, jetzt werde ich gerade richtig traurig. Ich weiß gar nicht, wo das herkommt.«

Hanna: »Okay, lass uns aussteigen. Ich vermute, was gerade für dich greifbar geworden ist, ist Jonathans Schmerz um das, was für ihn gerade verloren geht, kann das sein?«

Beate: »Ja …«

Hanna: »Ja, die Wut und die Trauer um diese Freiheit, und dass eine Lieblingsstrategie nicht umgesetzt werden kann, braucht ihren Raum. Als ich das anerkannt und gesehen habe, hat sich da was in dir verändert, in der Rolle als Jonathan?«

Beate: »Ja, ich habe das mit dem Handy zwar noch gesagt, weil ich gespannt auf deine Antwort war, aber die Energie, es wirklich kaputt machen zu wollen, war gar nicht mehr wirklich da.«

Hanna: »Da hat Jonathan auf einmal Zugang zu seinem Schmerz gehabt, vermute ich. Sag, wenn du nun noch einmal auf das Rollenspiel zurückschaust, ist durch das mitfühlende Verständnis einer deiner guten Gründe weniger wichtig geworden?«

Beate: »Noch mal bitte, das verstehe ich nicht!«

Hanna: »Kannst du dir vorstellen, dass das eine das andere nicht ausschließt? Du bist klar in deiner Entscheidung, und deine guten Gründe ergeben für dich noch immer Sinn, und gleichzeitig kannst du verstehen, wie sich das für Jonathan anfühlt!«

Beate: »Genau. Irgendwie hätte ich das nicht gedacht. Aber eine Frage bleibt noch offen. Was wäre, wenn Jonathan wirklich was kaputtmachen wollte?«

Hanna: »Dann schützt du das, was dir wichtig ist. Ganz klar. Deine Quelle für diesen Schutz ist Sicherheit, kein gewaltvoller Impuls. Du verstehst seinen Ärger – auch wenn du nicht einverstanden bist, wie er ihn gerade ausdrückt – und bewahrst vor Schaden. Aber die Intention ist nicht, dass er etwas einsehen soll oder ihn zu bestrafen. Du musst nicht mehr um dein Recht ringen, weil beides nebeneinander sein darf!«

Beate: »Danke, ich nehme da einiges für mich mit!«

Es ist unsere Aufgabe, unseren Kindern Orientierung zu bieten. Sie sind darauf angewiesen, dass wir ihnen Zusammenhänge erklären und sie auf mögliche Folgen ihres Handelns aufmerksam machen. Sie brauchen unsere zur Verfügung gestellte Lebenserfahrung und unsere Fähigkeit, das Leben zu überblicken.

Kinder brauchen Eltern, die ihren eigenen Willen ernst nehmen und dem ihres Kindes gegenüberstellen. Sie brauchen Väter und Mütter, die ihre Gefühle benennen und sich für das einsetzen, was ihnen wichtig ist. Und sie brauchen Eltern, die gleichzeitig akzeptieren, dass ihr Kind dasselbe tut – ohne ihm deswegen zu unterstellen, dass sich sein Handeln gegen sie richten würde.

Kinder brauchen Eltern, die sich ihrer eigenen Werte bewusst sind, und gleichzeitig die Freiheit, sie übernehmen oder ablehnen zu dürfen. Es ist wichtig, dass wir Werte anbieten und unseren Kindern zeigen, wie sie unser Leben bereichern. Wir können sie dazu einladen, diese Werte zu übernehmen, doch wir können lernen, anzunehmen, wenn sie sich anders entscheiden.

Ich sehe meine Aufgabe als Mutter darin, meinem Kind das anzubieten, was sich für mein eigenes Leben als kostbar erwiesen hat. Gleichzeitig ist mir bewusst, dass wir unterschiedliche Wege gehen, anderes erleben werden, mein Sohn niemals wie ich war oder sein wird, und darum kann ich unmöglich mit absoluter Sicherheit wissen, was für ihn richtig ist.

***Einladung zur Selbstklärung**: Welches »Nein« deines Kindes hat dich zum letzten Mal in große Schwierigkeiten gebracht? Welche Bedürfnisse spielten dabei eine Rolle – welche gerieten bei dir in Not und welche wollte sich dein Kind mit seinem »Nein« erfüllen?*

Noch ein Aber …

Aber was ist, wenn durch die Strategie des Kindes ein Schaden für einen anderen Menschen entsteht? Spätestens dann haben wir erfahrungsgemäß Sätze im Kopf wie: »Wer etwas kaputtmacht, muss es auch wieder in Ordnung bringen!« oder »Wer Mist macht, muss die Suppe auch auslöffeln!«

Und schnell sind wir wieder in der alten Überzeugung verhaftet, dass es eine unangenehme Konsequenz geben muss, damit das Kind aus der Erfahrung lernt. Die Bereitschaft, dem Kind durch künstliche Konsequenzen »eine Lehre zu erteilen« und ihm Schmerz zuzumuten, steigt, je sicherer wir uns sind, »im Recht« zu sein. Schneller als wir gucken können, orientieren wir uns wieder an altvertrauten Wahrheiten wie: »Das Ziel heiligt die Mittel.« Was nichts anderes bedeutet als, dass wir glauben, unser Kind verdiene es, zu leiden, weil es aus unserer Sicht einen Fehler gemacht hat.

Auch mein Mann und ich sind nicht vor Momenten gefeit, in denen die Erziehung wieder anklopft, Glaubenssätze wieder wahr erscheinen, Impulse uns zu gewaltvollen Strategien raten.

Mein Mann: »Lukas hat den Ranzen von N. total mit Ton aus dem Bach eingesaut! Obwohl wir ihn vorher extra in Sicherheit gebracht hatten und ich um Achtsamkeit gebeten habe. Jetzt weigert er sich, ihn sauber zu machen. Das werde ich nicht akzeptieren. Lukas macht den sauber, da gibt es keine Diskussion. Wenn hier für irgendjemanden Schaden entsteht, wird das in Ordnung gebracht. Das muss er auch für sein späteres Leben lernen, da führt kein Weg dran vorbei. Er wird die Verantwortung für sein Handeln übernehmen und basta!«

Natürlich ahnte er, dass ich ihn gemäß unserer Vereinbarung an unsere Haltung erinnern würde, und fügte darum umso energischer hinzu: »Ich bin da ganz klar. Warum sollte ich freundliche Worte finden, wenn ich mir absolut sicher bin, dass ich das genauso will und meine? Zur Not zwinge ich ihn dazu!«

Ja, es gibt für uns beide diese Momente, in denen wir unsere alten Gedanken glauben, der Stimme aus dem Hintergrund zustimmen, und sich die vermeintliche Klarheit so erleichternd vertraut anfühlt, dass sie uns niemand wieder wegnehmen soll.

Was, wenn mein Mann seinen ursprünglichen Plan durchgesetzt und sein altes Programm zu Ende durchlaufen hätte? Eine fiktive Geschichte: »Mein liebes Kind. Du hast wirklich Mist gebaut und wirst dafür jetzt geradestehen. Der Ranzen gehört N. und der will ihn sauber haben. Das ist sein Eigentum, und ich finde es ganz und gar unglaublich, dass du nicht einsiehst, welchen Fehler du gemacht hast, indem du einfach an andere Sachen gehst. Es führt überhaupt kein Weg daran vorbei, dass du ihn reinigst. Und wenn du dazu nicht bereit bist, dann kannst du nicht hier sein, denn hier gibt es Regeln, die für alle gelten. Wo kämen wir denn da hin, wenn hier jeder andere Sachen dreckig oder kaputt macht und sich dann weigert, den Schaden wieder gutzumachen. Nein, du wirst hier und jetzt lernen, die Verantwortung für dein Handeln zu übernehmen. Nimm den Lappen, ich diskutiere nicht!«

Wer sich in diese Position und in einen solchen Machtkampf verstrickt, für den wird sich früher oder später die Frage stellen, wie er eine weitere Weigerung beantwortet. Er wird sich Strafen ausdenken müssen, die schmerzhaft genug sind, den Willen des Kindes zu brechen. Er wird vielleicht auch gar keinen Ausweg aus dieser Situation sehen, weil er befürchtet, seine Autorität zu verlieren, wenn er sich nicht mit aller Macht durchsetzt. Wenn alles nicht hilft, wird zu überlegen sein, ob auch körperliche Gewalt gerechtfertigt ist (was sie natürlich niemals ist, doch genau so entstehen Dynamiken, die in purer Gewalt enden).

Und Lukas? Da er ein Gespür für seinen eigenen Selbstwert, für sein Recht auf Selbstbestimmung entwickeln durfte, werden sich die Worte seines Vaters nicht richtig für ihn anfühlen. Weil er grundsätzlich mit seinem »Sein« willkommen ist, wird er sich trauen, das auszusprechen, und seine Integrität verteidigen. Und ich weiß, dass meinem Mann spätestens dann bewusst geworden wäre, wie schmerzhaft das gerade für Lukas ist.

Doch nehmen wir an, Lukas wäre genau wie sein Papa in diesem Augenblick davon überzeugt, dass er Strafe verdient, und würde nicht infrage stellen, dass er einen Fehler gemacht hätte. Er unterwürfe sich und würde den Ranzen von N. sauber machen und sich dabei schuldig fühlen. Er hätte die Lektion gelernt, dass Menschen, die Fehler machen, eine Strafe verdienen, und andere entscheiden, was Recht oder Unrecht ist. Vielleicht würde er die Strategie, Schaden wiedergutzumachen, auch ein Leben lang übernehmen – doch das würde damit einhergehen, davon abhängig zu sein, dass andere ihn von seiner Schuld freisprechen. Er müsste glauben, dass auch andere Strafen verdienen, wenn sie etwas tun, das für ihn schmerzhaft ist.

Eine andere Option ist die der Rebellion. Lukas würde sich mit aller Macht gegen den Zwang weigern und am Ende mit einer Menge Wut im Bauch den Ranzen putzen. Dabei würde er vielleicht darüber nachdenken, wie er N. eine Abreibung verpassen kann, und sich ärgern, dass er überhaupt zugegeben hat, den Dreck an den Ranzen gebracht zu haben. Er würde sich klein fühlen und die nächste Gelegenheit nutzen, um sich wieder wirksam und stark zu fühlen. Weil sein Papa wesentlich mehr Macht hat als er und sich die Welt zwischen Machthabern und Machtempfängern aufteilt, müsste sein Frust früher oder später bei jemandem landen, der ihm unterlegen ist.

Was in jeder Variation fehlt, ist das ehrliche Verständnis über den Wert, den Papa ihm eigentlich gerne vermitteln würde: Es ist wichtig, dass wir die Verantwortung für unser Handeln übernehmen und entstandenen Schaden wiedergutmachen. Zweifellos haben wir die Macht, unsere Kinder zu einem Verhalten zu zwingen, aber wir können es niemals dazu bringen, es aus den Gründen zu tun, die wir uns wünschen.

Wie könnte also eine solche Situation gelöst werden, ohne das Kind gewaltvoll zu zwingen und gleichzeitig seinem eigenen Wert treu zu bleiben?

- Sich mit seinen Gefühlen zeigen: »Ich bin wütend. Ich sehe den Ranzen, der voller Matsch ist, und ich weiß, dass N. der Dreck an seinem Ranzen nicht gefällt!«, »Ich bin total angestrengt und genervt, wenn ich dich sagen höre, dass du das nicht sauber machen willst!«, »Ich bin auch ratlos, wenn du zu meiner Bitte nein sagst«, »Ich sehe auch, dass N. traurig ist«, »Ich verstehe dein Nein nicht, das macht mich gerade besonders unsicher!«
- Einfühlsam sein: »Ich will wirklich verstehen, wie das gerade für dich ist, magst du mir das erzählen?«, »Du siehst auch ärgerlich aus, stimmt das?«, »Warst du so in dein Spiel vertieft, dass du gar nicht mitbekommen hast, wie der ganze Ton auf den Ranzen fällt?«, »Bist du erschrocken, wie ärgerlich ich gerade bin?«, »Brauchst du Vertrauen, dass ich dich nicht zwinge oder dir Schuld gebe?«, »Willst du erst mal eine Pause, und dann überlegen wir neu?« Wenn es schwerfällt,

sich in das Erleben des Kindes einzufühlen, ist das ein sicherer Hinweis darauf, dass wir erst einmal selbst Empathie und innere Klärung brauchen. Dann ist es wichtig zu entschleunigen, den Impuls, alles sofort zu klären und auf Forderungen zu bestehen, liebevoll zu halten und Zeit vergehen zu lassen.

- Sich mit den Werten zeigen: »Ich will, dass wir hier alle aufeinander Rücksicht nehmen und mit dem Eigentum anderer achtsam sind!«, »Mir ist es wirklich wichtig, dass jeder die Verantwortung für sein Handeln übernimmt, ohne sich schuldig fühlen zu müssen«, »Ich möchte, dass N. darauf vertrauen kann, dass er seine Sachen in dem Zustand zurückbekommt, in dem er sie hierhergebracht hat«, »Ich will genauso, dass auch deine Sachen geschützt sind!«, »Unterstützung ist mir auch wichtig, also helfe ich dir gern.«
- Gemeinsam Lösungen suchen: »Was machen wir jetzt, hast du eine Idee?«, »Du sagst nein … Was ist denn deine Lieblingsstrategie jetzt?«, »Komm, wir machen das gemeinsam, okay?«, »Willst du dir erst mal Zeit nehmen und wir schauen dann weiter?«, »Wenn nicht jetzt, wann dann?«
- Vorleben: »Du bleibst bei deinem Nein und ich will dich nicht zwingen, auch dann nicht, wenn mir etwas ganz wichtig ist!«, »Ich verstehe es jetzt gerade nicht, würde es aber gern verstehen. Ich werde später noch einmal fragen«, »Es ist mir wichtig, dass N.'s Ranzen wieder sauber wird und jemand die Verantwortung übernimmt. Darum mache ich das jetzt!«

Wäre N. an diesem Konflikt beteiligt gewesen, hätte mein Mann auch dabei unterstützen können, dass die beiden sich damit hören, worum es ihnen geht.

Was ich gerne herausarbeiten möchte, ist Folgendes: Zwang ist keine Alternative, um unseren Kindern die Schönheit unserer Werte zu vermitteln. Im Gegenteil: Dadurch geht etwas sehr Wichtiges verloren. Werte können eine tragende Kraft sein und Orientierung bieten, wenn sie freiwillig übernommen wurden, weil sie für das eigene Leben Sinn ergeben.

Ich kann mich noch so schuldbewusst daran erinnern, wie mir meine Eltern einbläuten, dass Dankbarkeit wichtig ist: Welche Kraft darin liegt, dankbar zu sein und sich an kleinen Dingen zu freuen, habe ich aber darum nicht begriffen. Ich kann pflichtbewusst mein Haus aufräumen, weil ich die Stimme meiner Eltern im Kopf habe, die mir sagt, Ordnung sei das halbe Leben: Ich werde nicht erfahren können, wie wunderbar es sich anfühlt, wenn es wieder schön in meinen Räumen ist. Meine Eltern haben mich vielleicht hundertmal dazu gezwungen, meine Hausaufgaben zu erledigen: Der Freude am Lernen und am eigenen Wachstum bin ich dadurch nicht nähergekommen.

***Einladung zum Üben**: Welche »Muss- Sätze« sind für dich persönlich wahr, was musst du tun, was muss dein Kind tun? Wenn du möchtest, schreibe diese Sätze auf und finde heraus, welche Sehnsucht sich dahinter verbirgt oder um welche Bedürfnisse es dir geht.*

***Einladung zur Selbstklärung**: Welche Werte sind für dein Leben tragend? Wenn du sie laut aussprichst, fühlst du ihre Schönheit, bereichern sie dein Leben – oder fühlst du dich eng und unwohl, weil sich darin die Qualität alter Glaubenssätze verbirgt?*

Willensstark? Ja!

»Gehorsam ist die Unterwerfung unter den Willen eines anderen. (…)
Mit dem Gehorsam geben wir unsere eigenen Gefühle und Wahrnehmungen auf.«
– Arno Gruen –

Ich will, dass Lukas weiß, was er will! Trotzdem ertappe ich mich manchmal bei dem Gedanken, dass die Willensstärke meines Sohnes ganz schön anstrengend ist – sofern er etwas anderes will als ich. Dann rufe ich mir in Erinnerung, dass Willenskraft die Brücke zwischen Bedürfnis und Strategie ist und, davon abgesehen, ein Zeichen seelischer Gesundheit.

Manchmal erscheint es mir notwendig, meinen Blick in die Zukunft zu richten und mir dort einen Jugendlichen vorzustellen, der »Nein« dazu sagt, in das Auto seines betrunkenen Freundes einzusteigen … Doch wenn wir den Willen unserer Kinder regelmäßig missachten, stellt sich die Frage: Woher sollte er plötzlich kommen, nachdem er all die Jahre keinen Platz hatte?

Ich vermute, dass sich alle Eltern wünschen, aus ihren Kindern mögen selbstfürsorgliche Menschen werden, die im Einklang mit ihren Werten leben und sich gegen den Willen anderer abgrenzen, wenn dieser mit der Eigenstimmigkeit im Widerspruch steht. Und dennoch nennen wir gewisse Lebensphasen oftmals fast verächtlich »Pubertät« oder »Trotzphase«.

Kinder, die rebellieren und sich gegen Übergriffe auf ihre Selbstbestimmung wehren, bekommen häufig vermittelt, nicht in Ordnung zu sein. Viel seltener hingegen fragen sich Erwachsene, was Kinder zu diesen Befreiungsschlägen veranlasst und was sie selbst dazu beigetragen haben, dass Bedürfnisse nach Autonomie und Selbstbestimmung in einen existentiellen Mangel geraten sind. Möglicherweise erobert sich ein »rebellischer« Teenager einfach jene Selbstbestimmung zurück, die bis dahin recht achtlos von uns übergangen wurde?

Kinder, die einen Mangel an Selbstbestimmung ausgleichen müssen, geraten mitunter in große Gefahr: Sie sind nicht frei dafür, Entscheidungen auf Grundlage ihres Wohlbefindens zu bemessen, weil es viel wichtiger erscheint, sich gegen die elterliche Macht aufzulehnen und eine andere Wahl zu treffen als sie. Um Unabhängigkeit zu erreichen, begleiten sie möglicherweise ihre eigenen Kinder später Laissez-faire und merken nicht, dass die Macht der Eltern noch immer Grundlage der Wahl ist.

In unserer Gesellschaft scheint das Recht auf Freiheit und Selbstbestimmung sowie unantastbare Würde leider den Erwachsenen vorbehalten zu sein.

Als mein Sohn eingeschult werden sollte, nahmen wir zunächst an einem Aufnahmegespräch teil. Dort wollte man von mir wissen, ob mein

Sohn denn »gehorsam« sei. Man fügte hinzu, dass dies in einer Klasse von 37 Schülern unabdingbar sei. Ich rutschte unwohl auf dem Stuhl hin und her und war unsicher, welche Antwort es auf eine solche Frage geben könnte. Heute weiß ich es:

»Liebe Lehrer,

bevor ich euch antworte, lasst uns sichergehen, dass wir dasselbe meinen: Wollt ihr wissen, ob mein Sohn jederzeit bereit ist, Anweisungen auszuführen, ohne sie zu hinterfragen? Meint ihr die vorausgesetzte Bereitschaft, eigene Bedürfnisse aufzugeben, um einer Autorität zu folgen? Geht es darum, Forderungen zu erfüllen und Ziele zu erreichen, die einseitig festgelegt wurden? Denkt ihr auch an ein Machtgefälle zwischen einem, der weiß, was richtig und falsch ist, und einem, der sich blind darauf verlässt? Wollt ihr wissen, ob Lukas bereit ist, seinen Willen zugunsten eines anderen aufzugeben, weil dieser aufgrund von Lebenserfahrung mehr zählt? Dann lasst mich euch sagen: Nein, mein Kind ist, Gott sei Dank, nicht gehorsam. Doch wartet: Lukas ist rücksichtsvoll. Bereit, zu sehen, wie es anderen mit dem geht, was er sagt und tut. Er ist offen für Erklärungen und Meinungen. Er hat gelernt, dass zu einem »Was brauche ich?« auch ein »Was brauchst du?« gehört. Er spricht kein Nein aus, wenn er kein wichtiges Ja zu etwas anderem hat. Er ist wach und freudig, gemeinsame Ziele festzulegen. Er ist aufmerksam mit allem, was um ihn herum geschieht. Er ist sich selbst und seinen Bedürfnissen noch nah, und er kann klar benennen, was er gerade braucht. Ich wünsche ihm, dass all dies ihm bleiben darf und ihm nicht abtrainiert wird, so wie es uns vielleicht geschehen ist. Ich wünsche ihm, dass er seine Ziele auch weiterhin aus sich selbst herausfinden wird, statt einfach zu folgen. Nein, mein Kind ist nicht gehorsam!«

***Einladung zum Üben**: Nimm dir ein Kinderfoto von dir zur Hand oder stell dir dein inneres Kind in einem Alter zwischen ein und vier Jahren vor. Lass es ganz laut den Satz »Ich will« aussprechen. Kann sich dein inneres Kind frei fühlen, diesen Satz auszusprechen? Welche Resonanz erzeugt dieser Satz in seinem Umfeld? Ist da Wohlwollen und Offenheit oder wird eher Ablehnung und Anspannung spürbar? Stell dir nun dein eigenes Kind vor, das diesen Satz laut ausspricht. »Ich will!« Was löst diese Aussage in dir aus?*

Macht mit anstatt Macht über

Einigen Eltern bereitet es großes Unbehagen, wenn ihnen bewusstwird, wie viel Macht sie als Eltern über ihre Kinder haben. Doch diese Macht besteht, und wenn wir sie verneinen, wird es sehr schwer, unsere Verantwortung auf eine lebensdienliche Weise zu übernehmen.

Man stelle sich vor, wie ein Ruderboot in Untiefen gerät und niemand bereit ist, das Steuer zu übernehmen, aus Angst, einen Fehler zu machen. Fest steht, dass wir die Gesamtverantwortung tragen, weil wir mehr Lebenserfahrung haben, uneingeschränkten Zugriff auf die familiären Ressourcen, und letztlich alle Entscheidungen treffen. Diese Macht zu leugnen, wäre ein Leugnen unserer Verantwortung. Wir können uns aber fragen, WIE wir unsere Macht nutzen wollen. Der Familientherapeut und Autor Jesper Juul spricht davon, Leuchtturm oder Leitwolf zu sein.

In der GFK unterscheiden wir Macht-über und Macht-mit.

Macht-über zeigt sich darin, dass wir allein entscheiden, was für unsere Kinder gut und richtig ist. Wir wissen am besten, was sie brauchen. Wir geben Anweisungen und erwarten, dass diese befolgt werden. Gehorsamkeit und gewünschtes Verhalten werden belohnt, falsches Verhalten und schlechtes Benehmen bestraft. Wir sind überzeugt, dass es Dinge gibt, die man tun muss, und entscheiden auch, welche das sind.

Macht-mit hingegen könnte so klingen: »Ich will eine Lösung finden, die für uns alle passt«, »Ich überlege, wie es uns allen zusammen gut gehen kann«, »Mir ist wichtig, dass alle Bedürfnisse berücksichtigt werden.« Wichtige Fragen sind: »Wie geht es dir mit dieser Idee?«, »Wie klingt das für dich?«, »Was denkst du darüber?« Überzeugungen sind: »Ich will verstehen, wie sich das für dich anfühlt«, »Wir entscheiden gemeinsam, was das Beste ist.« Die Grundlage ist hier das gegenseitige Verstehen und der gemeinsame Austausch – also unsere Beziehung zueinander.

Viele Eltern wählen unbewusst Macht-über und sind dann empört, wenn ihre Kinder diese Strategie übernehmen. Sie sagen: »Ich will ein bisschen Respekt, das ist doch nicht zu viel erwartet!« Auf die Frage, durch welches Verhalten sich das Bedürfnis nach Respekt für sie erfüllen würde, antworten sie: »Indem mein Kind mir zuhört, mich aussprechen lässt und das achtet, was mir wichtig ist.«

Ich bin jedes Mal erstaunt, dass so viele Eltern die Tatsache auszublenden scheinen, dass Kinder auf Menschen nur in jener Weise antworten können, die sie gelernt haben. Es wäre also naheliegend, wenn Eltern, die mit den Strategien ihrer Kinder nicht einverstanden sind, sich allem voran die Frage stellen: Lebe ich jene Werte, die mir wichtig sind, konsequent und aufrichtig vor?

Die Gesamtverantwortung für die Beziehung übernehmen

Ich bin überzeugt: Wir Eltern haben die Gesamtverantwortung – nicht nur für die körperliche Unversehrtheit unserer Kinder, sondern auch für unsere Beziehung.

Beispiel: »Er ist ein richtiges kleines Arschloch geworden. Ständig will er, dass ich ihm was kaufe, und wenn ich es nicht tue, macht er einen Riesen-Radau. Er kann es weder aushalten, wenn ich mir eine Pause gönne, noch, wenn ich etwas Süßes esse oder mir selbst etwas kaufe. Im Urlaub hatte er 45 Euro zur Verfügung, die er natürlich sofort ausgegeben hat. Aber als ich seiner kleinen Schwester ein Buch kaufte, heulte er sofort, dass er auch etwas will. Er entwickelt sich zu einem kleinen Tyrannen, der anderen nichts gönnt. Ich sehe nicht ein, dafür die Verantwortung zu übernehmen. So läuft das einfach nicht in Beziehungen. Da hat auch jedes Kind die Verantwortung für sein Verhalten!«

Wenn die einzige Option ist, dass ein Kind ein Verhalten einstellen oder verändern muss – anstelle der Mutter – ist die Umgebung eines Kindes im höchsten Maße unsicher und gefährlich! Wenn Eltern in dem Anklagen über ihre Kinder verharren, ihnen die Macht geben, sie dauerhaft aus ihrer bedingungslosen Liebe zu katapultieren, setzt das eine tragische Entwicklung in Gang, die Kinder einsam zurücklässt. Kein Kind ist fähig, solche Entwicklungen zu überschauen oder gar durchbrechen zu können. Darum liegt die Verantwortung für die Qualität unserer Beziehung bei den Eltern.

Manchmal treffe ich allein Entscheidungen. Auch das bedeutet, Verantwortung zu übernehmen. Ich treffe diese Entscheidungen, so gut es mir möglich ist, unter der Berücksichtigung aller Bedürfnisse. Doch es gibt Momente, in denen sehe ich keinen anderen Weg, als mein Bedürfnis in den Vordergrund zu stellen – obwohl ich um die grundsätzliche Gleichwertigkeit weiß!

Das tue ich deshalb, weil ich mich als tragendes Element verstehe. Ich trage die Verantwortung dafür, dass der Lebensraum unserer Familie nicht in Gefahr gerät. Und auch dafür, dass ich selbst gesund und kraftvoll genug bleibe, um diese Aufgabe auch weiterhin übernehmen zu können. Darum entscheide ich, dass wir einen Arzttermin wahrnehmen, obwohl mein Kind lieber spielen möchte.

Und manchmal sage ich »Stopp«, wenn mein Kind mit sandiger Hose ins Bett klettern möchte, weil ich spüre, dass meine Kraft begrenzt ist. Ich erwarte nicht, dass mein Kind für dieses Stopp Verständnis zeigt und mein Erwachsenen-Bedürfnis nach Sauberkeit im Blick hat, während es selbst Bewegung oder Spiel braucht. Ich übernehme die Verantwortung!

Solche Entscheidungen in jeder Situation neu anzuschauen, anstatt sie in Form von Verboten zu generalisieren, ist eine Herausforderung. Mir bieten folgende Fragen Orientierung:

- Kann mein Kind die Folgen seines Handelns aus eigener Erfahrung überblicken, und
- Können wir die Konsequenzen gemeinsam aushalten?

Verantwortung geht auch immer mit Ehrlichkeit einher. Wenn ich möchte, dass meine Kinder bestimmte Werte übernehmen, muss ich mich fragen, ob ich sie selbst lebe. Vor allem aber sollten wir aufhören, die Wahrheit zu unseren Gunsten zu beugen. Wenn ich sage »Wenn du nicht aufisst, muss ich das Essen wegwerfen«, dann entspricht das nicht der Realität!

Die Angst vor der Macht unserer Kinder

Lukas war noch nicht einmal ein Jahr alt, als er sämtliche Schalter in unserer Wohnung erkundete. Er legte sie um und wartete gespannt, was geschieht. Es war herrlich, die Begeisterung mit ihm darüber zu teilen, was er nun auslösen konnte. »Das war ich!« Unzählige Gegenstände wurden vom Tisch geschoben und mit Lachen und Klatschen bedacht, wenn sie mit einem Knall oder Klong auf die Erde aufprallten. »Schau, was ich kann.« Die Freude über Selbstwirksamkeit in dieser Form zu teilen, ist mir nicht schwergefallen.

Das änderte sich schlagartig, als ich selbst zum Objekt dieser Forschung wurde: Nun rannte Lukas lachend vor mir davon, wenn ich ihn anziehen wollte. Immer wieder griff er beharrlich nach dieser einen geliebten Vase, über die ich ein »Stopp« verhängt hatte. Er stahl sich auf unsicheren Beinchen zur Tür hinaus, wann immer sich die Gelegenheit bot, zog wieder und wieder der Katze am Schwanz oder kletterte auf die Fensterbretter.

Ich war ein erfüllendes Projekt. Ich schimpfte, stellte unsinnige Fragen »Warum machst du denn sowas?«, erklärte aufgebracht, rannte aufgescheucht hinter ihm her und zeigte auf vielfältige Weise Empörung und

Ärger. Warum kann es uns in große Schwierigkeiten bringen, wenn unsere Kinder ihre Selbstwirksamkeit entdecken, gestalten und erweitern?

»Mein Sohn hat absichtlich auf das Sofa gepinkelt und dabei gelacht!« »Meine Tochter hat Wäscheklammern auf den Hund geworfen und nicht aufgehört, als ich stopp rief!«In den Elternforen begegnen mir solche Schilderungen oft. Und immer sind sie eingebettet in große Angst, Hilflosigkeit und Ärger.

Nach meiner Erfahrung sind es zuverlässig unsere eigenen Gedanken, welche die eigentliche Not erzeugen

- »Mache ich etwas falsch?«
- »Stimmt etwas mit meinem Kind nicht?«
- »Sollte ich härter durchgreifen?«
- »Was soll nur aus ihm werden, wenn er schon jetzt nicht hört?«

Anstatt über Selbstwirksamkeit zu sprechen, geht es oft um den Begriff »Macht«. Dann ist die Rede von »Machtkampf«, »Macht haben wollen« oder »Grenzen suchen«. Viele Menschen haben zu diesem Begriff eine negative Verknüpfung. Macht haben zu wollen, ist nichts anderes als ein Bedürfnis nach Selbstwirksamkeit. Ein gesundes Streben, mit dem ich Einfluss auf meine Umwelt nehme. Etwas gestalten. Bewegen. Es ist ein Zeichen von Intelligenz, in unterschiedlichen Phasen zu entdecken, was möglich ist, welchen Einflussbereich ich habe und wie ich ihn erweitern kann.

Jungen Menschen fehlt dabei natürlicherweise die Fähigkeit, begreifen zu können, was ihr Handeln in anderen auslöst. Dass sie auch die »Macht« haben, andere zu verletzen und ihnen Schmerz zuzufügen. Da sich das Verständnis über diesen Zusammenhang noch entwickeln muss, ist es so wichtig, sich auszuprobieren.

Bis die Auswertung des eigenen Handelns auch unter sozialen Aspekten erfolgen kann, vergehen Jahre. Und noch mehr Jahre vergehen, bis Kinder entscheiden, bewusst andere Strategien einzusetzen, damit Beziehungen nicht in Gefahr geraten oder sie sich weiterhin als Teil der Gemeinschaft empfinden. Solange bleibt Selbstwirksamkeit ein wichtiges Kontaktfeld, auf dem wir einander begegnen. Ganz echt. Uns einander zeigen.

Lass dein Kind seine Selbstwirksamkeit an deiner Selbstwirksamkeit reiben. Beantworte es authentisch. Ärgerlich. Hilflos. Ratlos. Lass nicht zu, dass dir dabei jene Brille auf der Nase festwächst, durch die wir schnell Monster sehen.

Gemeinsam lernen und wachsen

»Die besten Lehrer sind die, die dir zeigen wohin du schauen,
aber nicht, was du sehen sollst.«
– Alexander Trenfor –

In uns allen ist das Streben nach Wachstum und Entwicklung angelegt. Um uns davon zu überzeugen, brauchen wir nur zu beobachten, mit welch unglaublicher Kraft und Entschlossenheit kleine Menschen das Sprechen oder Laufen erlernen. Was Entwicklung und freie Entfaltung jedoch in starker Weise stört, ist Angst. Angst wird mitgelernt. Unser Gehirn speichert niemals nur eine einzelne Information, sondern bettet diese in ein Empfindungspaket ein. Nicht nur die Erfahrung selbst, sondern auch die Gefühle, die vorherrschten, während wir diese Erfahrung machten, werden abgelegt.

Weil Angst zum Wohle unseres Schutzes in unserer menschlichen Entwicklung das bedeutsamste Gefühl ist, hat es auch in unserem Gedächtnis einen erhöhten Stellenwert. So können wir zehnmal freudig Rechenaufgaben gelöst und uns dabei als kompetent erfahren haben: Geraten wir aber in eine Situation, in der unsere Angst stark aktiviert wird – etwa, weil wir fürchten, uns vor der Klasse mit einer falschen Antwort zu blamieren –, wird uns diese Erfahrung zuerst in den Sinn kommen, wenn wir ans Rechnen denken.

Angst wird also gemeinsam mit der Lernerfahrung abgespeichert. Es ist wissenschaftlich erwiesen, dass Erfahrenes in einer angstbesetzten Atmosphäre nur sehr schwer in einen lern-sinnvollen Zusammenhang gebracht werden kann. Wenn wir Angst haben, werden in unserem Gehirn unterschiedliche Stoffe freigesetzt, während das Frontalhirn – also der Teil, in dem Lernen geschieht – kaum genutzt werden kann. In solchen Momenten sind andere, intuitive Strukturen aktiv, die unser Leben sichern sollen, während unser bewusstes, kognitives Denken beinahe gänzlich ausgeschaltet ist.

Durch Angst können wir lediglich eine extrinsische Motivation schaffen, die ein Kind dazu bewegt, zu lernen, um eine unangenehme Konsequenz zu vermeiden. Extrinsische Motivation ist eine Handlungsmotivation, die durch äußere Umstände herbeigeführt wird (zum Beispiel durch Belohnungen oder Strafe), während intrinsische Motivation einen inneren Antrieb beschreibt.

Ich tue etwas, weil ich selbstbestimmt ein Ziel gewählt habe, die Handlung für mich Sinn ergibt und mir Freude bereitet. Folgen wir auf diese Weise einem inneren Plan, sprechen wir von intrinsischer Motivation – ein Antrieb, der aus uns selbst erwächst. So lernt ein Kind nicht deshalb Laufen und Sprechen, weil wir es antreiben – sondern ganz selbstständig, wenn es für den inneren Plan sinnvoll ist. Jene Lernziele, die aus einem inneren Antrieb heraus angestrebt werden, werden nicht nur wesentlich schneller erreicht, sondern auch tiefliegender und damit langfristig verfügbar abgespeichert.

Wenn wir ausschließlich aus extrinsischen Gründen lernen, bleibt unser Potenzial ungenutzt. Mit diesem Potenzial können wir uns nur verbinden, indem wir uns einerseits frei und sicher fühlen, und andererseits durch die Begeisterung, die wir empfinden, weil uns etwas wirklich interessiert.

Ich empfinde große Traurigkeit, wenn ich an die vielen Schüler denke, welche die Schule verlassen, ohne ihr eigenes Potenzial entdeckt zu haben und es vielleicht auch niemals entdecken werden, weil sie die Bewertungen über sich glauben: »In Mathe bin ich schlecht!«, »Eigentlich bin ich in keinem der Fächer richtig gut« oder »Ich bin ein Schulversager«.

»Jeder ist ein Genie. Aber wenn du einen Fisch danach beurteilst, ob er auf einen Baum klettern kann, wird er ein ganzes Leben glauben, dass er dumm ist.« – Albert Einstein

Einladung zur Selbstklärung: *Welche Strafen hast du als Kind erhalten? Wie hast du dich dabei gefühlt? Gibt es Bewertungen, die du als Kind gehört hast, die in deinem heutigen Leben noch eine Rolle spielen?*

Leben ist Lernen

Zu leben bedeutet, zu lernen. Welche Bildung könnten unsere Kinder wohl erfahren, wenn wir diese Gewissheit ausstrahlen und vorleben würden? Wenn wir Lernen nicht in die Schule abtrennen würden, sondern all die Gelegenheiten nutzten, gemeinsam Erfahrungen zu sammeln und Neues zu erfahren?

Ein aufziehendes Gewitter gäbe Anlass, miteinander etwas über elektrische Ladung im Lexikon oder in einem Video auf YouTube anzusehen. Das Backen und Kochen gäbe Gelegenheit, etwas über das Rechnen zu erfahren. Und der abgetrennte Knopf an der Hose wird zu einer Handarbeitsstunde.

Wenn unsere Kinder unseren Alltag teilten, uns bei der Verrichtung unserer alltäglichen Aufgaben zusehen könnten, uns zu Terminen begleiten würden, sich unsere individuellen Fähigkeiten abschauen könnten – stellt euch vor, welches wunderbares Lernen hier gemeinsam möglich wäre.

Ich wünschte, wir alle hätten mehr Vertrauen in die Neugier und das Bedürfnis nach Entwicklung unserer Kinder.

Einladung zur Selbstklärung: *Wenn du daran denkst, dass der Alltag viele Lernchancen bietet, fällt dir dann etwas Konkretes ein, das du mit deinem Kind gerne entdecken würdest? Gibt es etwas, das du ihm gerne zeigen würdest?*

Wie Strafen und Lob Wachstum blockieren

»Fehlverhalten und Bestrafungen sind keine Gegensätze, die einander aufheben. Vielmehr erzeugen und verstärken sie einander.«
– Haim G. Ginott –

In der Gewaltfreien Kommunikation unterscheiden wir zwischen strafender und schützender Anwendung von Macht. Schützende Macht nimmt Einfluss, um eigene Grenzen oder die Grenzen Schwächerer zu schützen. Wir setzen unsere Macht ein, um uns aus der Situation zu bewegen, zurückzuschieben oder laut und deutlich »Stopp« zu sagen. Wenn ein Handeln im Widerspruch zu Bedürfnissen steht und es keine Bereitschaft gibt, darüber zu sprechen, schützen wir dieses Bedürfnis so lange, bis wir die Qualität von Verbindung hergestellt haben, in der wir eine Lösung finden können, die das im Blick hat, was wir alle brauchen. Bei der schützenden Anwendung von Macht richten wir unsere Aufmerksamkeit immer auf das, was wir schützen wollen!

Strafende Macht hingegen unterscheidet sich durch die zugrundeliegende Absicht: Mit ihr wollen wir einem anderen Schmerz zufügen, ihn dazu bringen etwas zu wollen, zu bereuen oder sich zu verändern. Der Ursprung dieser Absicht ist die Überzeugung, dass andere Menschen Leid verdienen, wenn sie sich auf eine Art und Weise verhalten haben, die mir nicht gefällt. Sie entspringt dem Impuls, Schmerz zurückzugeben, wenn die gewählte Strategie eines anderen für uns selbst schmerzhaft ist. Während schützende Macht aus Vertrauen gespeist ist, liegt der strafenden Macht ein tiefliegender Zweifel an der Güte der menschlichen Natur zugrunde.

»Eine Art von Kontakt (in der Strafen eine Rolle spielen), die ich mit keinem Menschen der Welt haben möchte, und schon gar nicht mit denen, die ich am meisten liebe!« – Marshall Rosenberg

Strafen erzeugen Angst. Doch auch durch die härtesten Strafen können wir in anderen Menschen nicht den Wunsch wecken, etwas tun zu wollen. Wir können sie lediglich mit Gewalt dazu bringen, sich zu wünschen, sie hätten getan, was wir von ihnen wollten, um einer Strafe zu entgehen.

Manche Eltern merken an, dass Strafen effektiv sind und funktionieren – während ich bei gelebter Freiwilligkeit keinerlei Garantie habe, das zu erreichen, was mir wichtig ist. Ja, wir können durch Strafen erreichen, dass unsere Kinder ein gewünschtes Verhalten zeigen und sich unseren Wünschen beugen. Doch kein Zwang kann erreichen, dass ihre Motivation der Absicht entspricht, die wir uns wünschen. So können wir ein Kind vielleicht dazu zwingen, sich an den Schreibtisch zu setzen, seinen Stift in die Hand zu nehmen und mit dem Schreiben zu beginnen, doch was es dabei fühlt und denkt, entzieht sich unserem Einfluss.

Wenn wir strafende Macht anwenden, zahlen wir auf der Beziehungsebene immer einen Preis. Wir tun Kindern Gewalt an, die weitere Gewalt zur Folge hat. Wer durch Gewalt zur Unterwerfung gezwungen wird, fühlt sich hilflos. Wer sich hilflos fühlt, sucht natürlicherweise nach Gelegenheiten, sich machtvoll und selbstwirksam zu erleben.

Dazu passt die Beobachtung, dass die gewaltvollsten Kinder oft diejenigen sind, die zu Hause kontrolliert und bestraft werden – und sich dort auch unterwerfen müssen, um sich wertvoll fühlen zu können. Sie zeigen also gewünschtes Verhalten, neigen aber dort zu Gewalt, wo sie sich unbeobachtet fühlen und sich eine Gelegenheit bietet, erfahrenen Schmerz zurückzugeben und der Stärkere zu sein.

Egal, welche Art von Strafe wir anwenden, die Botschaft bleibt immer gleich: Der Stärkere unterwirft einen Schwächeren seinem Willen, indem er anderen Schmerzen zufügt. Lob und Strafen sollen Kinder Werte und Moral vermitteln. Doch Strafen verhindern nicht nur, dass junge Menschen einen inneren moralischen Kompass entwickeln, sie vermitteln auch ein falsches Bild. Sie schaden den natürlichen sozialen Fähigkeiten eines Kindes!

Viele Eltern sagen Dinge wie: »Entschuldige dich, sonst gehen wir nach Hause!«, »Komm schon, gib mir einen Kuss, sonst bin ich traurig!« oder »Was man ausgekippt hat, muss man wieder einräumen!« Damit soll erreicht werden, dass Kinder etwas bedauern, ihre Zuneigung auf eine bestimmte Weise zeigen oder entstandener Schaden wiedergutgemacht wird.

Doch von Kindern bestimmte Gefühle und Werte zu verlangen, die sie in einem konkreten Verhalten ausdrücken sollen, führt nicht zum gewünschten Erfolg. Im Gegenteil. Aufgezwungene Werte und moralische Urteile führen nur dazu, dass Kinder tun, was von ihnen verlangt wird, um eine bestimmte Reaktion im Außen zu erreichen. Vielleicht zeigen sie das gewünschte Verhalten, weil sie nur zwischen Rebellion und Unterwerfung wählen können, doch den eigentlichen Wert und Sinn werden sie dabei nicht verstehen.

Aufgezwungene moralische Werte gehen immer mit einem Widerspruch einher:

- Kinder sollen mit den Grenzen anderer achtsam sein, ohne dass ihre eigenen gewahrt werden.
- Sie sollen verantwortungsvoll sein, während Eltern immer wieder die Verantwortung für ihre eigenen Erwartungen übertragen.
- Sie sollen die Bedürfnisse anderer achten, während sie von ihren eigenen entfremdet werden.

Aus der Erfahrung, dass Erwachsene entscheiden, welche Werte übernommen werden müssen und welches Verhalten diesen Werten entspricht, kann kaum eine andere Erkenntnis gewonnen werden als die, dass es einen Machthaber und einen Machtempfänger gibt. Diese Erkenntnis geht mit der Überzeugung einher, dass das Kind andere Menschen auf dieselbe Weise bewegen wird, sobald es die Macht dazu hat. Wenn ich dann noch befürchten muss, eine Strafe zu erhalten (in Form von Auszeiten, Liebesentzug, Konsequenzen oder auch durch den Entzug einer Lieblingsstrategie), fokussiere ich nur die Folgen für mich selbst – ich habe keine Kapazität, nachzuspüren, was mein Handeln für andere bedeutet.

Strafen führen nicht dazu, dass eigenes Verhalten hinterfragt wird, weil es für einen anderen Menschen schmerzhaft war, oder dazu, dass ich mich für seine Bedürfnisse interessiere – was echter Moral entspräche. Sie führen lediglich dazu, dass Kinder bedauern, erwischt worden zu sein, und annehmen, das Blatt würde sich wenden, sobald sie selbst die Macht haben, andere zu bestrafen.

Niemand, der sich vor einer Strafe fürchtet, kann sich für das Erleben anderer Menschen interessieren und öffnen. Niemand, der damit beschäftigt ist, sich beschämt oder schuldig zu fühlen, kann über die eigene innere Not noch eine andere wahrnehmen.

Beispiel: Lukas muss einem Klassenkameraden ein Bild malen, weil er etwas zu ihm gesagt hat, was sein Lehrer als verletzend bewertet. Lustlos pinselt er ein paar Striche auf das Blatt. Er ist wütend. Genervt überreicht er das Bild am nächsten Tag seinem Klassenkameraden. Damit hat er die Erwartung seines Lehrers erfüllt, um einer noch größeren Strafe zu entgehen. Von dem Ziel, dass Lukas einsieht, wie schmerzhaft seine Worte für das andere Kind waren, oder dass es dem Lehrer um Werte wie Rücksicht und Wertschätzung geht, ist man weiter entfernt als zuvor.

Mittlerweile hat sich das Wort »Konsequenz« etabliert. Auch dieses Wort meint: Der junge Mensch soll durch das Erleben von Folgen lernen, was richtig und falsch ist – nur, dass Erwachsene sich mit dieser Formulierung vielleicht etwas besser fühlen können. Auch die Wort-Aneinanderreihung »logische Konsequenz« macht es kaum besser.

Eltern, die tragischerweise keine anderen Möglichkeiten kennen oder denen das Vertrauen in ihre Kinder fehlt, werden nahezu für alles einen logischen Zusammenhang finden. Absichtsvoll herbeigeführte Konsequenzen sind und bleiben Strafen. Natürliche Konsequenzen erschafft das Leben selbst, und auch mehr als genug davon:

- Wenn ich drei Tafeln Schokolade esse, wird mir übel.
- Wenn ich nur vier Stunden schlafe, bin ich am nächsten Morgen müde.

- Wenn ich vier Stunden Computer spiele, brennen meine Augen.
- Wenn ich den Ball so hoch schieße, wie ich kann, landet er auf dem Hausdach.

Mir selbst rutscht immer wieder mal ein »Wenn-Dann«-Satz heraus. »Wenn du jetzt nicht dein Zimmer aufräumst, dann lese ich dir nachher nichts vor!« Wenn-Dann-Sätze sind effektiv: Lukas hat sein Zimmer aufgeräumt, weil ihm die gemeinsame Zeit mit mir wichtig ist. Aber auch dabei geht es um Angst. Was verloren geht, wenn Kinder aus Angst folgen, ist das Vertrauen, mit Bedürfnissen, Gefühlen und Wünschen wichtig zu sein.

***Einladung zur Selbstklärung**: Spielen Strafen und Konsequenzen in eurem Miteinander eine Rolle? Was löst die Vorstellung in dir aus, auf diese Strategien zu verzichten? Was bräuchtest du, um darauf vertrauen zu können, dass es euch auch ohne Strafen und Konsequenzen miteinander gut gehen kann?*

Ist Lob nicht etwas Schönes?

Lob mag sich oftmals viel angenehmer anfühlen als eine Strafe – und dennoch sind sie zwei Seiten derselben Medaille. Wenn wir unsere Kinder für etwas loben, das sie freiwillig und gern tun, dann werden sie diese echte Freude – aus dem Inneren heraus und um des Tuns willen – daran verlieren. Stattdessen werden sie das, was uns gefällt, in Zukunft tun, um Anerkennung zu erhalten. Das Handeln, welches wir loben, entspricht dann nicht mehr unmittelbar ihren eigenen Bedürfnissen. Wenn Menschen etwas mit dem Ziel tun, Anerkennung zu erhalten, entwickeln sie eine Abhängigkeit vom »Außen«. Dann sind sie darauf angewiesen, dass das Ergebnis von anderen für »gut« oder »richtig« befunden wird.

Wir sind geneigt zu glauben, Kinder, die häufig Lob erhalten, würden ganz automatisch ein hohes Selbstbewusstsein entwickeln. Das ist ein Trugschluss! Forschungen haben ergeben, dass Kinder, die häufig gelobt werden, zu großer Unsicherheit neigen, was ihren eigenen Wert betrifft. Sie wissen nicht, ob sie für ihre Umgebung genauso wertvoll wären, wenn sie etwas Bestimmtes nicht oder anders getan hätten.

Und weil Lob oft eine tragische Verkettung in Gang setzt, werden vielfach gelobte Kinder unter Umständen niemals erfahren, dass ihr Wert unabhängig von dem ist, was sie leisten. Das hat mehrere Gründe:

- Für Eltern ist das Loben oftmals eine Form, Liebe zu zeigen – andere Möglichkeiten kennen sie häufig gar nicht. Kinder heißen das Lob dann nicht nur willkommen, weil es ihr Bedürfnis nach Anerkennung nährt, sondern auch, um Liebe zu empfangen. Wenn andere Strategien, um Liebe zu zeigen und zu empfangen, fehlen, wird das Loben umso mehr gebraucht und ersehnt.
- Wenn der innere Kompass erst einmal auf extrinsische Motivation ausgerichtet ist, wird es sehr schwer, wieder mit seinen inneren Antrieben in Kontakt zu kommen. Wird ein Kind beispielsweise mit Süßigkeiten, Geld oder verbalem Lob dafür belohnt, dass es seine Hausaufgaben macht oder sein Zimmer aufräumt, dann ist es sehr unwahrscheinlich, dass es plötzlich auf die Idee kommt, selbiges für seine eigenen Bedürfnisse zu tun.
- Auch als Erwachsene werden Kinder auf diese Weise Liebe und Anerkennung erhalten wollen und es dabei nicht nur schwer haben, den Kontakt zu ihren inneren Antrieben zu finden – Lob wird auch immer nur kurzfristig dazu führen, dass sie sich wertvoll fühlen. Das Tragische an diesem System ist, dass gegebene Anerkennung von außen das Loch eines instabilen Selbstwertgefühles nie stopfen kann.

Zusammenfassend lässt sich also sagen, dass Lob nicht zu einem unabhängigen Selbstwertgefühl führt und von jenen inneren Antrieben abschneidet, die uns den Zugang zu unserem Potential gewähren.

Kinder wollen nicht gelobt werden. Sie wollen vor allem gesehen werden! Als mein Sohn etwas über zwei Jahre alt war, kletterte er zum ersten Mal selbst auf die Rutsche, anstatt mich um Unterstützung zu bitten. Ich stand gerade am anderen Ende des Spielplatzes und unterhielt mich mit der Mutter von Antonia. Als das Rufen meines Sohnes zu uns herüberdrang, war mein erster Impuls, zu ihm zu laufen und ihn wissen zu lassen: »Das hast du toll gemacht, ganz alleine!« Doch noch ehe ich mich in Bewegung gesetzt hatte, strahlte er mich an und winkte mir zu. Ich winkte zurück und rief: »Ich sehe dich!«

Kinder wollen vor allem ihre Gefühle mit uns teilen und damit wahrgenommen werden. Anstatt zu loben können wir beschreiben, was genau wir sehen: »… 10 … 12 … 15 Stufen bist du allein hinaufgestiegen!« Wir können unsere Kinder wissen lassen, welche schönen Gefühle in uns lebendig werden, wenn sie etwas mit uns teilen möchten: »Wenn ich dich vor Freude jauchzen höre, dann bekomme ich ein ganz warmes Kribbeln in der Brust. Ich freue mich mit dir!« »Jedes Mal wenn ich dein Bild ansehe, freue ich mich, weil ich daran denke, wie du es mir geschenkt hast!«

Wir können sie außerdem wissen lassen, welche Bedürfnisse es uns erfüllt und wie sie unser Leben bereichern, wenn wir ihnen zusehen, ein Geschenk erhalten oder Unterstützung erfahren. »Als du mir die Einkaufstaschen abgenommen hast, konnte ich sofort meine Arme entspannen und war erleichtert. Es ist ein schönes Gefühl, wenn ich um Hilfe bitte und mich damit jemand hören kann!« Anstatt den Fokus auf unsere Bewertungen zu richten, können wir ihn sanft auf das lenken, was wirklich von Bedeutung ist: »Bist du zufrieden mit deinem Bild? Gefällt es dir selbst? Was magst du daran besonders? Würdest du gern noch etwas verändern?«

Wenn Lob eingefordert wird

Vor einiger Zeit waren Lukas und ich bei einer Physiotherapeutin. »Ja, großartig machst du das«, ließ sie Lukas wissen und fügte hinzu: »Jetzt noch zehnmal, und dann darfst du im Gymnastikraum spielen!« Daraufhin Lukas: »Meine Mama lobt mich nie. Das ist Manipulation!« Mir entging weder die Irritation der Therapeutin, die später betonte, wie wichtig es für das Selbstbewusstsein meines Kindes sei, gelobt zu werden, noch Lukas' echtes Bedauern darüber, dass ich versuche, Lob zu vermeiden.

Unsere ganze Gesellschaft ist auf Belohnungen und Bestrafungen aufgebaut. Wer einen Regelverstoß begeht, erhält eine Strafe. Bei Wettkämpfen werden die Sportler mit Medaillen belohnt, und Kinder werden in der Schule mit Noten bewertet. Kinder werden überall gelobt und auch auf viele unterschiedliche Weisen bestraft. Das führt dazu, dass sie Lob einfordern und genießen – und das ist auch in Ordnung.

Wenn wir den unabhängigen Selbstwert unserer Kinder im Blick haben, um andere Möglichkeiten, Liebe zu zeigen, wissen und Alternativen zum Loben kennen, ist ein »Gut gemacht«, »Ich bin stolz auf dich« oder »Toll, wie du mir geholfen hast!« gewiss nichts Schädliches. Und bevor wir zögerlich überlegen, wie wir eine Freude mit unserem Kind teilen können, ohne sein Verhalten zu bewerten, sollten wir uns frei fühlen, zu loben. Dann können wir den Fokus zurück auf oben genannte Alternativen richten und die Dankbarkeit über die gemeinsame Erfahrung in den Mittelpunkt stellen, anstatt die Aufmerksamkeit auf ein gewünschtes Verhalten zu richten.

***Einladung zur Selbstklärung**: Denke an die letzten Tage mit deinem Kind. Gibt es Augenblicke, in denen dein Kind dir etwas Bedeutsames zeigen wollte? Kannst du dich daran erinnern, was das in dir ausgelöst hat? Gab es Raum, darüber Freude zu teilen? Wenn nicht, was hat dich davon abgehalten, dich aufmerksam zu zuwenden und eine Rückmeldung zu geben? Würdest du diese Rückmeldung gerne nachholen? Wenn dein Kind noch zu klein ist, um deine Worte verstehen zu können, kannst du dich einfach still zu ihm setzen und dich an deine Freude erinnern.*

Für die Eltern wertvoll sein

Alles, was nicht Liebe ist, ist ein Schrei nach Liebe.

Ich wünschte, alle Eltern würden erfahren, welch große Sehnsucht Kinder danach haben, sich für ihre Eltern als wertvoll erleben zu können. Wenn wir wissen, wie wir dieses Bedürfnis achten können, dann legen wir in unseren Kindern die Fähigkeit an, ihre eigene Schönheit ein Leben lang erkennen zu können.

Beispiel: Vor einigen Wochen wurde Jonas geboren. Seine Eltern wollen ihm seine Bedürfnisse erfüllen und legen ihn schlafen, wenn er müde ist, stillen seinen Hunger und schauen ihm zu, wenn er erste absichtsvolle Bewegungen mit seinen Händen vollzieht. Aber sie wissen nicht, dass Jonas noch ein weiteres grundlegendes Bedürfnis hat: Ganz intuitiv möchte er für seine Eltern wertvoll sein. Dieses Streben ist in Kindern angelegt, denn dass wir ihnen liebevoll zugewandt bleiben, sichert ihr Überleben.

Beispiel: Eines Tages wacht Jonas aus seinem Schlummer auf und weint. Seine Mama eilt herbei und bietet ihm ihre Brust an, die Jonas zurückweist. Sie nimmt ihn auf den Arm und singt für ihn. Nachdem seine Mutter ihn beinahe eine Stunde getragen hat und er ihre Brust noch immer ablehnt, fühlt sie sich hilflos und wird ärgerlich. Sie erinnert sich an Ratschläge wie: »Lass dein Kind auch mal schreien, damit es sich nicht zum Tyrannen entwickelt« oder »Kinder müssen lernen, mit Frust umzugehen. Das Leben ist schließlich kein Wunschkonzert!« Nach kurzem Zögern legt sie ihn zurück in sein Bettchen und verlässt entschlossen sein Zimmer. Jonas schreit. Sein Gesichtchen ist rot, seine Hände sind geballt, sein ganzer Körper ist unter Hochspannung. Nach einiger Zeit wird es still. Einer Zeit, die Jonas endlos erschienen ist. Intuitiv hat Jonas begriffen, welche Erwartungen an ihn gestellt werden, und ist bereit, sie zu erfüllen und eigene Bedürfnisse zurückzustellen, um wieder wertvoll zu sein. Vielleicht kommt die Mama zurück, wenn er leise ist?

Erwartungen, die den authentischen Ausdruck von Gefühlen und Bedürfnissen behindern, machen es Kindern unendlich schwer, sich für ihre Eltern wertvoll fühlen zu können.

Beispiel: Jan ist zweieinhalb Jahre alt. Er hat gerade entdeckt, wie sich der Fernseher einschalten lässt. Seine Mutter läuft ihm jedes Mal nach, wenn die Finger nach den Knöpfen tasten. Dreimal sagt sie »Nein« und trägt ihren Sohn zu seinen Spielsachen. Als er sich dem Fernseher ein weiteres Mal nähert, steht sie entschlossen auf, nimmt ihn auf ihren Arm und sagt: »Jetzt ist es aber genug!« Jan beginnt zu weinen und windet sich, um sich aus den Armen seiner Mutter zu befreien. Ärgerlich über den festen Druck ihrer Arme, schlägt er nach seiner Mutter und trifft sie am Kiefer. Jetzt schreit seine Mutter: »Du darfst nicht schlagen. Verdammt noch mal, kannst du nicht hören!« Während sie das sagt, schüttelt sie Jan ganz leicht und greift dabei kräftig um seine Arme. Ihre Augen sind ganz zusammengekniffen, ihre Haltung ablehnend.

Ablehnung, die so umfassend ist, dass sich Kinder für ihre Eltern nicht mehr als wertvoll empfinden, löst einen Schmerz aus, der nicht ausgehalten werden kann, ohne sich selbst infrage zu stellen. Mit seinen kindlichen Ressourcen hat Jan eigentlich nur eine Möglichkeit: Anzunehmen, dass er etwas falsch gemacht hat und mit ihm etwas nicht in Ordnung ist. Denn Kinder stellen die Allmacht ihrer Bezugspersonen nicht infrage, sie nehmen schlicht und ergreifend an, dass diese mit allem, was sie tun, recht haben und sie Reaktionen dieser Art verdient haben, egal wie gewaltvoll diese sein mögen.

Und auch die meisten Erwachsenen stellen die Art ihrer Eltern, Liebe zu zeigen, nicht infrage – weil es zu schmerzhaft ist. Sie sagen: »Der kleine Klaps hin und wieder hat mir nicht geschadet!« oder »Meine Eltern haben mich oft bestraft, aber heute bin ich dafür dankbar!«

Kinder versuchen die Schlussfolgerung, dass ihre Eltern sie nicht lieben, um jeden Preis zu vermeiden. Denn anzunehmen, dass die Person, von der ihr Überleben abhängt, sie nicht lieben könnte, wäre unerträglich schmerzhaft und beängstigend. Überzeugt zu sein, dass mit mir selbst etwas nicht stimmt und ich etwas falsch gemacht habe, ist ein Abwehrmechanismus, der Kinder dabei unterstützt, in einer unsicheren Umgebung seelisch gesund zu bleiben. Denn dort haben sie Einfluss. Diese Interpretation erlaubt es, darauf zu hoffen, sich bald wieder wertvoll zu fühlen, wenn man es nur noch ein wenig richtiger und besser macht und die Erwartungen erfüllt. Im späteren Leben können diese Kinder Erwachsene werden, die durch massive Grenzüberschreitungen nur noch mehr dazu angespornt werden, sich um die Liebe ihres Partners zu bemühen.

Wenn die Erfahrung, mit Gefühlen und Bedürfnissen abgelehnt zu werden, sich oft genug wiederholt, werden Kinder diesen Teil von sich auch selbst ablehnen. Sie werden eine innere Stimme ausbilden, die ihnen zuflüstert, damit nicht richtig zu sein – selbst dann, wenn sie längst zu vermeintlich unabhängigen Erwachsenen geworden sind. Diese ungewollten, weggeschobenen Anteile werden jedoch nicht allein in ihnen wirken, sondern sie werden auch Einfluss auf die Außenbeziehungen nehmen: Es wird starken Ärger in ihnen auslösen, wenn sie das, was sie sich selbst nicht erlauben können, in anderen wiederfinden. Sprichwörtlich wird der Splitter im anderen Auge gesehen, aber der Balken im eigenen nicht.

Wenn Kinder befürchten, für ihre Bezugspersonen nicht wertvoll zu sein, erzeugt das Aggressionen, hinter denen sich große Hilflosigkeit verbirgt. Diese Aggression richtet sich nach außen oder nach innen. Nach innen gerichtete Aggression zeigt sich oft in übermäßiger Bereitschaft, anderen alles recht machen zu wollen und eigene Bedürfnisse aufzugeben. Genau das ist auch der Kern dieser Form von Gewalt gegen sich selbst: Die Einstellung der Selbstfürsorge. Rebellierende Kinder hingegen machen durch Gewalt und Widerstand nach außen auf ihre innere Not aufmerksam. Während die Autoaggression oft noch verstärkt und belohnt wird, erfahren rebellische Kinder noch mehr Ablehnung, mit der sie sich dann auch wieder entsprechend weniger wertvoll fühlen.

Kinder sind vollkommen darauf angewiesen, dass ihre Eltern solche Dynamiken erkennen und durchbrechen. Dies ist ein weiterer Grund, warum wir immer die Gesamtverantwortung für die Qualität unserer Beziehung haben.

Einladung zur Selbstklärung: *Nimm dir ein altes Kinderfoto oder stelle dir dein inneres Kind vor. Stell dir vor, wie es den Satz »Ich bin wertvoll« ausspricht. Kann es eine tiefe Wahrheit darin spüren oder ist es unsicher? Sollte Trauer oder Unsicherheit auftauchen, dann kannst du dir vorstellen, wie du* *dein inneres Kind liebevoll hältst. Bitte orientiere dich dafür an der Übung »Der innere Kindergarten« auf Seite 154.*

Zuhause, unser sicherer Ort

»Die Liebe beginnt im eigenen Haus!«
»Wenn du die Welt verändern willst, geh nach Hause und liebe deine Familie!«
– Mutter Teresa –

Beispiel: Ben (9 Jahre) kommt vom Fußballtraining nach Hause. Als er die Tür aufschließt, weist seine Mutter ihn an: »Häng deine Jacke auf und wirf die Schuhe nicht in den Flur!« Als Ben seiner Mutter »Hallo« zuruft, erwidert sie es flüchtig, während sie geschäftig den Tisch deckt, und fügt hinzu: »Wasch dir die Hände, es gibt gleich Abendessen!« Nachdem Ben sich gesetzt hat, verkündet er: »Ich hab überhaupt keinen Hunger!« Sein Vater nimmt ebenfalls Platz und sagt: »Du isst wenigstens eine Scheibe Brot. Sonst jammerst du nachher wieder, dass du Hunger hast. Das kennen wir doch schon!« Die Mutter streicht Ben über den Kopf und fragt: »Wie war's denn beim Fußball?« Ben murmelt: »Ganz okay.« Der Vater hakt nach: »Was heißt das? Hattet ihr ein Spiel oder habt ihr nur trainiert?« Ben: »Nur trainiert.« Vater: »Und wie ist es gelaufen?« Zerknirscht räumt Ben ein: »Der Trainer sagt, dass ich zuhören soll, wenn er was erklärt.« Bens Vater mit erhobener Stimme: »Warum hörst du denn nie zu? Wir bezahlen viel Geld, damit du etwas lernst. Wenn das so weitergeht, dann melden wir dich schneller ab, als du Fußball sagen kannst. Hör gefälligst hin, wenn dein Trainer dir was sagt! Hast du mich verstanden?« Ben murmelt ein »Ja« zurück, und als er das Brot endlich aufgegessen hat, möchte er aufstehen. Seine Mutter: »Wir sind noch nicht fertig. Warte, bis wir auch aufgegessen haben!« Eine Viertelstunde später nickt Bens Vater ihm zu und Ben verlässt den Tisch. Seine Mutter ruft ihm nach: »Denk ans Zähneputzen und Waschen. Ich komme dann in einer halben

Stunde zum Gute-Nacht-Sagen!« Als die Mutter in sein Zimmer kommt, hat Ben seinen Gameboy eingeschaltet. Mutter: »Jetzt ist es Zeit zu schlafen. Stell den Gameboy aus!« Ben: »Nur noch fünf Minuten, ich bin gerade beim Endkampf!« Mutter: »Aber sobald der fertig ist, stellst du aus! Und keine Tricks, okay?« Als sie wieder ins Zimmer kommt, spielt Ben immer noch. Sie schaut auf den Bildschirm und sagt: »Das ist doch schon ein ganz anderes Level. Ben, wir hatten eine Abmachung! Warum kann man sich nie auf dich verlassen?« Dann nimmt sie ihm den Gameboy aus der Hand und schaltet ihn ab. Sie setzt sich auf die Bettkante und liest eine Geschichte vor. Dann streichelt sie Ben über die Wange und sagt: »Gute Nacht, mein Schatz, schlaf schön!« Ben: »Kann das Licht noch an bleiben? Ich will noch ein bisschen lesen!« Mama: »Hast du mal auf die Uhr geschaut? Es ist nach halb neun. Das Licht bleibt aus. Gute Nacht!«

Diese Geschichte soll nicht überzeichnet sein. Vielmehr möchte ich Momentaufnahmen zeigen, die in vielen Familien ähnlich vorkommen. Nicht, um den Zeigefinger zu erheben, denn dass wir Anweisungen geben, keine Kraft für Diskussionen haben oder Erwartungen äußern und auf vermeintlichen Rechten bestehen, geschieht! Auch mir.

Vielmehr möchte ich dafür sensibilisieren, wie wichtig für jeden von uns ein sicherer Ort ist. Vielleicht fragst du: »Sicher wovor?«

Eine Heimat ist sicher vor Entwürdigung, Demütigung und Fremdbestimmung.

Sicher vor Angst.

Sicher vor Kontrolle und Macht.

Ihre Bewohner sollten sicher sein, essen zu dürfen, wann und was sie mögen.

Sicher sein, ungestörte Zeit verbringen zu dürfen und zu tun, was ihnen Freude bereitet.

Sicher sein, dass sie hier gut für sich sorgen dürfen.

Sicher, sich mit allen Gefühlen zeigen zu dürfen.

Sicher, dass ein »Nein« gehört wird.

Sicher, dass Bedürfnisse wahrgenommen werden.
Sicher vor Anweisungen und Belehrungen.
Sicher, Wahlfreiheit zu haben.
Sicher, sich zurückziehen zu dürfen oder Teil einer liebevollen Gemeinschaft sein zu können.

Einladung zur Selbstklärung: *Wenn du dich mit Bens Erleben noch nicht verbinden kannst, lade ich dich ein, Folgendes auszuprobieren: Lies das Beispiel noch einmal und ersetze Bens Namen durch deinen eigenen und die Eltern durch den Namen deines Partners. Wie ist das für dich? Wie fühlt es sich an, wenn deine Bezugspersonen dir auf diese Weise begegnen?*

Beziehungsqualität herstellen – wieder und wieder

Wir brauchen eine Verbindung, deren Qualität hoch genug ist,
damit Bedürfnisse geachtet werden können.

»Ich bat meinen Sohn, seinen Teller wieder ins Haus zu bringen, nachdem er auf der Terrasse gefrühstückt hat. Er hat meine Bitte verneint. Ich verstehe nicht, warum er mir diesen kleinen Gefallen nicht tun will – der obendrein eigentlich eine Selbstverständlichkeit ist. In letzter Zeit mehren sich solche Situationen, und das macht mich wütend!«

Manchmal gilt ein »Nein« gar nicht der erbetenen Strategie, sondern dem Fragenden und damit der Art von Verbindung, die zueinander besteht. Wenn Kinder unsere Bitten vermehrt ablehnen, sollten wir uns fragen, ob unsere Beziehung derzeit die Qualität hat, die es benötigt, damit Menschen gern füreinander beitragen und auch die Bedürfnisse anderer im Blick haben können.

Dies gilt für Eltern und Kinder, aber in vollkommen unterschiedlicher Weise. Auch uns Eltern fällt es wesentlich leichter, mit den Bedürfnissen unserer Kinder in Kontakt zu kommen und Lösungen zu finden, die berücksichtigen, was wir beide brauchen, wenn wir einander nah sind und eine gute Verbindung zueinander aufgebaut haben. Doch weil wir nicht nur die Gesamtverantwortung tragen, sondern auch über wesentlich größere Ressourcen verfügen, können wir auch Phasen überbrücken, in denen wir uns voneinander getrennt empfinden – ohne unsere fürsorglichen Fähigkeiten zu verlieren.

Für unsere Kinder hingegen ist es, bis in das junge Erwachsenenleben hinein, eine große Herausforderung, auch andere Bedürfnisse zu berücksichtigen. Sie sind ganz und gar damit ausgefüllt, das, was in ihnen lebendig ist, zu ergründen, und Möglichkeiten zu finden, sich selbst gut zu nähren.

Solange unsere Kinder ihren Entwicklungsaufgaben nachgehen, haben sie nicht die Fähigkeit, das, was in anderen lebt, in gleicher Weise zu achten wie wir. Kindern machen getrennte Verbindungen Angst, weil sie auf uns angewiesen sind. Angst wiederum schränkt die Fähigkeit, andere Bedürfnisse zu berücksichtigen – und auch die Freude am Beitragen – erheblich ein.

Nehmen wir an, dass die gegenseitige Achtsamkeit die Kür auf dem Eis ist, dann lohnt es, den Untergrund auf Risse und Unebenheiten zu überprüfen. Ich als Erwachsener habe die Fähigkeit, zu ergründen, ob unsere Liebe zueinander gerade frei fließen kann. Wir können entscheiden, jeden Tag eine Art von Verbindung herzustellen, in der wir uns einander nah fühlen.

Wenn die Liebe fließen kann, tragen Eltern und Kinder aus einer vollkommen natürlichen Freude heraus füreinander bei – während uns dies an anderen Tagen viel schwerer fällt – etwa, wenn wir gestresst oder angestrengt sind. Wenn wir miteinander streiten, uns übereinander ärgern und mit den gewählten Strategien des anderen nicht einverstanden sind. Solche Tage sind vollkommen in Ordnung, denn sie sind Teil jeder Beziehungslebendigkeit.

Ich spreche nicht davon, dass wir nur noch Harmonie anstreben und jeglichen Ärger aus unserer Beziehung verbannen sollten. Ich möchte darauf aufmerksam machen, dass solche Tage ihren Preis haben können und uns oftmals gar nicht bewusst ist, dass die Nähe zueinander verloren gegangen ist. Und dann kann es sinnvoll sein, die Beziehung zu nähren und meine Liebe wieder spürbar zu machen – bevor ich weitere Bitten stelle und darauf hoffe, dass sich mein Kind für das interessieren kann, was mir wichtig ist.

***Einladung zur Selbstklärung**: Falls es dir schwerfällt, zu verstehen, wie sich die beschriebene Beziehungsqualität anfühlen kann, denke an einen Moment, in dem du das Miteinander mit deinem Kind sehr genossen hast. Vielleicht habt ihr in einem solchen Augenblick miteinander gelacht, euch gestreichelt, gekuschelt oder euch angeregt über etwas unterhalten.*

Sechster Teil

Impulse für den Alltag

Wie können wir die vorausgegangenen Impulse in unseren Alltag integrieren und ihnen dort Lebendigkeit verleihen? Dieser Frage widmet sich der letzte Teil des Buches.

Fragen und Antworten, die Eltern bewegen

Vor einigen Jahren gründete ich die Facebook-Gruppe »Gewaltfreie Kommunikation – Eltern sein«. Dort sind mehr als 2.000 Mitglieder im Austausch über herausfordernde Situationen, die sich in der Beziehung zu ihren Kindern ergeben. Einige Fragen, die uns Eltern in diesem Rahmen häufig bewegen, möchte ich teilen:

Regeln

»Mein Kind hält Regeln nicht ein. Wie gehe ich damit um?«

Welche Bedeutung haben Regeln in der Familie? In vielen Familien lernen Kinder schon früh: Regeln machen andere.

Wenn Regeln vor allem eine Eltern-Strategie sind, können Kinder nicht die Erfahrung machen, dass Regeln der Gemeinschaft dienen. Regeln, die der Gemeinschaft dienen, sorgen dafür, dass einzelne Räume gewahrt werden und es allen zusammen gut gehen kann. Wenn sie ausschließlich die Bedürfnisse der Eltern erfüllen, lehnen Kinder Regeln ab, um ihre Integrität zu schützen.

Vereinbarungen statt Regeln

Wenn wir von Vereinbarungen sprechen, rücken wir das Miteinander in den Fokus: Wir einigen uns gemeinsam auf etwas, das alle Bedürfnisse bestmöglich erfüllt und darum sinnvoll ist. Vereinbarungen machen eher deutlich, dass keine Absprache in Stein gemeißelt ist, sondern immer wieder neu vereinbart werden kann.

Dafür tragen wir zusammen, worum es jedem Beteiligten geht, und legen gemeinsam eine Strategie fest. Um eine passende Strategie zu finden, kann auch das sogenannte Systemische Konsensieren hilfreich sein: Jedes Familienmitglied kann dabei Widerstandsstimmen vergeben und Gegenvorschläge einbringen. Jene Strategie, die am Ende am wenigsten Widerstand auslöst, sorgt am meisten für alle Bedürfnisse und wird ausgewählt.

Themen, bei denen das Verhandlungsergebnis aus Sicht der Eltern bereits feststeht, gehören nicht vereinbart oder verhandelt! Denn Vereinbarungen setzen voraus, dass:

- alle Beteiligten ergebnisoffen sind,
- die Bedürfnisse aller Beteiligten ermittelt und gleich wichtig genommen werden.

Ist dies nicht der Fall, dann handelt es sich um »Entscheidungen der Eltern«, die offen benannt werden können: »Hier entscheiden wir, das sind unsere Gründe, und wir verstehen, wenn dich das frustriert …«

Nicht eingehaltene Absprachen

Wenn Absprachen nicht eingehalten werden, stellt sich immer die Frage, was unser Kind daran gehindert hat, diese Vereinbarung einzuhalten. Was ist in diesem Augenblick wichtig gewesen? Und wie können wir dieses Anliegen in eine neue Vereinbarung integrieren?

Bleiben Absprachen immer wieder unerfüllt, geht es wahrscheinlich um ein Bedürfnis nach Selbstbestimmung, welches in einen grundlegenden Mangel geraten ist. Dann wäre es ein Geschenk, wenn Eltern sich fragen könnten, wo sie Erfahrungsräume öffnen und mehr Autonomie ermöglichen könnten.

Brauchen Kinder Grenzen?

»Ich höre überall, dass Kinder Grenzen brauchen. Was denkst du über diesen Satz?«

Ja, Kinder brauchen Grenzen, denn Menschen brauchen Grenzen. Sie brauchen Erwachsene, die sich zeigen und spürbar sind: »Das will ich nicht. Damit bin ich nicht einverstanden!«, »Mir ist XY wichtig!« Sie brauchen Erwachsene, die mit ihren Bedürfnissen verbunden sind und die benennen können, worum es ihnen geht. Sie brauchen Eltern, die Werte haben, an denen sie sich orientieren können. Und Eltern, die ihren Willen dem des Kindes gleichwertig gegenüberstellen können.

Eltern, die künstliche Grenzen meinen, erfüllen Wünsche nicht, weil sie denken: »Du kannst nicht alles haben, und das musst du lernen!« oder »Wenn ich das heute erlaube, will sie das immer wieder haben!« Manchmal geht es darum, was »man nicht macht«, oder »dass man immer XY muss«, oder »wenn man XY, muss man auch ABC!« Ich glaube, es sind genau diese künstlichen Grenzen, hinter denen unsere Kinder uns als spürbare Person suchen!

Ich erlebe oft, dass Eltern von ihren Grenzen sprechen. »Bis hierhin und nicht weiter!« Ich wünsche allen Kindern Eltern, die spüren, was für sie passt und was nicht, was sie wollen und was sie nicht wollen – solange sie nicht starr und hart werden, weil sie damit beschäftigt sind, ihre Grenze zu verteidigen.

Anstatt von unbeweglichen Grenzen zu sprechen, können wir unsere Aufmerksamkeit wieder auf die Fragen richten: »Was brauchst du? Was brauche ich?« Dort, wo der Wille unseres Kindes und seine Bedürfnisse mit unseren gleichwertig sind, kann Verbindung und Gemeinschaft entstehen.

Wir können verhandeln, Ideen austauschen und gemeinsam nach Lösungen schauen. Beziehung heißt, sich immer wieder neu zu begegnen: Was heute nicht passt, passt vielleicht morgen. Was heute gilt, gilt morgen vielleicht nicht mehr.

Mithilfe und Ordnung

»Wir räumen einmal in der Woche gemeinsam das Zimmer meines Sohnes auf. Er hat dazu keine Lust, aber ich fühl mich nicht wohl, wenn da alles chaotisch ist, und denke auch, dass er das lernen muss. Seitdem ich über Freiwilligkeit gelesen habe, bin ich unsicher: Darf ich erwarten, dass mein Sohn sein Zimmer aufräumt oder Aufgaben im Haushalt übernimmt?«

Wenn wir über das Kinderzimmer sprechen, ist es meines Erachtens wichtig, eine grundlegende Entscheidung zu treffen: Reden wir hier über einen Raum, der eigentlich den Eltern gehört und in dem sie deswegen mitbestimmen wollen? Oder ist es der Rückzugsort des Kindes, in dem eigene Individualität gelebt werden darf?

Ich habe entschieden: Das Kinderzimmer ist uneingeschränkt der Bereich meines Kindes! In seinem Raum darf er eigene Erfahrungen machen und sich in der Gestaltung wiederfinden.

Mein Ordnungsmodell beschränke ich auf meine Bereiche. Hier möchte ich mich wohlfühlen und im Einklang mit meinen Werten leben. Welche Verknüpfungen unsere Kinder zum Bedürfnis »Ordnung« entwickeln, hängt davon ab, was wir als Eltern vorleben – nicht davon, dass wir es zum Aufräumen seines Zimmers oder zu Aufgaben im Haushalt zwingen.

Stellt der Haushalt eine lästige Pflicht dar, die wir erfüllen, weil wir es »müssen«? Die wir genervt und angestrengt ausführen, damit wir es »hinter uns haben«? Oder liegt der Fokus darauf, es für uns alle »schön zu machen«, damit wir uns wohlfühlen können? Dazu können wir auch unsere Kinder einladen, gemeinsam Ordnung schaffen und ein »Nein« akzeptieren.

Und Mithilfe im Haushalt? Viele Eltern bitten gar nicht um Unterstützung, weil ihnen Mithilfe wichtig ist, sondern weil sie denken: »Zum Leben gehören auch Pflichten, und du musst lernen sie zu erfüllen, auch wenn du keine Lust dazu hast!«

Ich möchte, dass mein Sohn Dinge aus Freude tut und nicht aus Zwang oder weil ich ein Bedürfnis nach Ordnung habe. Wenn ich wirklich Unterstützung brauche, dann bitte ich darum. Und wenn ich ein »Nein« als Antwort erhalte, dann finde ich andere Möglichkeiten oder erfülle mein Bedürfnis selbst.

Videospiele und Fernsehen

»Das ausgiebige PC-Spielen meines Kindes macht mir Angst. Wir haben darum ständig Ärger und ich mache mir Sorgen. Was kann ich tun?«

Computerspiele und Fernsehen sind beliebte Strategien, nicht nur bei Kindern. Es geht um Bedürfnisse wie Kreativität, Entspannung, Selbstwirksamkeit und Unterhaltung.

André Stern, Freilerner, Autor und Musiker macht uns auf einen Aspekt aufmerksam, der uns Eltern eine große Chance bietet, sich mit dem Erleben unserer Kinder zu verbinden: »Wo in dieser Welt können sich Kinder, außerhalb eines Videospiels, noch als Helden erleben?«

Exzessives Videospielen ist womöglich oftmals eine Kompensation für fehlende Beziehung und das hungrige Bedürfnis, sich (für andere) wertvoll zu fühlen. Wenn Eltern die Strategie »Videospiel« einschränken, dann wünschte ich, sie gäben an anderer Stelle etwas zurück: Gemeinsame Spielzeit, ungeteilte Aufmerksamkeit und eine Vielfalt von Angeboten, die Bedürfnisse nach Kreativität und Selbstwirksamkeit nähren können.

Was meiner Angst in Bezug auf Computerspiele und Fernsehen guttat:

- Neugier: Als ich beschloss, Lukas nicht mehr alleine vor seinem Bildschirm sitzen zu lassen, sondern ihm zuzuschauen, entdeckte ich, welche Lernmöglichkeiten sich boten, was es aus Lukas' Perspektive alles zu entdecken gab und wie viel Freude dabei entstehen kann.
- Gemeinschaft: Wenn wir davon ausgehen, dass Medien ein wichtiges Element unserer Zeit sind, kann ich mich fragen, wie es sich für uns als Familie nutzen lässt. Spielabende vor der Wii können zu einer Aktivität werden, in der das Bedürfnis nach Gemeinschaft ebenfalls berücksichtigt ist.

- Wachstum: Bei Gewitter das Internet zu befragen, um etwas über Blitze zu erfahren, ist spannend, und es breitet sich innerhalb kürzester Zeit eine Begeisterung aus, die ansteckend wirkt. Wenn wir einmal entdeckt haben, dass lernen nicht auf die Schule begrenzt ist, dann eröffnet sich eine ganz neue Welt – der Alltag bietet unzählige Möglichkeiten, Neues zu entdecken, etwas auszuprobieren und Wissen zu erweitern. Das Internet hält (innerhalb eines sicheren Rahmens) auch schon für junge Menschen eine unglaubliche Vielfalt an Wissen bereit. Wenn wir als Eltern gemeinsam mit unseren Kindern »Lernende« sind, anstatt uns ausschließlich mit der Rolle des »Lehrenden« zu identifizieren, dann entsteht Beziehung, Verbundenheit und gemeinsames Wachstum.
- Unterstützung zur Selbstfürsorge: Ich habe mit Lukas die Vereinbarung getroffen, dass ich ihn beraten darf. Ich mache Angebote für Bewegungsspiele, stelle Getränke und frisches Obst bereit und lade zu Spaziergängen ein, damit die Augen auch mal etwas anderes sehen.
- Beratung (nach Einverständnis), wie Lernen geschieht: Ich habe Lukas erklärt, dass die meisten Verbindungen und Vernetzungen im Gehirn geschehen, wenn Erfahrungen gemacht werden. Erfahrungen, in denen die Hände etwas greifen dürfen, die Beine sich bewegen und die Augen unterschiedliche Dinge sehen können. Darauf komme ich im Gespräch mit ihm zurück, wenn ich die Sorge in mir wachsen spüre.

Oma und Opa machen alles ganz anders

»Ich bin auf die Betreuung durch meine Schwiegereltern angewiesen. Die beiden denken vollkommen anders über Erziehung. Und vieles finde ich total blöd.«

Unsere Möglichkeiten, die Umgebung unserer Kinder zu gestalten, sind begrenzt und nehmen mit wachsender Eigenständigkeit weiter ab. Kindergarten, Schule, Besuche bei Freunden oder Verwandten, all dies sind

Bereiche, in denen es andere Absprachen gibt und Beziehungen miteinander entwickelt werden, an deren Gestaltung wir nicht beteiligt sind.

Dort machen Kinder ihre eigenen Erfahrungen – ohne uns. Auch, wenn wir uns manches anders wünschen, wir mit einigem nicht einverstanden sind: Das »Außen« ist ebenso Teil der Welt unserer Kinder wie ihr Zuhause. Es ist die Welt, in der unsere Kinder einmal leben werden – darum ist es wichtig, bereits eine Vorstellung über die Zusammenhänge und Strukturen entwickelt zu haben, wirksame Strategien zu kennen und zwischenzeitlich immer wieder in ein geschütztes Zuhause zurückkehren zu können.

Das ist unser Einflussbereich: Hier können wir unsere Kinder voll Liebe willkommen heißen: »Wie ist dein Tag gewesen? Magst du erzählen, was du erlebt hast?« Wenn unsere Kinder schmerzhafte Erfahrungen machen, können wir ihnen einfühlsam zuhören: »Wie war das für dich, was brauchst du? Was kann ich beitragen, damit es dir gut geht?« Wir können unsere bedingungslose Unterstützung anbieten und unseren Kindern helfen, wenn sie in Not geraten. Gerade bei kleineren Kindern ist es manchmal unerlässlich, zu ihrem Schutz einzugreifen.

Vor allem aber können wir ihnen einen liebevollen Blick auf die Welt schenken und ihnen vorleben, in der Andersartigkeit die Schönheit zu sehen. Das bedeutet, dass wir andere Menschen nicht verurteilen, wenn sie unseren Kindern auf eine Weise begegnen, die wir uns anders wünschen, sondern bereit sind, ihre guten Absichten zu berücksichtigen.

Wir können unsere Kinder wissen lassen: »Wenn du in die Welt hineingehst, nimmst du dein inneres Leuchten mit, und ich weiß, dass dort ganz viel Schönes auf dich wartet!« Wir können das Vertrauen unserer Kinder stärken, indem wir unseren Fokus auf die Fülle des Lebens richten und die unzähligen kleinen Momente zelebrieren, in denen sich unsere Bedürfnisse erfüllen.

Irritation und Befremdung

»Ich möchte sehr gern in die Haltung der Gewaltfreien Kommunikation hineinwachsen, aber viele Menschen reagieren total befremdet auf meine neue Art zu sprechen. Das verunsichert mich total und ich weiß nicht, wie ich damit umgehen kann.«

Ja, für nahestehende Menschen kann es irritierend oder gar verletzend sein, uns plötzlich auf neue Art und Weise sprechen zu hören. Einerseits haben wir im Laufe der Zeit eine Weise des Ausdrucks zusammen entwickelt – das betrifft uns beide. Wenn einer allein entscheidet, daran etwas zu verändern, löst das vielleicht den Gedanken aus: »Mir wird etwas weggenommen.«

Andererseits: Wer mit der Gewaltfreien Kommunikation beginnt, ist erfahrungsgemäß erst einmal im Kopf und wenig im Herzen – in der guten Absicht, alles »richtig« zu machen. Bei unserem Gegenüber kann dies zu dem Eindruck führen, es ginge gar nicht wirklich um ihn, oder wir erscheinen ihm plötzlich fremd.

Außerdem hat die Gewaltfreie Kommunikation Gefühle und Bedürfnisse im Fokus. Darüber zu sprechen, fühlt sich für viele Menschen höchstpersönlich an. Einfühlsam gefragt zu werden oder ganz direkt etwas über die Gefühle eines anderen zu erfahren, kann sich schnell »zu nah« anfühlen.

Übrigens: Ich habe mich anfangs häufig dabei ertappt, übergriffig zu sein. Ich habe Methodik benutzt, um recht zu haben (»Meine Idee von Wertschätzung ist die richtige«), zu belehren (»Dir ist aber schon klar, dass das ein Urteil ist?«) und um andere zu überzeugen (»Du solltest diesen Weg besser auch gehen!«). Gute Beispiele dafür, was achtsame Kommunikation nicht ist.

Was fühle ich? Was brauche ich? Worum könnte ich bitten? Das ist der Bereich, in dem Gewaltfreiheit und Achtsamkeit beginnt. Es ist nicht notwendig, Partner, Kinder und Freunde für dieselben Ziele zu gewinnen oder sie zu überzeugen, damit eine neue Achtsamkeit im Miteinander entstehen kann.

Ich möchte meinem Kind GFK beibringen.

»Wie mache ich das am besten?«

Erfahrungsgemäß stellen sich diese Frage viele Eltern, die erstmals mit GFK in Berührung kommen. Um ehrlich zu sein, macht mir diese Frage Sorge und darum rate ich stets zu großer Wachsamkeit und Selbstreflexion. Kindern die Inhalte der Gewaltfreien Kommunikation zu vermitteln, um ihre Strategienvielfalt zu bereichern und gemeinsam Achtsamkeit im Familienalltag zu leben, kann etwas sehr Kostbares sein.

Wenn sich dahinter aber die bewusste oder unbewusste Absicht verbirgt, Kinder nach den eigenen Wünschen formen zu wollen, oder eine Verantwortung zu teilen, die allein bei uns Eltern liegt, wird aus diesem Wunsch schnell eine höchst manipulative Maßnahme. Du kannst sagen, was du willst, deine Kinder machen dir sowieso alles nach.

Dass Eltern ihren Kindern etwas beibringen möchten, was sie selbst nicht leben, ist ein häufiges Phänomen. So wünschen wir unseren Kindern oftmals gerade das, was uns selbst vermeintlich »fehlt«. Wir predigen vieles, was für uns selbst (ganz insgeheim) nicht gilt.

Es ist wichtig, sich bewusst zu machen, dass wir die Gewaltfreie Kommunikation in ihrer Schönheit nur vermitteln können, wenn wir sie selbst (vor)leben.

Der Schritt, bei sich selbst zu beginnen, die Gesamtverantwortung für die Beziehung zu unseren Kindern zu übernehmen und das, was wir sagen, selbst zu leben, ist unverzichtbar. Und letztlich ist es vollkommen ausreichend, die Gefühle und Bedürfnisse unserer Kinder wahrzunehmen und unsere eigenen auszudrücken. Wir können uns stets an dem »Was brauchst du, was brauche ich«-Mantra orientieren und, nachdem wir unsere Kinder einfühlsam gehört haben, auch die Gefühle und Bedürfnisse anderer Beteiligter vermuten.

Wenn wir unsere Absicht überprüft haben und Inhalte spielerisch und erwartungsfrei vermitteln möchten, kann zum Beispiel ein Projekt wie

»Giraffentraum« von Frank und Gundi Gaschler beitragen. Mehr darüber kannst du auf Seite 299 erfahren.

Bitte beachtet folgende Aspekte, wenn du dich entscheidest, deine Kinder zu konkreten Übungen einzuladen:

- Die Übungen stellen Angebote dar.
- Die Beziehung und Nähe zueinander gehen stets vor.
- Keine Erwartungshaltungen.
- Erwachsene und Kind sind beide zu gleichen Teilen Lernende und Übende.
- Kein Belehren, sondern Zeigen.

Weitere spielerische Elemente:

- Die Gefühlsmonsterkarten (ein Kartenset, welches verschiedenste Gefühlsausdrücke zeigt),
- Pantomime spielen und die Gefühle erraten,
- Handpuppenspiele, bei denen das Publikum gefragt wird, was die Akteure gerade fühlen und brauchen,
- beim Lesen in Büchern pausieren, gemeinsam überlegen, welche Gefühle und Bedürfnisse in den Protagonisten lebendig sind,
- in der Familienkonferenz trägt jeder vor, in welchen Momenten er sich traurig, entspannt oder wütend gefühlt hat und welche Bedürfnisse erfüllt oder hungrig waren.

Bewertungen aus der Kinderperspektive

Bitte sei besonders achtsam, wenn es um das Thema Bewertungen geht: Evelyn nennt andere ständig »böse« oder »gemein«. Die Kinder untereinander bewerten auch ohne Ende. Bisher sage ich Dinge wie »kein Mensch ist böse« oder erkläre, dass »gemein« ein Urteil ist. Es ist doch richtig, meinem Kind möglichst früh beizubringen, auf solche Bewertungen zu verzichten, oder?

Für Kinder haben Bewertungen eine wichtige Bedeutung: Sie helfen ihnen, unsere Welt zu begreifen und ein Verständnis davon zu entwickeln, was die meisten Menschen unter richtig und falsch verstehen. Ihnen Bewertungen vorzuenthalten und zu erwarten, dass sie selbst davon nicht mehr Gebrauch machen, würde ihnen eine wichtige Orientierung nehmen, sie überfordern und käme einer übergriffigen Belehrung gleich. Stattdessen können wir nachfragen, was andere Menschen getan haben, das sie »böse«, »gemein« oder »ungerecht« macht, denn dadurch erfahren wir viel mehr über unsere Kinder. Wir können sie unterstützen, mit ihren Bedürfnissen in Kontakt zu kommen.

Strategievorschläge für das Familienleben

Familienkonferenz

In einem beliebigen Rhythmus treffen alle Familienmitglieder zusammen. Hier können alle wichtigen Anliegen gemeinsam angesehen werden:

- Neue Absprachen und Vereinbarungen,
- Erlebtes miteinander zu feiern und zu bedauern,
- Konflikte zu besprechen,
- Spiele zu spielen,
- neue Strategien zu finden.

Wir nutzen dabei gerne Bedürfniskarten – ein Set, aus dem man kleine Kärtchen auswählen kann, die unterschiedliche Gedanken, Gefühle und Bedürfnisse benennen. Auch die Konfliktkiste ist für uns eine wertvolle Ressource geworden – diese beinhaltet eine Vielfalt von Impulsen, die das gegenseitige Verständnis unterstützen. Die Herstellerangaben findest du im Kapitel »Literatur und Ressourcen«.

Beispiel:

Vorbereitung: Sich mit allen auf eine Zeit einigen. Tuch auslegen, darauf Bedürfniskarten ausbreiten, Kerze in die Mitte. Giraffenohren und Wolfshandpuppe bereitlegen.

- »Wie ist jeder Einzelne von uns gerade da? Was ist in uns lebendig?«
- Langsam werden die Bedürfniskarten vorgelesen, jeder sucht sich das Bedürfnis aus, das ihn am meisten anspricht.

- Jeder erzählt eine Situation, in der dieses Bedürfnis ganz erfüllt oder besonders hungrig war. Beispiel Lukas: Geborgenheit – Wenn Papa abends neben mir im Bett liegt. Unterstützung: Neulich hat J. mich festgehalten, als ich beinahe vom Baum gefallen wäre. Entwicklung/ Lernen: Als es neulich die Matheaufgaben in der Schule gab. Vertrauen: Ich habe J. ein Geheimnis erzählt und er hat es nicht weitergesagt.
- Jeder berichtet von einer Situation, in der er einem Wolf begegnet oder selbst zu einem geworden ist.
- Wer Lust hat, setzt sich die Giraffenohren auf und übersetzt in Giraffensprache.
- Abschluss und Dank für die Teilnahme.

Achtung: Beziehung geht vor! Es geht nicht darum, ein Familienmitglied zur Teilnahme zu zwingen. Die Familienkonferenz ist eine Strategie, um füreinander Zeit zu haben, sich nah zu sein, gemeinsam einen Raum zu öffnen. Sie ist ein Angebot, das jeder Einzelne annehmen oder ablehnen kann. Zentral ist immer die Frage: Was braucht jeder Einzelne, um sich dabei wohl zu fühlen? (Z. B. keine ungefragten Ratschläge, keine lauten Stimmen, jeder darf auch stiller Zuhörer sein.)

Ideen für die Familienkonferenz:

- Strategien den Bedürfnissen zuordnen.
- Dabei werden einige Bedürfnisse ausgewählt und auf Tonpapier geschrieben. Auf andersfarbiges Papier werden Strategien aufgeschrieben, die diese Bedürfnisse erfüllen können, und gemeinsam werden sie zugeordnet. Das Spiel veranschaulicht, wie viele unterschiedliche Strategien es für ein Bedürfnis gibt, und ermöglicht, einzelne Bedürfnisworte kennen zu lernen
- Aussuchen der Gefühlsmonsterkarten. Diese werden auf dem Tisch ausgelegt, und jeder sucht sich die Karten aus, die am meisten Resonanz bei ihm auslösen. Die Karten können zu ganz unterschiedlichen Themen gewählt werden: Wie bist du gerade »da«, wie geht es

dir? Wie hast du die letzte Zeit erlebt? In welchen Momenten waren Bedürfnisse erfüllt/unerfüllt, und wie hast du dich dabei gefühlt? In unserem Konflikt neulich ging es mir so – wie war es für dich? Wenn ihr an XY denkt, zeigt mal, wie es euch damit geht. Vorschlag XY, bitte zeigt mal, wie es euch damit geht.

- Bedürfniskarten auslegen. Jeder kann für sich auswählen, was er zu diesen Bedürfnissen erzählen will, welche Erfahrungen er damit gemacht hat. Zu Konflikten kann geklärt werden, worum es jedem Einzelnen geht, bevor eine Strategie gefunden wird, die alles im Blick hat.
- Widerstandskarten anfertigen. Wenn eine Strategie vorgeschlagen wird, kann jeder Karten von null bis zehn Widerstandsstimmen vergeben, bis eine Strategie gefunden wird, die für alle passt.
- Wertschätzungsketten basteln. Jeder erhält Papierstreifen, auf die er schreibt, wofür er dankbar ist oder was ihm am anderen gefällt. Die Streifen werden dann zu Ringen zusammengeklebt und miteinander zu einer Kette verbunden.
- Bedürfnisse und Gefühle raten. Jeder erzählt von einer Situation, und die anderen raten, welche Bedürfnisse bei ihm lebendig waren. Einer stellt pantomimisch Gefühle dar, die anderen erraten sie.
- Wolfsbotschaften übersetzen. (Anspruchsvoller). Einer spricht Urteile aus, und die anderen übersetzen diese in Bedürfnisse. Alternativ können die Eltern einen Konflikt mit Handpuppen vorspielen und die Kinder beim Erraten mit einbeziehen.
- Plakate basteln. Bei wiederkehrenden Konflikten können Plakate erstellt werden, auf denen Strategien aufgemalt werden, die zuvor besprochen wurden. Diese Plakate dienen als Erinnerungsstützen und schaffen Verbindung, wenn sie gemeinsam erarbeitet wurden. Auch in hilflosen Situationen können Selbstfürsorgestrategien verbildlicht werden. Zum Beispiel: »Wenn es Mama wieder passiert, dass sie laut wird, wie kannst du dann für dich sorgen, damit es dir gut geht?« oder »Wenn ihr geschützten Raum voreinander braucht, in den nie-

mand ungefragt hineinkommt, welche Strategien können euch dabei helfen?« (Z. B. Schild »Bitte anklopfen« basteln, Absprachen treffen, Anzeiger basteln, wie willkommen Besucher im Zimmer sind.)

Der Herzschlüssel

In manchen Situationen verlieren wir die Verbindung zu dem, was uns wichtig ist. Dann werden wir laut, angespannt und starr und folgen unseren Impulsen. Wenn das wiederholt geschieht, ist es wichtig, darüber miteinander in Kontakt zu sein. Wir können unsere Kinder wissen lassen, dass das nichts mit ihnen zu tun hat und wir uns darum kümmern werden.

Gleichzeitig können wir unsere Kinder um Unterstützung bitten, indem wir mit ihnen den Herzschlüssel besprechen. Dabei handelt es sich um eine vereinbarte Geste oder einen festgelegten Satz, der uns in unsere Herzkraft zurückbringt. Unsere Kinder sagen dann: »Mama, atme!« oder »Papa, Giraffenkraft!« Oder sie berühren uns an der Schulter, am Rücken, an unseren Händen.

Wenn der Schlüssel nicht passt und keine Wirkung zeigt, verlieren unsere Kinder das Vertrauen und fühlen sich hilflos. Darum ist es wichtig, ihnen nur Gesten und Sätze zu schenken, die auch wirklich die Kraft haben, uns in die Herzensenergie zurückzubringen!

Der Herzschlüssel macht nur Sinn, wenn es etwas gibt, das uns stark berühren kann und dazu beiträgt, dass unsere Kinder sich selbstwirksam fühlen können, anstatt unseren Emotionen ausgeliefert zu sein. Es darf auch nicht darum gehen, einem Kind die Verantwortung für unsere Gefühle oder das Gelingen einer solchen Strategie zu übertragen!

Eine Bitte: Wenn du auf solche Weise Unterstützung erfährst, dann fände ich Wertschätzung wichtig: »Danke, dass du etwas für mich beiträgst und mich an das erinnerst, was mir wichtig ist!«

Atmen

In herausfordernden Momenten möchte ich mich an die Ressource erinnern, die uns allen, überall und ständig, zur Verfügung steht: Unser Atem.

Wir können die Zeit zwischen Impuls und Handlung verlängern und uns entschleunigen, indem wir unserem Atem nachspüren. Wie unsere Brust sich hebt und senkt, wie die Luft an unseren Nasenflügeln ein- und ausströmt. Wir können beim Einatmen daran denken, dass Gefühle und Gedanken kommen, und beim Ausatmen daran, wie sie wieder gehen.

Mithilfe des bewussten Atmens können wir entschleunigen und den Kontakt zu unserem Inneren wiederaufnehmen. Auf dieser Ebene können wir zu unseren Kindern eine andere Qualität der Verbindung herstellen.

Familiengrundgesetz

»Wenn sich jemand nicht wohlfühlt, dann sprechen wir darüber! Wir sind bereit, einander zuzuhören, und suchen nach einer Lösung, die für alle Beteiligten in Ordnung ist!«

Dies könnte ein Familiengrundgesetz sein, das alle unterschreiben können. Zusätzlich können wir einander erlauben, uns in herausfordernden Situationen gegenseitig daran zu erinnern. Hierbei sollte jedes Familienmitglied selbst festlegen, auf welche Weise diese Erinnerung geschehen darf.

Die Giraffe zieht ein

Frank und Gundi Gaschler sind Begründer des GFK-Projektes »Giraffentraum«. Dieser Leitfaden unterstützt Kindergärten und Schulen dabei, Kindern die Grundlagen der Gewaltfreien Kommunikation näher zu bringen.

Eine kleine Giraffe – in Form einer Handpuppe oder eines Stofftieres – zieht bei den Kindern ein und zeigt, wie anhand der vier Schritte Konflikte friedlich gelöst werden können.

Inspiriert durch dieses Buch ist auch bei uns eine kleine Giraffe eingezogen, die Lukas lange Zeit sehr wichtig war.

Giraffenequipment

Um die Giraffensprache, also die bedürfnisorientierte Sprache, zu integrieren, haben wir einige Strategien entwickelt:

- Wir bastelten einen Giraffenstab, den Lukas uns überreichte, wenn er einfühlsam gehört werden wollte oder einer von uns zum Wolf geworden war.
- Ein Haarreif mit Giraffenohren hilft, sich das Einschalten des Giraffenkanals besser vorzustellen (und ja – es sieht lustig aus, aber ich bilde mir ein, Bedürfnisse so viel leichter hören zu können).
- Wir haben in besonders herausfordernden Zeiten eine Giraffenecke eingerichtet, in der Urteile und Bewertungen keinen Zutritt haben. Wenn ich in diese Ecke eintrete, dann trete ich gleichzeitig in eine mitfühlende Haltung ein.
- Wir nutzen ein Bedürfnis- und Gefühlskartenset sowie die Konfliktkiste.

Giraffen, vernetzt euch

Ich wünsche allen Eltern ein Netzwerk, in dem sie Inspirationen austauschen, sich gegenseitig unterstützen und einander einfühlsam hören können. Leider haben wir in unserer direkten Nähe oft keine Herzmenschen, die mit uns gemeinsam einen friedlichen, inneren Zustand kreieren und uns auf eine Weise aufladen, die es uns ermöglicht, auch unsere Kinder aufzufüllen.

Weil all dies einen so unendlichen Reichtum darstellt, möchte ich alle Eltern einladen, die unterschiedlichsten Quellen zu nutzen:

- Suche dir einen Empathiepartner – also eine Bezugsperson, mit der du in regelmäßigen Abständen in Kontakt bist. Ihr könnt herausfordernde Situationen anhand der vier Schritte bearbeiten, Vertiefungsübungen zusammen bearbeiten, doch vor allem einfühlsam hören, welche Situationen für euch schwierig waren und sind.
- Nimm an einer Telefongruppe teil. Hier gibt es ein vielfältiges, oftmals auch kostenloses Angebot. (Z. B. die Konflikthotline nach Miki Kashtan, oder die Gesprächsgruppen von Volkmar Richter, der nicht nur die Elternhotline leitet, sondern auch nach Robert Gonzales' Transformationspraxis beim mitfühlenden Zuwenden sich selbst gegenüber unterstützt.)

Übungen, um die Bedürfnissprache zu vertiefen

1. Erinnere dich an ein Urteil, das du in Bezug auf dich selbst oder über dein Kind hattest, und finde ein Bedürfnis, das sich hinter diesem Urteil verbirgt
2. Denke an etwas, das dein Kind getan hat, und vermute, welche Bedürfnisse es sich erfüllen wollte.
3. Schreibe eine Situation auf, in der du mit deinem Kind einen Konflikt hattest, und bearbeite sie anhand der vier Schritte (einmal für dich selbst und einmal einfühlsam aus Sicht deines Kindes).
4. Drucke dir eine Bedürfnisliste aus und überlege dir eine konkrete Strategie, um sie in deinen Wortschatz zu integrieren.
5. Denke an etwas, das dein Kind getan hat, und vermute, welche Bedürfnisse es sich erfüllen wollte.
6. Erinnere dich an eine Bitte, die du an dein Kind gestellt hast. Wie konkret war sie? Wurde sie erfüllt? Wenn ja: Was hat das für dich beigetragen? Wenn nein: Zu welchem Bedürfnis mag dieses »Nein« ein »Ja« gewesen sein? Welche andere Strategie hätte es gegeben, dir dein Bedürfnis selbst zu erfüllen?

Konflikte begleiten

Konflikte bieten ein breites Übungsfeld und ermöglichen zudem, mit den eigenen Anliegen Kontakt aufzunehmen und gleichzeitig auch die Bedürfnisse des Gegenübers zu berücksichtigen. Damit dies gelingt, brauchen Kinder die Unterstützung und Ressourcen ihrer Eltern:

1. Erfragen: Braucht hier jemand Unterstützung?
2. Anliegen mitteilen: Alle Beteiligten sagen nacheinander, worum es ihnen geht. »Was möchtest du, dass XY versteht?«
3. Wiederholen: Die anderen/der andere sagt, was angekommen ist und was er/sie verstanden hat. »Was hast du von XY gehört?«

4. Rückmeldung: XY meldet zurück, ob es richtig wahrgenommen wurde. »Stimmt das so für dich/Ist es das?«
5. Ideen: Alle Beteiligten sammeln Ideen, wie das Problem/der Konflikt gelöst werden kann. »Hat jemand Ideen, wie das Problem gelöst werden kann?«
6. Lösung: Rückmeldung, ob die Lösung so passend ist. »XY, passt das so für dich? Ist das in Ordnung für dich? Bist du einverstanden?«

Ich hoffe, dass die vorgeschlagenen Impulse für Wachstum und Verbindung in eurer Familie beitragen können. Mögen sie auch euer Vertrauen in die Strategienvielfalt nähren und dazu ermutigen, den Blumenstrauß an Möglichkeiten immerfort zu erweitern.

Übersichten

Gefühle, wenn Bedürfnisse erfüllt sind

Angenehm, angeregt, aufmerksam, aufrecht, ausgeglichen, beeindruckt, befriedigt, begeistert, behaglich, belebt, berauscht, berührt, beruhigt, besänftigt, bewegt, bezaubert, dankbar, eifrig, engagiert, enthusiastisch, entzückt, entspannt, elektrisiert, energiegeladen, erfreut, erfüllt, ergriffen, erleichtert, erstaunt, ermutigt, erregt, erwartungsvoll, fasziniert, frei, friedvoll, fröhlich, gebannt, geborgen, gelassen, gelöst, gespannt, getragen, glücklich, gut gelaunt, harmonisch, heiter, hingerissen, hocherfreut, hilfsbereit, hoffnungsvoll, humorvoll, inspiriert, interessiert, klar, konzentriert, kraftvoll, lebendig, leidenschaftlich, liebevoll, lustig, mitfühlend, munter, mutig, nah, neugierig, offen, offenherzig, optimistisch, prickelnd, ruhig, sanft, satt, sensibel, sicher, sorglos, spritzig, stark, stolz, schwungvoll, tapfer, teilnahmsvoll, unbesorgt, unbeschwert, vergnügt, verliebt, vertieft, vertrauensvoll, verwundert, vital, voller Energie, voller Lebenslust, voller Zärtlichkeit, voller Zuneigung, wachsam, weit, wohl, zart, zentriert, zufrieden, zuversichtlich, zugeneigt, überrascht, überströmend, überschwänglich, überwältigt.

Gefühle, wenn Bedürfnisse unerfüllt sind

Achtung, die folgende Liste dient insbesondere dazu, den Zugang zum inneren Erleben zu erleichtern. Sie enthält Gefühle, in die sich Interpretationen mischen. Weil diese Umschreibungen besondere Achtsamkeit erfordern, hebe ich sie hervor.

Wenn du bei einem dieser Worte Resonanz spürst, ist es lohnenswert, die hineingemischte Interpretation herauszufiltern und auf die Suche nach dem echten Gefühl dahinter zu gehen. Echte Gefühle lassen sich sinnvoll in den Satz »Ich bin ...« integrieren.

Beispiel: »Ich bin ärgerlich« oder »Ich bin ausgeschlossen«. Die letztere Formulierung enthält ein Pseudogefühl. Das echte Gefühl wäre möglicherweise »traurig«, »hilflos« oder »wütend«. Die Interpretation entspricht dem dazugehörigen Gedanken, z. B.: »Die wollen mich nicht dabeihaben« oder »Die halten sich für etwas Besseres«.

Abgeneigt, abgetrennt, abgespannt, alarmiert, allein, ambivalent, angespannt, angeödet, angewidert, apathisch, **argwöhnisch**, aufgewühlt, ausgehungert, ausgebrannt, auf der Hut, aus der Fassung geraten, außer sich, ängstlich, ärgerlich, bedauernd, beschämt, bekümmert, belastet, betroffen, betrübt, beunruhigt, **bitter**, blockiert, depressiv, deprimiert, desinteressiert, durcheinander, dürstend, **eifersüchtig**, einsam, elend, empört, energielos, entmutigt, entsetzt, enttäuscht, erbost, ernüchtert, erregt, erschöpft, erschlagen, erschrocken, erschüttert, erschöpft, erstarrt, erzürnt, fassungslos, **faul**, finster, frustriert, furchtsam, **gekränkt**, gelangweilt, gelähmt, genervt, gereizt, gerädert, gestresst, getrennt, gleichgültig, gequält, hart, **hasserfüllt**, hilflos, hoffnungslos, hungrig, innerlich zerrissen, irritiert, isoliert, kalt, kraftlos, kummervoll, leblos, lechzend, leer, leidend, leiderfüllt, lethargisch, matt, melancholisch, miserabel, **misstrauisch**, mutlos, mürrisch, neidisch, nervös, niedergedrückt, niedergeschlagen, ohne Schwung, ohnmächtig, panisch, peinlich berührt, perplex, pessimistisch, **rachsüchtig**, ratlos, resigniert, ruhelos, sauer, schlaff, schlapp, schlecht, schläfrig, schüchtern, schmerzerfüllt, schockiert, skeptisch, sorgenvoll, sprachlos, starr vor Schreck, still, stutzig, schwach, schwer, taub, traurig, träge, teilnahmslos, tot, trübsinnig, unbehaglich, ungeduldig, ungläubig, unruhig, unsicher, unter Druck, unverbunden, unwohl, unzufrieden, verängstigt, verbittert, verdrossen, verletzt, verspannt, verstört, verunsichert, verwirrt, verwundert, verzweifelt, voller Abneigung, wachsam, wund, wütend, überlastet, überrascht, **widerwillig**, wund, wütend, zappelig, zornig.

Bedürfnisliste

Achtsamkeit, Ästhetik, Alleinsein, Annahme, Akzeptanz, Anerkennung, Anregung, Aufmerksamkeit, Aufrichtigkeit, Ausgeglichenheit, Austausch, Authentizität, Autonomie, Beitragen, Berechenbarkeit, Berührung, Bestätigung, Beständigkeit, Bewegung, Bewusstsein, Dankbarkeit, Feiern, Fitness, Freiheit, Freude, Freundschaft, Frieden, Ganzheit, Geben, Geborgenheit, Gemeinsamkeit, Gemeinschaft, Gesellschaft, Gesundheit, Gleichwertigkeit, Glück, Handeln, Harmonie, Heilung, Herausforderung, Hilfe, Leichtigkeit, Mitgefühl, Mitteilung, Nähe, Nahrung, Offenheit, Ordnung, Orientierung, Privatsphäre, Respekt, Rhythmus, Rituale, Ruhe, Sättigung, Schaffen, Schönheit, Schutz, Sein, Selbstbestimmung, -entfaltung, -erkenntnis, -respekt, -verantwortung, -verwirklichung, -wertgefühl, -wertschätzung, Sexualität, Sicherheit, Sinn, Spaß, Spiel, Spiritualität, Stabilität, Stille, Verstehen, Weiterkommen, Wertschätzung, Wissen, Zärtlichkeit, Zeit, Zugehörigkeit, Zuhören, Zuneigung, Zusammenarbeit, Zuspruch, Zweckbestimmung.

Bedürfnisse in Kindersprache

Ist es dir wichtig, …

Achtsamkeit: … dass wir aufeinander aufpassen? Dass wir wissen, wie es uns gerade geht? Dass ich vorsichtig und sanft mit deinen Sachen bin?

Schönheit: … hier etwas beizutragen, damit es schön ist? Dass du anziehen kannst, was für dich schön aussieht?

Aufrichtigkeit: … dass du sagen kannst, wie es dir gerade geht und was für dich nicht passt?

Authentizität: … dass du dich so zeigen kannst, wie du bist? Dass du mit allen Gefühlen da sein darfst?

Autonomie: … dass du selbst über dich bestimmen kannst? Dass du mit deinem Nein gehört wirst? Dass du entscheiden kannst, wann du etwas tun willst?

Beitragen: … dass du etwas beitragen kannst, damit es uns allen zusammen gut geht? Willst du helfen?

Bewegung: … dass du toben und spielen kannst, deine Füße und Hände etwas zu tun haben?

Ehrlichkeit: … dass wir die Wahrheit sagen? Dass du darauf vertrauen kannst, dass es ernst gemeint ist?

Empathie: … dass jemand wirklich zuhört, wie es dir geht? Versteht, wie sich das für dich anfühlt?

Fairness: … dass jeder bekommt, was er braucht? Für alle gesorgt ist?

Feiern: … dass du zeigen kannst, wie viel Spaß dir das macht? Freude teilen kannst?

Freiheit: … dass du tun kannst, was dir gerade gut tut? Sich richtig anfühlt?

Frieden: … dass sich alle vertragen? Es uns gut zusammen geht? Wir freundlich zueinander sind?

Gehört werden: … dass dir jemand zuhört? Sich Zeit für dich nimmt?

Gemeinschaft: … dass wir alle zusammen sind? Alle dazugehören? Füreinander wertvoll sind? Gemeinsam Spaß und Freude haben?

Harmonie: … dass wir entspannt zusammen sind und nicht streiten oder schreien?

Unterstützung: … dass dir jemand hilft? Wir zusammen eine Idee finden? Ich bei dir bin?

Individualität: … dass du deine eigenen Ideen ausprobieren kannst? Dinge auf deine Art und Weise tun kannst?

Klarheit: … dass du weißt, was als Nächstes dran ist? Was jemand von dir möchte? Dass du deutlich machen kannst, was du willst?

Kontinuität: … dass es sich vertraut anfühlt? Dass es genau so ist, wie du es kennst?

Kreativität: … dass du gestalten kannst? Entdecken kannst? Etwas Neues herausfinden? Dich ausprobieren?

Leichtigkeit: … dass alles einfach ist? Sich das ganz leicht anfühlt?

Liebe: … dass andere dir zeigen, wie lieb sie dich haben? Sich Zeit nehmen, zu hören, wie lieb du sie hast?

Ordnung: … dass alles den Platz hat, den du ihm gegeben hast? Dass du schnell finden kannst, was du brauchst?

Rücksichtnahme: … dass andere hören, was du brauchst? Es nicht nur darum geht, was einer will und braucht?

Ruhe/Entspannung: …dass du für dich sein kannst? Es leise hast? Wieder Kraft finden kannst?

Sicherheit: …dass du keine Angst hast? Du dich in Sicherheit fühlst? Geschützt und geborgen bist? Jemand auf dich aufpasst?

Sinn: … dass du verstehst, warum es diese Aufgabe/Regel gibt? Du sehen kannst, wozu das gut ist? Du herausfindest, was für dich selbst gut und richtig ist? Was dir Freude bereitet? Was dir leicht fällt und dir guttut?

Spiel: … dass du spielen kannst? Jetzt Zeit hast, um dein Spiel weiter zu spielen?

Spaß: … dass du Freude daran hast?

Trauern: … dass du weinen darfst und getröstet wirst?

Verbindung: … dass du spürst, dass wir zusammengehören? Dass wir Zeit miteinander verbringen? Uns zuhören, worum es uns geht? Hier einfach ein bisschen zusammen sind? Ich in deiner Nähe bin?

Verlässlichkeit: … dass Dinge so passieren, wie es vorher gesagt wurde? Du genau weißt, was als Nächstes passiert? Alle sich an die Absprachen halten?

Vertrauen: … dass du weißt, wie lieb ich dich habe, auch wenn ich mal laut werde? Dass du alles bekommst, was du brauchst? Das Leben gut für dich sorgen wird? Du das schaffen kannst?

Wachstum: … dass du etwas Neues erfährst? Erfahrungen machen kannst? Etwas herausfinden kannst?

Wechselseitigkeit: … dass alle mal geben und mal nehmen?

Wertschätzung: … dass du hören kannst, wie wertvoll es für andere ist, was du tust? Du zeigen kannst, wofür du dankbar bist? Du teilen kannst, was du geschafft hast?

Zugehörigkeit: … dass niemand alleine sein muss, wenn er es nicht sein will? Dass jeder mitspielen darf? Dass du spürst, dass du auch ein Teil der Gruppe bist?

Wiederkehrende Missverständnisse in der Gewaltfreien Kommunikation

»Wenn ich in den vier Schritten spreche, bin ich gewaltfrei!«

Nein. Eine Sprache wird nicht durch das Anwenden einer Technik oder den Gebrauch bestimmter Worte gewaltfrei, sondern durch die innere Haltung.

»Gewaltfreiheit bedeutet, immer sanft zu sein, sich mit allen Menschen empathisch zu verbinden und keine Urteile mehr zu haben!«

Nein. Die Gewaltfreie Kommunikation hat zum Ziel, dass wir in erster Linie gewaltfrei mit uns selbst sind und unsere Bedürfnisse achten – also die Verbundenheit mit uns selbst. Es geht auch nicht darum, Gewalt aus dem Leben zu verbannen, sondern sie auf eine mitfühlende und eigenverantwortliche Weise zu integrieren.

»Irgendwann »kann« man GFK.«

Nein. Gewaltfreiheit anzustreben, ist ein lebenslanger Prozess. Unsere mitfühlende Energie ist nicht plötzlich für immer vorhanden, weil wir ihren Wert verstanden haben. Sie will ein Leben lang genährt werden, damit wir aus ihr als Quelle schöpfen können.

»Das ist keine GFK.«

Anderen Menschen zu sagen, dass sie nicht gewaltfrei seien, ihre Aussagen gewaltvoll wären oder all ihr Handeln nichts mit GFK zu tun hätte, ist eine Bewertung.

> *»Wer in anderen einen Wolf sieht, ist selber einer.«*
> *»Willst du recht haben oder glücklich sein?« –Marshall Rosenberg*

»Gewaltfreie Kommunikation funktioniert nicht.«

Manche Menschen, die sich mit der GFK auseinandersetzen, sind von der ständigen Sorge begleitet, dass sie »nicht funktionieren« könne – oder bemühen sich über alle Grenzen hinaus, mit gewaltvollen Menschen eine Verbindung aufzubauen, um sich zu beweisen, dass es »funktioniert«.

Dass Gewaltfreie Kommunikation nicht »funktioniert«, ist unmöglich! Wenn wir sie als Haltung begreifen, wissen wir, dass sie vollkommen unabhängig vom Außen ist. Möglicherweise begegnen wir Menschen, die kein Interesse haben, mit uns in Kontakt zu sein, über Bedürfnisse zu sprechen oder gemeinsam nach Lösungen zu suchen. Dann können wir zu uns selbst zurückkehren und uns mit unseren Bedürfnissen verbinden, sowie mitfühlend mit dem sein, was das in uns ausgelöst hat.

Lösungsvorschlag für die »Einladung zum Üben« im Kapitel »Das innere Kind« auf Seite 175

»Wenn du mich fragst, ob ich dich ins Kino bringen kann, dann bin ich hin- und hergerissen. Einerseits möchte ich wirklich gern etwas für dich beitragen, und gleichzeitig habe ich auch Sehnsucht danach, mich zu erholen!« »Ist es für dich in Ordnung, wenn ich dir Geld für ein Taxi gebe?«, »Wärst du bereit, mit dem Fahrrad hinzufahren? Ich kann dich später abholen und es im Kofferraum mitnehmen – bis dahin würde ich gern XY tun!« »Lass uns die Mutter von Benni fragen, ob sie einverstanden ist, euch zu fahren. Ich kann euch am nächsten Wochenende zu XY bringen!«

Lieber Leser, liebe Leserin,

hiermit sind wir am Ende unserer gemeinsamen Reise angelangt. Wir haben uns die Grundlagen der Gewaltfreien Kommunikation angesehen, vieles über die Schönheit der Einfühlung erfahren, uns der bedingungslosen Liebe zugewendet und uns mit unserem Kind sowie der Integrität unserer eigenen Kinder auseinandergesetzt. Ich möchte mich ganz herzlich für deine Aufmerksamkeit bedanken und hoffe, dass dich viele Zeilen bewegen, berühren, inspirieren konnten. Möglicherweise haben sich bei dir Fragen ergeben – denn Fragende sind bereits auf dem Weg zu ihren eigenen, höchstpersönlichen Antworten.

Ich wünsche dir von ganzem Herzen, dass dich die Verbindung zu dir selbst in herausfordernden Zeiten tragen kann und es dir gelingt, immer mehr so zu handeln, wie es deiner Einstimmigkeit entspricht.

Kleines Geschenk: Geschichte für Kinder

Lena kommt aus der Schule nach Hause. Den Unterricht hat sie heute als besonders anstrengend erlebt. Ihr Kopf schmerzt, alle Geräusche kommen ihr unangenehm laut vor, und sie sehnt sich danach, auszuruhen und ein wenig zu schlafen.

Als sie die Haustür öffnet, hört sie Musik aus Timms Zimmer. Heute ist der Tag, an dem Mama und Papa beide erst am späten Nachmittag kommen. Lena klopft an Timms Tür, und als er nicht antwortet, reißt sie diese ärgerlich auf. Timm sitzt an seinem Schreibtisch und sein rechter Fuß wippt im Takt der Musik. »He«, ruft Lena, »stell die Musik ab, ich will schlafen!« Ohne sich umzuschauen, entgegnet Timm: »Raus, das ist mein Zimmer!« Wütend läuft Lena zu dem Radio, dreht es herunter und lässt Timm wissen: »Ich leg mich jetzt hin, lass die Musik leise!«

Als ihr kleiner Bruder nicht antwortet, verlässt sie das Zimmer und knallt die Tür hinter sich zu. Sie wirft die Schultasche in eine Ecke und lässt sich auf ihr Bett fallen. In diesem Moment ertönt die Musik von Neuem. Wieder läuft Lena in Timms Zimmer und schreit nun, so laut sie kann: »Mach die Musik aus, sonst rufe ich Mama und Papa an!« Diesmal steht Timm auf und kommt auf sie zu. Lena kann sehen, dass Timm auch ärgerlich ist. »Das ist mein Zimmer und ich kann hier so laut Musik hören, wie ich will!«, ruft er. Dann schiebt er Lena einfach durch die offene Tür hinaus, und Lena hört, wie Timm den Schlüssel im Inneren umdreht.

Sie trommelt noch ein paar Mal gegen die Tür, aber ihr Bruder reagiert nicht mehr. Auch nachdem Mama und Papa nach Hause gekommen sind und die Musik längst abgestellt ist, hat Lena noch eine Riesenwut auf Timm. Im Bett kann sie nicht einschlafen, obwohl sie sich furchtbar müde fühlt. Sie spürt den Ärger wie einen heißen, roten Ball in ihrem Bauch. Ihr Kopf ist voll mit ärgerlichen Gedanken über ihren Bruder. Sie nimmt sich vor, morgen kein Wort mehr mit ihm zu sprechen. Und wenn er sie das nächste Mal um Hilfe bittet, wird sie nein sagen!

Einige Minuten später schreckt Lena hoch: Kurz bevor sie eingeschlafen ist, hat sie ein leises Geräusch am Fenster bemerkt. Sie lauscht einen Moment angespannt in die Dunkelheit, dann hört sie es wieder: Ein Kratzen an der Scheibe. Lena schwingt sich aus dem Bett und tapst zum Fenster, hinter dem rabenschwarz der Garten liegt. Sie öffnet es einen Spalt, und kühle Nachtluft weht ihr entgegen.

Plötzlich steigt eine winzig kleine Giraffe über das Fensterbrett, setzt sich und schaut sie mit großen Augen an. »Wer bist du denn?«, will Lena wissen. »Und warum bist du so winzig?« Die kleine Giraffe sortiert umständlich ihre Beine, dann hüpft sie wie selbstverständlich auf Lenas Ärmel und klettert von dort aus auf ihre Schulter. »Ich würde dir gern etwas über die Giraffensprache erzählen. Hast du Lust darauf?«

Lena lässt sich aufs Bett fallen – ganz sanft, damit die kleine Giraffe nicht von ihrer Schulter purzelt. »Was ist die Giraffensprache?«, will Lena wissen. Die kleine Giraffe pustet eine Haarsträhne fort, die sie an der Nase kitzelt, und entgegnet dann: »Es ist eine Herzsprache. Mit ihr kannst du sagen, was du brauchst und fühlst, und kannst hören, was andere brauchen.«

»Dauert es lange, die Sprache zu lernen?«, will Lena neugierig wissen. »Lass uns eine Reise machen!«, schlägt die kleine Giraffe vor, und Lena ist einverstanden. Sie fühlt ein Kribbeln im Bauch und ein Flirren im Kopf, und dann steht sie plötzlich wieder vor der Haustür und hört die Musik, die aus Timms Zimmer klingt. »Wie fühlst du dich?«, möchte die kleine Giraffe wissen, die immer noch auf Lenas Schulter sitzt. »Mein Kopf tut weh und ich bin müde«, sagt Lena. »Und was brauchst du jetzt, was würde dir jetzt besonders gut tun?«, fragt die Giraffe. Lena überlegt einen Augenblick, dann sagt sie: »Ich brauche, dass Timm die Musik ausstellt, weil ich schlafen will!«

Die Giraffe stupst Lena sanft an den Hals und vermutet dann: »Sehnst du dich nach Ruhe und Entspannung? Und ist Schlaf gerade die beste

Möglichkeit, wie du wieder Kraft tanken kannst?« »Ja«, sagt Lena und ist erstaunt, wie schön es sich anfühlt, dass die kleine Giraffe so genau versteht, was sie braucht. »Wie wäre es, wenn wir zu Timm gehen und du ihn das wissen lässt?«, schlägt die Giraffe vor. Lena nickt, lässt ihren Ranzen fallen, steigt die Treppe hoch und klopft an Timms Zimmertür.

Als Timm die Tür nicht öffnet, schaut sie fragend zur kleinen Giraffe, die ihr aufmunternd zunickt. Lena klopft noch einmal, so laut sie kann, und diesmal öffnet Timm die Tür. »Timm«, ruft Lena, bemüht die Musik zu übertönen. »Ich hatte heute einen anstrengenden Tag. Die Lehrerin hat mit mir gemeckert und Nele war wütend auf mich. Ich brauche dringend etwas Schlaf. Kannst du die Musik ausstellen?« Timm dreht die Musik etwas leiser und will wissen, warum die Nele wütend auf seine Schwester ist.

»Ich erzähl es später, ich will mich jetzt hinlegen!«, entgegnet Lena.

Timm sagt: »Bei mir war es heute aber auch anstrengend, und ich hab mich schon die ganze Zeit drauf gefreut, jetzt Musik zu hören!« Die kleine Giraffe lässt sich von Lenas Schulter rutschen und plötzlich wird alles still. Auch Timm ist mit einem Mal still, wie eingefroren, genau wie ein Video, das auf Stopp gestellt wird.

»Kannst du hören, dass Timm auch einen anstrengenden Tag hatte und gerade genauso versucht, gut für sich zu sorgen wie du?«, möchte sie von Lena wissen. »Ja, aber Timm will ja auch nicht schlafen!«, sagt Lena ratlos. »Timm sehnt sich nach etwas Spaß. Wahrscheinlich ist Musik hören für ihn auch eine Möglichkeit, sich zu entspannen, so wie für dich das Schlafen. Im Grunde geht es euch beide um dasselbe, ihr nutzt nur unterschiedliche Lösungen. Was meinst du?« Fragend schaut die kleine Giraffe zu Lena. Die zuckt mit den Schultern und will wissen: »Und was machen wir jetzt?«

Die Giraffe wird ganz fröhlich und lebhaft. »Das ist mein Lieblingsmoment. Wo man genau weiß, was allen guttut und nach einer Lösung suchen kann, die für alle okay ist.« Aufgeregt wackelt ihr kleines Schwänzchen, dann kehrt wieder Lebendigkeit in alles, was Lena umgibt. Timm kickt einen Baustein vor seinen Füßen Richtung Bett und will sich gerade wieder an seinen Schreibtisch setzen. Lena berührt ihn an der Schulter und sagt: »Du, hast du eine Idee, wie du Musik hören kannst und ich trotzdem nebenan Ruhe habe?« Erstaunt, aber neugierig wendet Timm sich ihr erneut zu und schlägt vor: »Du könntest die Ohropax von Papa nehmen. Oder ich setze die Ohrhörer auf, bis du ausgeschlafen hast.« Lena spürt jetzt Freude im Bauch, und mit einem Mal fällt es ihr ganz leicht, weitere Ideen zu haben: »Ich könnte auch unten ins Gästezimmer gehen. Wenn du ein bisschen leiser machst, dann kann ich bestimmt schlafen.« Timm ist einverstanden, und Lena fühlt in ihrem Herzen ein ganz warmes und verbundenes Gefühl. Kurz darauf ist sie wieder in ihrem Bett und um sie herum ist alles dunkel. »Kleine Giraffe«, flüstert sie, denn nun kann sie die Augen kaum noch offen halten. »Das hat Spaß gemacht. Ich hab nicht gewusst, dass es so leicht sein kann. Wirst du wiederkommen, wenn es schwierig wird?«

»Ich komme wieder, wenn du mich brauchst!«, verspricht die Giraffe und bleibt am Bett sitzen, bis Lena eingeschlafen ist.

Danksagung

Möglicherweise haben sich bei dir viele Fragen ergeben. Das freut mich, denn wer fragt, ist bereits auf dem Weg zu seinen eigenen Antworten.

Ich danke Lilit, meinem Herzensmenschen, die mich nicht nur als Mutter inspiriert hat, sondern mir auch das Geschenk ihrer bedingungslosen Liebe macht. Danke, dass du bereit bist, »Hebamme« für dieses Buch zu sein, und an mich geglaubt hast, wenn ich es am meisten gebraucht habe!

Ich danke dem tologo verlag von Herzen dafür, dass er das Manuskript zum Leben erweckt hat. Ohne euch wäre es vielleicht niemals geboren worden.

Ich bedanke mich herzlich bei Katia Saalfrank, die sich die Zeit genommen hat, mich mit ihrem Vorwort zu unterstützen. Ein herzlicher, angenehmer und warmer Kontakt.

Ich danke Helga Hentschel, die mir immer wieder neue Inspirationen schenkt und mich in besonders herausfordernden Situationen unterstützt hat.

Danke, Volkmar Richter. Du hast mir gezeigt, was einfühlsames Zuhören bedeuten kann, und mir damit ein großes Geschenk gemacht.

Ich bin Marshall Rosenberg dankbar, der mein Leben auf so vielfältige Weise bereichert hat. Ich bin traurig, dass es keine Gelegenheit mehr geben wird, Herrn Rosenberg persönlich zu begegnen.

Ich danke Tassilo Peters, der mich wieder für meinen Weg begeistern konnte, nachdem ich ihn beinahe resigniert verlassen hätte.

Ich danke den Mitgliedern der »unerzogen«-Facebook-Gruppe, die mich immer wieder wach machen.

Ich danke all jenen Eltern, die mir ihr Vertrauen geschenkt haben und mit denen ich gemeinsam wachsen darf.

Am allermeisten danke ich meinem Kind. »Wer wäre ich, wenn es dich nicht gäbe? Ich liebe dich!«

Ich danke meinem Mann, der mir so viel Freiraum zum Schreiben geschenkt und bedingungslos an mich geglaubt hat.

Literatur und Ressourcen

Alice Miller: Am Anfang war Erziehung. Suhrkamp, 1981

Britta Hahn: Mama, warum schreist du so laut? Wut in Gelassenheit verwandeln. Junfermann, 2010

Byron Katie: Lieben was ist. Wie vier Fragen ihr Leben verändern können. Arkana, 2002

Franziska Klinkigt: Wer sein Kind liebt … Theorie und Praxis der strukturellen Gewalt. tologo, 2015

Ingrid Holler, Vera Heim: KonfliktKiste. Konflikte erfolgreich lösen mit der Gewaltfreien Kommunikation. Junferman, 2005

Katja von Gizycki: Kartenset zur Gewaltfreien Kommunikation. Spree-Druck, 2011

Marshall B. Rosenberg: Konflikte lösen durch Gewaltfreie Kommunikation: Ein Gespräch mit Gabriele Seils. Herder, 2014

Mike Hellwig: Befreie dein inneres Kind. Herder, 2007

Naomi Aldort: Von der Erziehung zur Einfühlung. Wie Eltern und Kinder gemeinsam wachsen können. Arbor, 2008

Serena Rust: Wenn der Wolf mit der Giraffe tanzt. Koha, 2006

Vivian Dittmar: Kleine Gefühlskunde für Eltern. Wie Kinder emotionale & soziale Kompetenz entwickeln. VCS Dittmar, 2014

ISBN: 978-3-937797-65-6
310 Seiten, 19,90 EUR [D]

Roundspeak Meetings

Wie effektive Meetings gelingen – Ein Handbuch

von: Bas Rosenbrand

Eine praktische Anleitung zum Schaffen effektiver Meetings mit aktivem Zuhören, konstruktiven Problemlösungen und klaren Entscheidungen. Die Methode Roundspeak basiert auf 14 Jahren Erfahrung in der Arbeit mit verschiedenen Teams.

https://www.tologo.de/roundspeak-meetings/

ISBN: 978-3-937797-56-4
207 Seiten, 19,90 EUR [D]

Das vegane Breifrei Kochbuch

Kochen für die Kleinen – Lecker für die ganze Familie

von: Tanja Weisenbach

Viele breifreie, vegane Gerichte mit gängigen Zutaten und allen nötigen Nährstoffen, die sich auch im geschäftigen Alltag mit Kleinkind und Familie schnell und einfach zubereiten lassen. Schmecken der ganzen Familie!

http://www.tologo.de/das-vegane-breifrei-kochbuch/

ISBN: 978-3-937797-49-6
63 Minuten, 14,90 EUR [D]

Schools of Trust (DVD)

Aufbruch zu den Schulen von morgen

von: Christoph Schuhmann

Gibt es Schulen an denen Kinder gerne lernen? Was passiert, wenn Kindern Raum gelassen wird, sie selbst zu sein? Wie sehen die Lernorte der Zukunft aus?

http://www.tologo.de/schools-of-trust/